中国の経済発展と資源配分 1860-2004

袁堂軍［著］

China's Economic Development
Initial Conditions, Policy Choices,
and Resource Allocation, 1860-2004
Yuan Tangjun

東京大学出版会

China's Economic Development:
Initial Conditions, Policy Choices, and Resource Allocation, 1860-2004

YUAN Tangjun

University of Tokyo Press, 2010
ISBN 978-4-13-046100-9

はしがき

　本書の刊行を思い立ったのは，平成20年（2008年）の秋だった．この年は，北京オリンピック開催年というだけでなく，中国の改革開放政策30周年にも当たり，翌平成21年（2009年）は，中華人民共和国成立60周年でもあった．そのため，国内外で数多くの中国経済に関する研究成果の出版が予想された．周知のごとく，欧米には中国経済の数量経済史研究の分厚い伝統がある（K. Chao, D. Perkins, T. Rawski, M. Elvin, R. Myers, L. Brandt など）．中国国内においては，旧来のイデオロギー的制約からの解放に伴い，そうした研究の多くが中国語に翻訳され，それに刺激を受けた若い世代の研究も始まっている．他方，日本においても，日本の経済発展との比較を念頭においた中国経済の数量的研究の伝統がある（たとえば石川滋，南亮進など）．中国経済の実証分析は枚挙にいとまがないが，管見の限り，部門間資源配分という基礎的な問題を正面から取り上げた研究は，必ずしも十分に行われてはいない．また，先行研究の多くは改革開放以後，或いは90年代以後の時期を対象としている．長期にわたる計画経済期を経験してきた中国の資源配分問題は，単に短期的な制度の機能不全や政策的失敗に帰することはできない．そのため長期的・歴史的な視点から中国経済の成長メカニズムを分析する本書の公刊が，その中に一石を投じるものとなるならば，幸いである．

　著者のこれまでのおもな研究関心は，中国を中心とするアジア諸国の経済発展にある．とくに中国経済に関しては，経済成長過程を部門間不均斉発展として捉え，マクロ経済学・ミクロ経済学・国際経済学という3つの方向から接近し，さらに理論・実証の両面から分析を積み重ねた．マクロ的側面からは，主として経済政策の変遷に伴う部門間資源配分の効率性について計量的な分析を行った．ミクロ的側面については，中国企業の財務データを使い，企業の収益率と生産性などについて実証分析をおこなった．また国際経済学的な側面から

は，中国・米国・アジア地域間の「三角貿易」，経済の国際化に伴う産業構造変化と国際分業の経済効果，日本の海外直接投資と空洞化問題，実質消費水準の国際比較分析など，幅広いテーマを扱っている．現在は，世帯調査を用いた中国における賃金格差と労働市場に関する研究，日中韓自由貿易協定（FTA）による経済効果や生産性の比較分析などに取り組んでいる．本書はこの一連の研究成果のうち，とくに平成17年度一橋大学大学院経済学研究科へ提出した博士論文を柱とし，その延長上にある研究成果をまとめ，書き改めたものである．

この間，中国経済学会，一橋大学や海外における国際コンファレンス，日本経済研究センター（JCER），経済産業研究所（RIETI）のプロジェクト等の研究会に参加し，本書の内容に関る貴重なコメントをいただいた．また，『アジア経済』（アジア経済研究所），『経済研究』（一橋大学経済研究所），『経済研究』（中国社会科学院）および *Review of Income and Wealth* (International Association for Research in Income Wealth)，*Explorations in Economic History* (Elsevier Inc.) などへの論文投稿に対して，レフェリーからの詳細にわたるコメントは，本書をまとめるに際して，大いに有意義であった．

本書を上梓できたのは，何といっても修士課程からの恩師である深尾京司先生（一橋大学経済研究所教授）の公私にわたる様々な場を通じた厳しい督励のおかげである．本書を構成する各章の作成時のみならず，全体に目を通していただき，幾多の貴重なご教示を頂いた．本書の出版が教授への恩返しの一部にでもなれば，私にとっては望外の幸せである．

一橋大学経済研究所のアジア長期経済統計プロジェクトに携わる中で，尾高煌之助先生（一橋大学名誉教授・法政大学名誉教授）と出会い，先生の博覧強記ともいえる学識と優れた着想に触れられたことは，私の研究活動にとって欠かせない助けになった．また，先生からの熱意のこもった応援は，いつも私のエネルギー源になっている．この場を借りて厚く御礼申し上げたい．

佐藤宏先生（一橋大学大学院経済学研究科教授）は，院生時代からずっと私を暖かく見守って，常に励ましてくださった．中国経済の研究に関しても懇切な指導を惜しまれなかった．

その他にも，寺西重郎先生（日本大学教授・一橋大学名誉教授），岩崎一郎先生

(一橋大学教授), 清水谷諭氏 (財団法人世界平和研究所主任研究員), 中兼和津次先生 (青山学院大学教授), 劉徳強先生 (京都大学教授), 牧野文夫先生 (法政大学教授), 李実先生 (中国社会科学院教授・北京師範大学教授), 岳希明先生 (中国人民大学教授), Harry Wu 先生 (一橋大学経済研究所教授) 等から研究上の貴重なアドバイスをいただいた.

　本書をまとめるにあたり, 牧野達治氏 (一橋大学経済研究所 COE 研究員) からは, 本書の構成および内容について沢山の有益なコメントを寄せて頂いた. とくに, 各章について日本語のチェックや, 専門的な記述の正確性などを丹念にチェックしてくださった. 氏と交わした議論は, 本書を作成する上で大変有意義なものであった. 玉澤美香氏 (一橋大学経済研究所特任助手) は, 本書の日本語のチェックや最終原稿の編集と校正を助けていただいた. 攝津斉彦氏 (一橋大学経済研究所研究員) は, 多忙にも関わらず, 私が直面する様々な問題や悩みに対して, いつも快く相談に乗ってくださった. またアジア長期経済統計室の一橋大学経済研究所研究員江藤圭也氏, 文浩一氏, 高濱美保子氏, 森山由美子氏など, 多くの方々が私の研究生活を様々な形で支えてくださった. 皆様に心より感謝の念を捧げたい.

　博士課程における研究活動に際し, 文部科学省国費奨学金による支援と, 2003 年に富士ゼロックス小林節太郎記念基金の援助を賜った. また, 本書の刊行は, 平成 21 年度独立行政法人日本学術振興会科学研究費補助金・研究成果公開促進費の交付を受けて出版されるものである.

　本書の刊行にあたっては東京大学出版会の方々に大変お世話になった. とくに編集部の大矢宗樹氏の温かいご鞭撻と助力にたいして心から感謝の意を表したい. 本書の出版に際しては, 原稿の出来上がりから刊行に至るまで見守ってくださった大瀬令子氏 (元東京大学出版会) のご助力があったことをつけ加えておきたい.

　なお, このように多くの方々によるご支援にも関わらず, 本書に不備な点が残されているとすれば, それは全て筆者の責任である. また, 誤りや不適切なところについては, 今後読者の叱正を俟ちたい.

　最後になったが, 中国の大学を卒業後, それまで携わっていた情報通信エンジニアの仕事を辞め, 日本に留学して「経済学を研究する」という贅沢な人生

を私が選んだことにより，家族には多大な負担をかけてきた．ときには，くじけそうになる私を力強く支えつづけてくれた妻林紅と息子春然には，この場をかりて心から感謝したい．

2009 年 12 月

袁　堂　軍

目　次

はしがき　i
図表一覧　xi

序　章　本書の内容と構成 ─────────────── 1
はじめに　1
1　先行研究　3
2　本書の特徴　4
3　本書の構成　7

第Ⅰ部　初期条件と制度変遷

第1章　経済発展の経過（1860〜2004年）──────── 11
　　　── 自由・統制・開放の歴史的流れ──

はじめに　11
1　戦前期──近代化の始動　12
2　計画経済期──統制経済下での開発政策の模索　18
3　改革開放期──市場経済への回帰　24
4　資源配分システムの変遷──近代化・市場化の到達点　29
5　経済発展の経過──数量的考察　33
おわりに　40

第2章　経済成長の初期状況（1930〜52年） ―――― 43
――実質消費水準の国際比較――

はじめに　43

1　先行研究　45
   1.1　基準年PPPによる外挿法　45
   1.2　現行価格直接比較法――絶対物価水準に基づく研究　48

2　消費者絶対物価水準の算出　51
   2.1　ベンチマーク年とサンプルの選択　51
   2.2　品目別価格の出所　52
   2.3　支出ウェイトの出所　53
   2.4　推計結果　56
   2.5　マディソン推計と本推計結果との乖離　57

3　外挿バイアスに関する理論分析　59
   3.1　マディソン推計が含意した物価水準　59
   3.2　乖離の要因分解　60

4　近代的経済成長の始発点　62
   4.1　初期状況　62
   4.2　産出構造と消費構造の長期推移　65
   4.3　対外貿易の展開と交易条件の変化　66

おわりに　70

補論A　一人当たりGDPと現行価格比較物価水準　72
補論B　交易条件の変化が外挿推計に与える影響　73

第II部　部門間資源配分

第3章　価格政策と資源移転（1952〜2000年） ―――― 91
――農工間交易条件の内外格差と間接課税――

はじめに　91

1　先行研究　93
   1.1　中国の農工間資源移転に関する論争　93
   1.2　先行研究の方法論と問題点　95

2　農工間相対価格内外格差の計測　101
　　　　2.1　データソース　102
　　　　2.2　産業別内外価格差　107
　　　　2.3　農工間相対価格の内外格差と間接課税　108
　　3　農工間資源移転の経済分析　111
　　　　3.1　財政収入と直接課税　112
　　　　3.2　財政支出と二次配分　115
　　　　3.3　資本形成の資金提供者の比較　120
　　おわりに　123

第4章　要素市場の分断と物価水準の長期推移（1952～2000年）── 127
　　──2部門（貿易財・非貿易財）モデルによる分析──

　　はじめに　127
　　1　先行研究の問題点──理論と現実との乖離　129
　　　　1.1　絶対購買力平価と貿易財の内外格差　129
　　　　1.2　非貿易財相対価格と内外物価比　131
　　　　1.3　非貿易財相対価格の決定　131
　　2　労働市場の分断と物価水準に関する理論分析　139
　　　　2.1　労働移動の規制下での非貿易財相対価格　141
　　　　2.2　市場為替レートで換算した内外物価水準比　143
　　3　非貿易財部門相対生産性の推移　144
　　　　3.1　労働市場の分断と所得格差の拡大　145
　　　　3.2　貿易財部門の要素集約度と生産性成長　147
　　　　3.3　非貿易財部門の相対労働生産性　149
　　4　実証分析　153
　　　　4.1　データソース　153
　　　　4.2　回帰結果　155
　　　　4.3　実証結果の解釈　156
　　おわりに　157

第 III 部　市場化と生産性

第 5 章　市場化と資源再配分（1978〜97 年） ─────── 161
　　　　　──生産要素の部門間移転と経済成長──

　はじめに　161
　1　製造業の成長と構造変化　164
　　1.1　製造業の成長　164
　　1.2　製造業成長における構造変化　166
　　1.3　要素市場の形成と資源再配分　168
　2　資源再配分効果の推定方法とデータソース　170
　　2.1　TFP 推定のアプローチ　171
　　2.2　資源再配分効果の推定モデル　171
　　2.3　データソース　174
　3　推定結果　180
　　3.1　部門別 TFP 成長　180
　　3.2　TRE の推定結果　183
　　3.3　部門別資本の再配分効果　185
　　3.4　部門別労働の再配分効果　189
　おわりに　192
　　補論　分配率が時間を通じて変化した場合の資源再配分効果　194

第 6 章　企業生産性と国際競争力（1998〜2004 年） ─────── 201
　　　　　──ミクロ分析による検証──

　はじめに　201
　1　マクロレベルの生産性　202
　2　企業・産業レベルの生産性水準の計測　206
　　2.1　企業生産関数と全要素生産性　206
　　2.2　ミクロ生産性水準の定義　208
　　2.3　各変数の作成方法およびデータソース　208
　3　計測結果　213
　　3.1　企業・産業の生産性と収益率　213
　　3.2　収益率と生産性の乖離　218

3.3　収益率決定要因の分解分析　220
　4　資源配分と競争力　222
　　4.1　中国企業の国際競争力　222
　　4.2　資源配分とキャッチアップ　224
おわりに　228

終　章　総括と展望 ──────────────── 231
──結論と残された課題──

1　主な結論　231
2　分析結果からの示唆　234
3　残された課題　236

経済政策関係年表　239
参考文献　253
索　引　271

図 表 一 覧

第1章

- 図 1-1 　戦前・戦時期における農・工業生産指数 …………………………… 17
- 図 1-2 　各経済体制期の名目 GDP 成長率 ……………………………………… 19
- 図 1-3 　資源配分システムの変遷 ………………………………………………… 30
- 図 1-4 　混合経済の度合および近代化の展開 ………………………………… 30
- 図 1-5 　一人当たり実質 GDP 成長率の長期推移 …………………………… 33
- 図 1-6 　人口増加率の国際比較 …………………………………………………… 34
- 図 1-7 　産出構造の推移（1952～2005年）…………………………………… 35
- 図 1-8 　就業構造の推移（1952～2005年）…………………………………… 36
- 図 1-9 　産業構造の国際比較 ……………………………………………………… 37
- 図 1-10　固定資本形成と経済成長 ………………………………………………… 38
- 図 1-11　一人当たり消費水準指数 ………………………………………………… 39
- 表 1-1 　戦前・戦時期における主要工業製品の構成 ………………………… 17

第2章

- 図 2-1 　袁・深尾推計とマディソン推計との比較 …………………………… 50
- 図 2-2 　外挿による購買力平価と現行価格に基づく購買力平価との乖離 … 58
- 図 2-3 　長期的に見た GDP の推移 ……………………………………………… 64
- 図 2-4 　基準年における産出構造の比較 ………………………………………… 65
- 図 2-5 　基準年における消費構造の比較 ………………………………………… 66
- 図 2-6 　中国の貿易構造の長期推移 ……………………………………………… 68
- 図 2-7 　中国の交易条件の長期推移 ……………………………………………… 70
- 表 2-1 　中米における GNP 比較（1931～36年平均）……………………… 44
- 表 2-2 　マディソン推計と各国名目 GDP 推計で含意される物価水準比 … 47
- 表 2-3 　大分類消費支出ウェイト ………………………………………………… 55
- 表 2-4 　大分類絶対価格水準 ……………………………………………………… 56
- 表 2-5 　消費者物価水準における本推計とマディソン推計との比較 …… 56
- 表 2-6 　消費者物価水準 …………………………………………………………… 57
- 表 2-7 　一人当たり実質消費比較 ………………………………………………… 63
- 表 2-8 　中国の産業構造（1890～1952年）…………………………………… 63
- 付表 2-A 　乖離率の決定要因に関する回帰結果 ……………………………… 76
- 付表 2-B 　定義・統計範囲変化による誤差 …………………………………… 76
- 付表 2-C1　日本と比較した中国の絶対物価水準（1934～36年）………… 78

付表 2-C2　朝鮮と比較した中国の絶対物価水準（1934～36 年）……………… 80
付表 2-C3　日本と比較した朝鮮の絶対物価水準（1934～36 年）……………… 82
付表 2-C4　日本と比較した台湾の絶対物価水準（1934～36 年）……………… 84
付表 2-C5　台湾と比較した朝鮮の絶対物価水準（1934～36 年）……………… 86

第 3 章

図 3-1　ISRF 法で測った農工間資源移転 ……………………………………… 97
図 3-2　国内外の農産物価格の推移 …………………………………………… 98
図 3-3　工業製品生産者価格指数と消費者価格指数 ………………………… 101
図 3-4　産業別内外価格差 ……………………………………………………… 106
図 3-5　SITC 大分類の貿易構造の推移 ……………………………………… 107
図 3-6　農工間相対価格の内外格差 …………………………………………… 109
図 3-7　工業部門の設備投資対名目 GDP 比率 ……………………………… 112
図 3-8　主要財政収入項目（1951～2003 年）………………………………… 114
図 3-9　農業および軽・重工業部門の財政収入への貢献 …………………… 115
図 3-10　主要財政支出項目（1951～2003 年）……………………………… 116
図 3-11　部門別投資の総投資に占める割合 ………………………………… 117
図 3-12　工業部門の資本収益率（限界産出係数）…………………………… 118
図 3-13　農業への財政支出と農業税 ………………………………………… 119
図 3-14　軽・重工業部門間相対価格の内外格差 …………………………… 121
図 3-15　軽工業部門と農業部門に対する課税率の比較 …………………… 122
図 3-16　農業に対する間接課税額 …………………………………………… 123
表 3-1　資金循環法における消費性向（大川＝高松推計と寺西推計の比較）…… 99
表 3-2　相対価格内外格差による農業課税率の国際比較 …………………… 111

第 4 章

図 4-1　中国の貿易財の内外価格差 …………………………………………… 130
図 4-2　生産性上昇格差と非貿易財相対価格 ………………………………… 134
図 4-3　一人当たり実質 GDP と物価水準 …………………………………… 137
図 4-4　中国物価水準の動き …………………………………………………… 138
図 4-5　市場為替レートと PPP との乖離 …………………………………… 139
図 4-6　地域間・産業間における所得格差 …………………………………… 146
図 4-7　資本集約産業特化指標の国際比較 …………………………………… 148
図 4-8　相対労働生産性の推移 ………………………………………………… 151
図 4-9　サービス部門就業者割合の国際比較 ………………………………… 152
図 4-10　物価水準の内外格差 ………………………………………………… 154
図 4-11　非貿易財相対雇用割合の内外格差 ………………………………… 154
図 4-12　非貿易財相対生産性の内外格差 …………………………………… 155
表 4-1　非貿易財部門の構造変化 ……………………………………………… 150

表 4-2	内外物価水準比の決定要因	156

第 5 章

図 5-1	製造業成長における各要素の貢献度	181
図 5-2	製造業全体の TFP 成長率と各部門の寄与	182
図 5-3	全要素生産性と全要素再配分効果	184
図 5-4	労働と資本の再配分効果	184
図 5-5	各時期における資本の再配分効果	186
図 5-6	各時期における労働の再配分効果	190
付図 5-A	分配率が時間を通じて変化した場合の資本再配分効果	196
付図 5-B	分配率が時間を通じて変化した場合の労働再配分効果	198
表 5-1	製造業部門別の実質付加価値の成長率	165
表 5-2	製造業の産出構造とその変化	166
表 5-3	製造業の労働投入構造とその変化	167
表 5-4	国有部門の資本ストックシェア	177
表 5-5	資本と労働の分配シェア	179
表 5-6	各時期における部門別 TFP の成長と変化	180
表 5-7	中国製造業成長における資源再配分効果	183
表 5-8	製造業部門別固定資本投資額と構成	188
表 5-9	各段階における労働投入の増加	192
付表 5-A	労働分配率の変化	195

第 6 章

図 6-1	マクロ TFP と GDP 成長率	203
図 6-2	上場企業平均 TFP 水準の推移（産業別産出の加重平均）	214
図 6-3	産業別企業生産性の分布と推移	215
図 6-4	代表企業の生産性	216
図 6-5	生産性と収益率の乖離	219
図 6-6	企業生産性の国際比較	223
図 6-7	産業別 TFP 要因分解	226
表 6-1	セミマクロ分析による産業別生産性成長率	205
表 6-2	産業別サンプル企業数	212
表 6-3	ROA 要因分解	221
表 6-4	要素コスト・シェアの比較	224

序　章　本書の内容と構成

はじめに

　中国は，1970年代後半に経済改革・対外開放政策（改革開放）に踏み切って以来，目覚しい経済成長を遂げてきた．一人当たりGDPから見れば，中国は今でもなお途上国であり，旧計画経済体制から自由経済への移行過程にある諸国のひとつでもある．改革開放後の高成長は，旧社会主義諸国の経済市場化や，途上国の経済発展における成功の鏡として位置付けられている．一方，日本を中心とする先進諸国においては，中国への直接投資による国内産業の「空洞化」問題や，中国からの安価な製品の輸入が急速に増加することによる国内産業への打撃を懸念する観点から，一時的に「中国脅威論」が盛んであった．このように中国経済の台頭や，その持続的な高成長が，世界経済に大きな影響をおよぼしていることは明らかである．とくに，1990年代以降の中国経済の驚異的な発展の基礎となったのは，多国籍企業によって中国の安価な生産物が世界の市場で通用する財に作り変えられたことにあった．しかし近年，中国沿海部では，経済成長に伴い，労働コストがタイ並みの水準にまで上昇し，多国籍企業にとって輸出基地としての魅力が薄れつつあるのも事実である．このような状況の下で，中国の経済成長パターンは従来の輸出主導型から，固定資本形成依存型へと変質し，その値はGDPの48.6%（2005年）にも達している．また資本形成の内訳も，輸出基地拡大を目指す外資主導の効率的な投資から，インフラ整備や国内向け供給機能の拡大を中心とした投資へと変わりつつある．このまま中国の中央・地方政府が採算を度外視して公共投資を拡大し，国有銀行の不良債権を肩代りし続けるならば，このような投資主導型の成長がいつまでも続くように一見思われる．しかし，投資効率の急速な悪化により，GDP

の大部分を投資につぎ込んでも，早晩高成長は飽和点に達し，維持が難しくなるであろう．この他にも，不平等の拡大による社会不安など，中国経済が内包する問題が顕在化するとともに，その非効率的な資源配分がさらに深刻化し，経済成長が失速する可能性も否定できない．

　中国の経済成長の真の姿を理解し，将来を展望するための最善の方法とは，その成長の軌跡を振り返り，成長に影響を与える政策や資源配分のメカニズムを明らかにすることである．とくに，マクロ的に見た資源配分の効率性が改善されているか否かは，これまでの中国経済が自由化過程における高成長を達成した原因を解明するため，そして今後，持続的な経済成長が可能であるか否かを明らかにするために，最も基本的な問題の一つとして考えられる．残念ながら，これまでの中国経済に関する研究では，資源配分のメカニズムという観点からの理論的・実証的分析がきわめて不十分であった．もちろん，計画経済期に関するデータ不足がその原因となっていることは事実であるが，改革開放とともに利用できる情報量は飛躍的に増加し，現在ではGDPの伸び率，物価水準の変化，貿易収支などに関するデータを政府の公刊物やインターネットを通じて簡単に入手できるようになった．その結果，これらのデータを眺めながら中国経済の姿や形を描いている論者は多いが，なぜそのような姿や形になっているのかという原因について，明確に答えている研究・分析は多くない．

　本書は，以上のような背景と問題意識に従って，統制から自由への制度変遷に伴う資源配分システムの変化と，それが経済成長に与える貢献を検討し，中国の経済成長の事実を理解することを目的とする．さらに，価格統制，労働市場の分断，国境措置などのマクロ経済政策の視点から，中国経済の成長過程における資源配分の効率性について数量的に把握することを試みる．具体的には，①経済成長の開始時点における初期状況（実質消費水準）の国際比較，②価格介入の下での農工間資源配分と，それが資本形成に与える影響，③生産要素市場が分断されている場合の物価水準の変動要因，などについて理論・実証分析をおこなう．

　本章の第1節では先行研究について概観する．第2節では，本書の先行研究に対する位置付け，問題意識および分析の特徴をまとめる．第3節では，本書を構成する各章の概要を紹介する．

1　先行研究

　中国の経済成長に関する研究は，経済改革に伴って飛躍的に増えてきた．改革開放以後，公表されている政府統計や新聞などの情報を丹念に収集した分野別・地域別の長期時系列データが作成されている．たとえば，Hsueh, Li and Liu（1993）の省別統計制度や公表資料に関する研究，Hsueh and Li（1999）の戦後から現在までの国民所得に関する研究などである．これらを利用することにより，長期的な経済分析が可能になった．また，個別産業，たとえば工業部門・郷鎮企業などに関して，ミクロ経済学的視点に基づく研究も積極的におこなわれている．Byrd and Lin（1990）の農村工業に関する議論，大塚・劉・村上（1995）の国営企業，郷鎮企業と工業に関するミクロ的数量分析，中兼（1982, 1992），Lardy（1983），Perkins（1986），田島（1996），山本（1999）の農業に関する研究は，経済成長の要因を解明するという点で大きな成果を挙げている．国際経済学の視点では，Wei（1995），Ding（2001）が改革開放政策に伴う対外貿易および海外直接投資の増加が経済成長に与える貢献を分析している．また，Lardy（1992, 1998），World Bank（1993），OECD（2002），浜田（2003），伊藤（2004）など，中国の経済成長が東アジア地域や世界経済に与える影響についての研究もある．小島（1975）は，計画経済期における国営企業や人民公社制度（農民の集団投資）の技術変化を分析し，これらが経済成長へ多大な貢献をしたことを強調した．一方で，「技術革新」の観点から，計画経済期における経済成長の限界についても詳細な分析がおこなわれている．とくに近年，日本の研究者により中国経済全体に関する幅広い研究が積極的に展開され，大きな成果を挙げている．たとえば，労働力の地域間移動や失業問題に関する丸川（2002a），地域間所得格差に関する林（2001），および農工間所得格差と貧困問題に関する佐藤（2003）などがある．

　以上の成果の多くは，日本および欧米の研究者，あるいは海外留学・研究を経験した中国人の研究者によるものである．中国本土では，1970年代末の改革開放と同時に近代経済学が導入され，マルクス政治経済学から，より現代的な，いわゆる西側経済学を中心とする方向へ変化した．改革開放により政治的制限が緩められたことに伴って，経済学を自由に議論できるようになったので

ある．付言すれば，中国の経済学者は，公共選択の理論などから構成される比較制度経済学に強い影響を受けている点が特徴的である．1990年代の半ばになると，制度の変遷と経済成長の関係についての研究が本格的に展開され，いくつかのすばらしい研究成果が発表された．たとえば，林・蔡・李 (1997) による改革開放後の高成長の実態とそのメカニズムについての分析，盛 (1994) の自由経済への移行過程に関する分析，樊 (1996) の漸進改革の政治経済学に関する分析などが代表的なものである．

先行研究では，改革開放以降に高成長を達成した要因について，①改革開放後の国際貿易・直接投資によるスピルオーバー効果 (Wei 1995, Ding 2001, 範 2004)，②産業構造の変化による資源の産業間再配分効果 (劉ほか 1989, 郭 1993) などが挙げられ，改革開放の成果が強調されている．しかし一方では，③計画経済期の重工業優先発展政策は，国民消費の抑制，財政による所得の二次配分などの強蓄積を通して15%以上の物的資本蓄積率を達成していたこと，④教育の普及により人的資本が蓄積したこと，⑤自己完結的な工業基盤を形成したこと，などが今日の高成長に貢献したとして，計画経済期の開発政策も高く評価されている．このように中国の高成長については，さまざまな要因が示されているが，いずれについても必ずしも明確なコンセンサスを得られているわけではない．

2　本書の特徴

本書の基本的着眼点は，経済への統制と緩和が，ベンチマークである新古典派モデルからの乖離と再接近をもたらすという視点から，中国経済の長期的発展過程を把握することにある．その特徴は次のようにいえる．

理論・実証から接近

中国経済研究の先駆者たちは，新古典派経済理論のフレームワークを用いて中国の高成長の要因を解明しようと努力してきた．しかし，中央集権的計画経済（統制経済）期や，1978年からの経済改革に伴う経済自由化過程を新古典派経済理論で説明しようとすればするほど，それがいかに困難なことであるかが

浮き彫りとなった．これは，現代経済学の土台となる経済学的「常識」のいくつかが，中国の経済を解釈する際に通用しないことに加えて，中国の経済成長過程で発生した「現象」において，従来の理論に基づく予測とは全く異なる「意外」なケースが頻繁に観察されたためである．たとえば，中国の物価水準は，計画経済期には一人当たり実質 GDP が中国と同水準の国と比較すると遥かに高かったが，経済自由化以降，とくに価格改革が始まった 1980 年代以後に大幅に下落し，同水準の国より長期的に低位で推移している．これは「実質所得の高い国ほど物価水準が高い」というバラッサ＝サミュエルソン効果と明らかに矛盾している．また，経済成長の初期段階における資本形成に関して，政策的に農業から工業への資源移転を生じさせることは，資本形成に大きく貢献するという議論がある (Schiff and Valdes 1992)．しかし，いくつかの先行研究（石川 1966, 中兼 1992, 山本 1999）が指摘しているように，中国の場合はむしろ財政的に農業生産を補助し，農業生産へ投入する肥料や機械などの生産財を低価格で提供しており，工業部門から農業への資源移転，つまり先の議論とは全く逆の動きが見られるのである．

　比較的に長期間にわたる計画経済を経験した後，経済改革によって経済成長を遂げた中国における資源配分問題を正確に理解するためには，統制経済期の特性を考慮に入れることが不可欠である．たとえば，上述の二つの「意外」なケースを解明するキーワードは「価格」であり，経済を計画的に運営するための重要な政策である「価格統制」を無視できない．農産品と工業製品に対する政策的な価格の差別化が存在する場合，農産品と工業製品の国内相対価格は国際市場の相対価格から乖離する．単に国内相対価格に基づいて農工間資源移転の方向や度合いを計算するのみでは，資源配分上の歪み（つまり最適な資源配分を実現する国際市場の相対価格との乖離分）が含まれるため，その計算結果は実態を反映していない可能性がある．また，価格統制以外に重要な政策として，労働市場の分断政策が挙げられる．この政策の下では，産業間の賃金格差などを考慮しないと，物価水準の変動要因を正しく理解することが困難である．よって，標準的な新古典派経済理論を中国の経済分析にそのまま適用しても，中国の経済成長過程における「意外」な現象を解明することにはならないのである．この部分に留意し，本書では，標準的な経済理論を中国経済に適応させる際に，

中国の現実を考慮に入れて修正・拡張している．

長期的比較数量分析

　現代経済は正負の歴史的遺産を継承していると考えられる．しかし多くの研究は現状分析に主眼を置いており，歴史的視点からの分析はあまりにも手薄であるという指摘がある（久保 1995）．歴史的分析を試みた研究も僅かながら存在するが，その多くは 1949 年以後を考察対象としており，19 世紀半ばから 20 世紀末に至るまでの中国経済の発展過程を，巨視的に捉えるような研究はほとんど見られない．長期的かつ国際比較の視点から一国の経済成長を分析するためには，比較可能な初期時点（あるいは経済成長の出発点）の選別や確認などが不可欠である．経済収束の問題を考える上でも，そして市場経済への移行に伴う諸問題や途上国の今後の開発戦略を考える上でも，移行経済であり，途上国でありながら高成長を遂げた中国の経験は重要な意味を持つ．残念ながら，現代中国経済成長の初期状況に関する経済学的な数量分析は少ない．中国経済成長の初期時点での経済水準（たとえば一人当たり実質消費水準）を，他の諸国との比較を通じて国際経済の中に位置付けることが，長期的な中国経済成長の要因を解明するための重要な課題となる．したがって，本書の第二の特徴は，歴史的な視点から長期にわたる経済発展の経過を数量的に分析したことにある．

ミクロ・マクロからの分析と検証

　経済発展の各段階における資源配分の効率性を評価するための重要な指標として，全要素生産性（TFP）がある．改革開放後の高い成長率は，専ら資本・労働など生産要素の投入拡大に起因し，先進国で見られるような技術進歩（TFP の上昇）の貢献はほとんど無視できるという指摘がある．現在の中国でも，2000 年前後から全要素生産性の伸びが急速に減速しつつあるとの実証結果がいくつか発表されている．指摘すべき点は，従来の中国に関する生産性分析はほとんどがマクロ的視点からおこなわれていた，ということである．産業間・企業間においてはさまざまな制度的な差異が存在するため，産業・企業の生産性が異なると考えられる．マクロレベルの総生産関数に基づいて推定した TFP では，データの信頼性の問題があるばかりでなく，企業の特性を無視し

て集計するとバイアスが生じる可能性がある．生産要素の限界生産性には産業間・企業間において格差が存在することにより，生産要素の部門間・企業間における再配分は経済全体のTFPに影響する．言い換えると，特定の産業・企業の資源配分の効率性を評価する場合，マクロ的な計測結果を直接利用するのではなく，生産要素の投入を正確に測り，産業別・企業別の生産性を計測した上で，国際比較をおこなう必要があるだろう．本書の第三の特徴は，マクロ分析のみならず，ミクロの検証もおこなっていることである．

3 本書の構成

本書の主題は，部門間資源配分の観点から中国の経済発展過程を分析することにある．基本的な方法としては，新古典派的な開放経済モデルを用いて，毛沢東時代の経済統制とその後の自由化過程において，内外価格差や資源配分状態が，経済統制下における自由競争的な均衡からの乖離と，経済開放下における均衡状態への再接近をもたらしたという視点から，中国経済の長期的発展過程を数量的に把握しようとしている．本書は「初期条件と制度変遷」「部門間資源配分」および「市場化と生産性」という三つの部分，全6章によって構成されている．各章のおもな内容は以下の通りである．

第Ⅰ部「初期条件と制度変遷」の第1章「経済発展の経過」では，本書全体にかかわる分析の準備作業として，清朝末期から現在に至る経済統制と自由化の歴史的過程を通観し総括する．中国の長期にわたる政治的・社会的背景や経済政策を概観し，この間の数量データによって中国の経済発展の足取りを示す．また中国経済発展の特徴を国際比較の側面から考察する．第2章「経済成長の初期状況」では，中国の経済成長の初期状況を確認するため，1934～36年の中国・日本・朝鮮・台湾間について絶対価格データと家計調査等に基づく消費ウェイトを使って消費者物価絶対水準を推計し，またこれをもとに4ヵ国・地域間で一人当たり実質消費水準や実質GDPの長期比較をおこなう．

第Ⅱ部「部門間資源配分」の第3章「価格政策と資源移転」では，農工間相対価格における内外格差の長期変動を推計する．中国の経済発展の過程において，直接的な農業税だけでなく，国内農工間交易条件が国際市場水準から乖

離・悪化することによる間接的課税もまた，長期にわたって農業に大きな負担をかけていたことを明らかにする．第4章「要素市場の分断と物価水準の長期推移」では，貿易財と非貿易財の2部門モデルを用いて，貿易財に対する価格介入，要素市場が不完全であることによる雇用構造の変化が，中国の物価水準に大きな影響を与えていることを示した．そして，人民元を人為的に低い水準に維持しなくとも，国内生産要素市場を完備させ，工業部門や，非貿易財部門の雇用を拡大させることによって，経済成長に伴う物価上昇の圧力は解消される可能性があると指摘した．

　第III部「市場化と生産性」の第5章「市場化と資源再配分」では，資源配分面における部門間の動学的不均衡こそが常態であることを考えて，Syrquin(1984)が提示したTRE（Total Reallocation Effect）測定モデルを中国製造業に適用し，経済自由化開始以降の各段階における労働と資本の再配分効果を推定した．1980年代以降，労働投入については効率的な資源配分メカニズムがある程度機能するようになったのに対し，資本については非効率的な配分が続いていることを明らかにした．第6章「企業生産性と国際競争力」では，ミクロ分析によって国際化の進展に伴う中国企業の生産性を検証する．産業保護など市場機能を抑制する政策が依然として多く存在していることは，産業間・企業間における収益率や生産性の格差を生む原因となり，資源配分上の問題を顕在化させる可能性があることが指摘される．

　終章「総括と展望」では，各章で分析したおもな内容を総括し，得られた研究結果を理論的に解釈するとともに，その示唆と含意を述べる．そして本研究の問題点を検討して，今後の課題を展望する．

第Ⅰ部

初期条件と制度変遷

第 1 章　経済発展の経過（1860～2004 年）
——自由・統制・開放の歴史的流れ——

はじめに

　経済学でいう資源（resource）とは，労働，資本および企業が所有する無形資産などの経営資源を含む各種の生産要素（input factor）である．地理的条件や発展段階の違いなどによって，各国の資源賦存状況は異なってくる．この限られた資源をどのように配分し，何を生産するかは，文化や慣習などの社会的・政治的制度によって制約される．つまり，体制の良し悪しにかかわらず，資源配分は経済体制に依存する．重要なのは，その資源配分の効率性である．経済発展の過程においては，生産性の高い産業や新しい産業が成長し，一方では衰退していく産業もあり，国民経済の産業構造は不断に変化する．この変化に応じて資源が円滑に生産性の高い産業へ移動できるか否かは，経済の効率性に影響する．市場経済の場合，このような産業間の資源移転は，基本的に価格メカニズムの機能により，企業や労働者の合理的な行動を通じて実現される．経済学の原理によれば，「市場の失敗」がない限り，このような資源配分は最も効率的である．しかし，計画経済での「生産目標」はもちろんのこと，市場経済中心の国々での「産業政策」が，産業間における資源の自由移転を妨害することもある．

　清朝末期，中華民国期および計画経済期から改革開放までの中国社会では，政治的なリサイクルが頻繁に現れている．中国経済の成長軌跡も，しばしばこのような政治の動向に左右される．異なった経済政策は，経済成長のパフォーマンスを変えていく．なぜ中華人民共和国が成立して間もなく，計画経済体制を選択したのか，また，改革開放がなぜ必要となったのかを理解するためには，1949 年に中国政府が引き継いだ戦前期の経済的遺産の検証をふまえて，計画

経済期および改革の過程における政策の変遷過程を追跡する必要がある．とはいえ，中国の近代化（＝工業化）における歴史的展開については，久保 (1995) は以下のように述べている．「開港」時期における「外国の生産技術が中国へ持ち込まれるに際しては，欧米列強の軍事侵略や政治的外交の圧力を伴う場合が多かったことも，近代工業の発展過程を複雑なものにした」．また，清朝末期から現在までの中国自身の開発政策においても「国営企業主体で臨むか，それとも民間企業主体に進むのか，という経営の基本的なあり方にかかる問題は，近代工業が開始された当初から現在に至るまで，繰り返し問い直されてきている」．このような「複雑」な開発過程の全貌を細目まで摑むことは決して簡単ではない．「綱挙目張」（網の大綱を投げれば網目はおのずから開く）という言葉を借りて，本章では政策目標に左右される資源配分システムの変遷を「大綱」とし，中国の経済発展過程の約150年の歩みを眺める．本章は本書における分析のための準備作業であり，近代化が開始された時点から現在までの発展過程，とくに資源配分システムの歴史的流れを把握することを目的としている．

　本章の第1節は19世紀後半，第2節は中華民国時期における開発政策およびその成果をまとめ，第3節は1949年以後の計画経済および改革開放について説明する．第4節では，1949年からの資源配分システムの変化を概念的に整理する．第5節では，長期にわたる中国の経済発展の足取りを，いくつかの数量データによって示し，その特徴を国際比較の側面から解説する．なお，この間の経済に関連する政策などは巻末附録の「経済政策関係年表」（以下では「年表」）にまとめてある．

1　戦前期――近代化の始動

清朝末期（1860～1911年）

　中国の近代化の始動は，1860年代まで遡ることができる．いわゆる「洋務運動」に至るまでは，中国社会は封建的官僚に支配されていた．当時は農業中心的な経済であり，一人当たり生産高も，民衆の生活水準も低かった．工業化を可能にする上で欠かせない経済的な余剰は「投資」へ向けられるのではなく，少数の支配階級の贅沢な生活を支えるために使われた．第1次アヘン戦争

(1840〜42年) および第2次アヘン戦争 (1856年, アロー戦争ともいう) に敗れ, 長期にわたって根強く存在していた自給自足的な経済構造は, 「開港」とともに次第に崩壊した. 19世紀後半の中国の経済発展は以下の三つの並行した経路を通して進められることとなる. ①政府が主導する国家プロジェクト, ②「官督商弁」, 「官商合弁」[1] による官民合作事業, ③民間企業である.

1860年代, 農民反乱の太平天国運動の鎮圧を契機に, 政府官僚主導による国家プロジェクト「洋務運動」[2] が開始された. 最初, 西洋の近代文化を積極的に取り入れようと, 官営の軍需工場が創設された. 1870年代以後は, 「輸入代替工業化」戦略が採用され, 民間商人の出資を募って, 「官督商弁」の企業が次々と設立された. この時期, 綿布などの消費財を含む綿紡績業・製紙業・鉄鋼業などの工業の全般的な振興, 鉄道運輸・通信施設などのインフラ整備, 近代的鉱山採掘法の導入が図られた. しかし, 「洋務運動」がその基本的理念とする「中体西用」[3] で示しているように, 第一目的は強兵にあり, 社会体制などは全く問題とされなかったため, 近代化に与える影響はそれほど多くなかったといわれている.

その後, 日清戦争 (1894〜95年) の敗北により洋務運動の失敗が明らかになり, 政治制度の改革を目指す「変法運動 (戊戌変法)」[4] (1898年6月〜9月) が起こった. この時期も, 軍事力を強化するために西洋式装備・訓練による新軍への改革が続けられたが, それと同時に, 農工商業の振興, 教育制度の改革, 鉄道・度量衡の統一が試みられた. また, 西洋のみではなく, 日本の明治維新期の改革の経験を参考にしながら, 商法, 会社法の制定や商工会議所の設立など, 近代的な経済法制の整備に踏み出した. しかし, 権力闘争が原因で, この運動は本格的に展開できなかった.

---

1) 「官督商弁」は, 政府監督下において民間に経営を委託する形態, 「官商合弁」は民間と政府の共同経営といった半官半民的な企業形態である.
2) おもな推進者は, 漢民族の高級官僚であった曽国藩・李鴻章・左宗棠・劉銘伝・張之洞・袁世凱らである.
3) 中国の伝統的思想・文化・制度を主「体」に, 富国強兵の手段として積極的に西洋の先進技術を利「用」するという考え方.
4) 変法運動は, 洋務運動が西洋の軍事技術の導入を柱として, 政治の改革に至らなかったことを批判し, その反省から日本の明治維新を手本にして立憲君主制を樹立するという政治改革 (変法) を主張する運動である.

「義和団」暴動（1899～1901年）および列強の8ヵ国連合軍との戦いに敗れたことを契機に，1901年「新政」[5]が始まった．「新政」における改革の基本方針は「変法運動」を継承しているが，結局，「立憲君主制への移行」を含む政治制度の改革が既得権益の維持を目論む官僚団体と衝突したことや，巨額の賠償金の支払いに伴う財源難などの理由で，この「新政」は失敗に終わった．その後，開発戦略の一環としての資金調達は，国債などによって諸外国からの借金に頼るようになった．

清朝末期における政府主導の計画事業の結果について，Eckstein, Galenson and Liu（1968）は以下の三点をその特質として指摘している．第一は，この初期工業化計画の範囲と規模が，国全体の大きさと伝統の重みに比べて非常に小さかったこと．附録年表で示しているように，1865年の江南機器製造総局の造船工場の建設から，中華民国時代に入るまでに計画された事業は数十件にすぎなかった．第二は，それらは中国における近代化の第一歩として位置付けられること．第三は，計画当初は防衛力を高めるための武器生産という，差し迫った要求に対する投資であったが，徐々に交通・通信という社会的投資へ広がり，外部経済効果をもたらすものとして評価できるものになったこと，などである．

しかし，これらの早期工業化の計画は，資本の不足や，民間と政府双方の根強い地方分権主義などにより，中国の工業化の促進には，かなり限定的な貢献しかできなかった．

要するに清朝末期の経済発展は，政府の政治的弱体化とそれにつづく混迷の中で進行していったのである．経済発展を促進するための積極的な公共政策を運営する財政能力は，日清戦争の敗北や義和団暴動などによる巨額の賠償負担によって蚕食され，外国借款の重圧によりさらに悪化した．このような負担は直接・間接税の方式で国民に転嫁され，農業における技術進歩を阻害し，農業部門の長期的停滞を生みだす決定的な要因となった（Eckstein, Galenson and Liu 1968）．

---

[5] 西太后により推進された清朝最後の10年における明治維新型の政治改革を目指したものである．一般に「光緒新政」とも表記される場合が多い．

中華民国期（1912～49年）

　辛亥革命（1911～12年）後の中華民国北京政府（1912～27年）の経済発展政策は，おもに経済関係法制の整備，経済行政機構の拡充，貨幣の統一などである．公司条例，工業条例，商会法の制定，工業品検査所，綿業試験所の設立など，民間企業の振興を目指す政策が展開された．この時期は，外資企業よりもむしろ中国の民族企業が大きく成長した時期である．とくに紡績，製粉，タバコ，マッチ，搾油などの消費財工業部門において成長が著しかった．このような成長をもたらした要因は，まず，この時期における世界的経済環境（国際貿易の拡大）に求めることができよう．清朝末期における条約港を中心に，多くの外資企業が参入してきたことは，単に近代的な生産技術を持ち込んだだけではなく，現地中国における人的資本の形成にも寄与した．また，近代工業の移植，インフラ整備の外部経済効果，国内の民間資本の蓄積によって，初めて輸入代替工業化が本格的に展開できるような基礎条件を備えたといえる．さらに，第1次世界大戦の影響で，消費財の輸入が大幅に減少し，国内企業の生産意欲を刺激したと考えられる．

　1920年代に成立した中華民国南京政府（1927～49年）の最初の開発戦略は，基本的に孫文の「三民主義」およびその「建国方略」に則っている．それは，鉄鋼業，水力発電，機械など，国有企業の建設を中心とする重工業に偏る急進的な輸入代替工業化政策であったが，資金不足がその進展を阻んだ．その後，開発政策は，民間企業を主体に，漸進的な輸入代替政策の方向へと調整された．1928年アメリカ，イギリス，1930年日本から関税自主権を回復した後，国内産業を保護する関税政策が実施された．1931年に，政府は，経済部門の担当者，企業経営者，専門家を集めて全国経済委員会を設立し，積極的に国際連盟から資金と技術の援助を受けるようになった．さらに，開発政策も道路や水利の建設などのインフラ整備と，綿花，蚕糸，茶など農産物の品種改良，流通機構の改善に傾斜した．そのため，日中戦争までに，繊維・食品・雑貨などの消費財を生産する民間企業が大きく成長し，「黄金の時期」ともいわれるようになった．

　以上の国内工業部門の発展が見られたのは手工業を中心とする在来部門である．一方近代工業部門においては対外貿易とそれに関連した経済活動によって，

条約港を中心とする経済圏が次第に成長していった．これらの条約港は「治外法権」の下にあったため，重税，戦乱による破壊から免れた．さらに，Ma (2008) が指摘するように，当時の伝統的社会にはなかった法的秩序が整備されたこと，交通・通信，電力などのインフラの社会資本が充実したことにより，外国および国内の民間企業を引き付け，近代的経済が急速に成長したのである．このような背景の下で，戦前期における中国の近代工業は，主として上海などの「開港」された地域に集中していった．たとえば，1933年の調査結果によれば，全国の近代工場の数は2,435であったが，上海はその48.7%を占めている（陳1961, p. 17）．

戦前期経済におけるもう一つの重要点は，旧満州経済である．旧満州と中国華北以南の地域における工業発展パターンは著しく異なっていた．旧満州地域は1861年に開港され，囲場解禁，シベリア鉄道（東清鉄道）の開通などにより，1903年までに急成長していた．中国各地からの移住による人口増加は農業生産の拡大をもたらした．また，農産物の国際貿易の活性化は農業加工業の勃興を促した．さらに，1931年に日本に完全占領された後，鉱業，製造業が農業に代わって旧満州経済を牛耳るようになった．華北以南の地域と比べて，比較的豊かな土地と鉱物資源に恵まれたことと，ロシアおよび日本から巨額の資本が流入したことは，旧満州の経済に大きな影響を与えた．

1937〜49年には，日中戦争とその後の共産党と国民党の内戦の影響により，工業成長は低調であったが，産業構造面では戦争に誘発され，大きな変化を示した．とくに，1942〜43年頃の旧満州における重工業（鉄鋼，電力，石炭，機械産業）は急速に発展した．また，国民党政府も軍需産業を強化した結果，中国東部に集中していた消費財の生産が大幅に減少した．表1-1で示しているように，1937年以前，消費財の産出比重は20〜45%であったが，1945年が5%台となっていることからも産業構造は重工業に偏っていることが読み取れる．

一般的に中華民国期の中国経済発展は停滞していたといわれているが，Chang (1967) が指摘しているように，実際には1920〜36年はその前後の時期と比べて成長が著しく，とくに工業化が急速に進展している（図1-1）．Brandt (1989) は一人当たり農業生産が19世紀末から1930年代半ばまでは上昇してきたと捉えている．また，Ma (2008) は，1930年代の上海を中心とする長江

第1章 経済発展の経過

表 1-1 戦前・戦時期における主要工業製品の構成

(%)

	消費財	石炭	一次金属	非鉄鉱物	電力
1912	22.6	30.1	1.5	38.5	3.2
1917	30.2	30.0	6.9	24.7	3.6
1921	45.2	28.6	7.3	11.2	5.2
1922	36.0	32.3	6.4	15.4	6.9
1926	44.0	22.8	4.2	14.7	11.2
1930	44.1	23.4	5.2	8.9	13.5
1933	41.4	20.9	5.2	7.4	20.2
1936	30.6	23.7	8.5	8.6	22.2
1937	23.9	27.0	13.2	11.6	16.5
1940	7.5	30.9	14.0	9.7	23.9
1943	5.7	30.4	19.5	3.1	32.3
1945	5.3	26.4	5.0	3.9	50.4
1946	37.5	16.5	0.7	4.7	37.7
1949	29.3	24.6	3.3	3.3	35.2

注：Chang 推計は 15 品種の代表的な工業製品に基づいているため，カバー率の問題に留意すべきである．
出所：Chang（1967）.

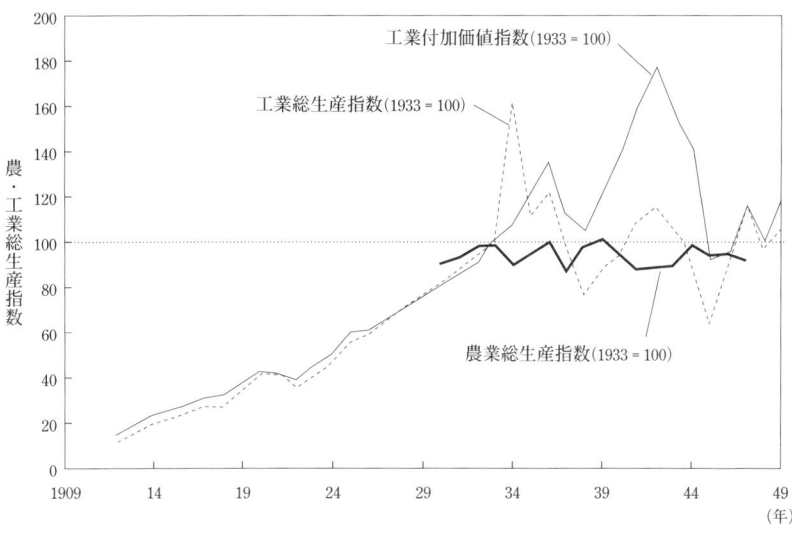

図 1-1 戦前・戦時期における農・工業生産指数

出所：工業は Chang（1967），農業は厳（1955）による．

中下流地域における一人当たり GDP 成長率は全国平均より 55% 高く，奇跡的な成長を遂げたと指摘している．さらに，同研究の 1914～18 年と 1931～36 年の間の経済成長や産業構造変化などに関する考察は，この時期の日本および東アジア植民地域に匹敵するほど，成長が速かったという事実を示している．しかしながら，満州，中国北部，江蘇省，武漢地方にはかなり大きな工業基地が発達していたものの，絶対水準から見れば，国民経済に占める近代的な生産部門の割合は依然として 1 割未満とごく小さかったので，農業主体という中国経済の全体像が大幅に変わることはなかった．

ここまで見てきたように，第 2 次世界大戦前，すなわち清朝末期の「洋務運動」と中華民国期の開発政策は，基本的に輸入代替工業化という戦略であった．それぞれの時期において，経済に関する法制（通貨，度量衡統一，企業法）が整備，推進された際に，民間企業，あるいは軽工業生産部門の発展が見られたが，全体から見ると，国家計画および海外援助の下にある国有企業・重工業化に偏る傾向があり，大きな成果を得たとはいえない．

2　計画経済期──統制経済下での開発政策の模索

1949 年に中華人民共和国（以下，中国）が成立後，計画経済体制が確立し，1957 年には社会主義改造により国民経済にかかわるヒト，モノ，カネを政府がコントロールする中央集権的な計画経済期に入った．1949 年から 1978 年の改革開放までの 30 年間における経済発展の全過程は，大きく以下の四つの段階に分けることができる．

第一段階（1949～57 年）──計画経済への移行期

1949 年から第 1 次 5 ヵ年計画が終了した 1957 年までは，戦後経済の復興期と社会主義改造が完成した段階である．この時期の国家建設構想は，毛沢東の「新民主主義論」に基づき，労働者，農民の他に民族資本家，知識人が構成員となる穏健路線であった．

戦後復興期は 1949～52 年である．日中戦争（1937～45 年）および国共内戦（1946～49 年）を経て，中国共産党政府が引き継いだ当初の経済は農工業ともに

生産が激減し,インフラが破壊され,完全崩壊に近い状態であった(Eckstein 1977).このような疲弊した国民経済を復興するために,中央銀行(中国人民銀行)を設立して統一通貨(人民幣)などの金融政策を実施したことおよび財政の健全化を図ったことにより,1950年末にはハイパーインフレーションが抑えられた.1950年6月「中華人民共和国土地改革法」(通称「土改」)が公布され,政府の指導と農民たちの地主に対する自主的な闘争とが相俟って,1952年春に土地再配分は完成した.自らの耕地を持つことにより,農民の生産意欲が向上し,1952年には大豊作となった.一方,朝鮮戦争(1950～53年)がきっかけとなり,都市部門においては,民間企業を制限すると同時に国営企業を拡大するための一連の政策が実施された.国民党政府の官僚資本・外国資本を没収して国有化した.

1953年からの第1次5ヵ年計画期(1953～57年)は,旧ソ連型の計画経済に基づく工業基盤が建設された時期である.工業化の基本路線は,「重工業の優先的発展」という点に集約される.その特徴としては,旧ソ連モデル(いわゆるスターリン式開発戦略)が導入され,重工業建設,大規模企業建設に重点をおいた工業化方式が採用されたことである.この間の総固定資産投資額の約36

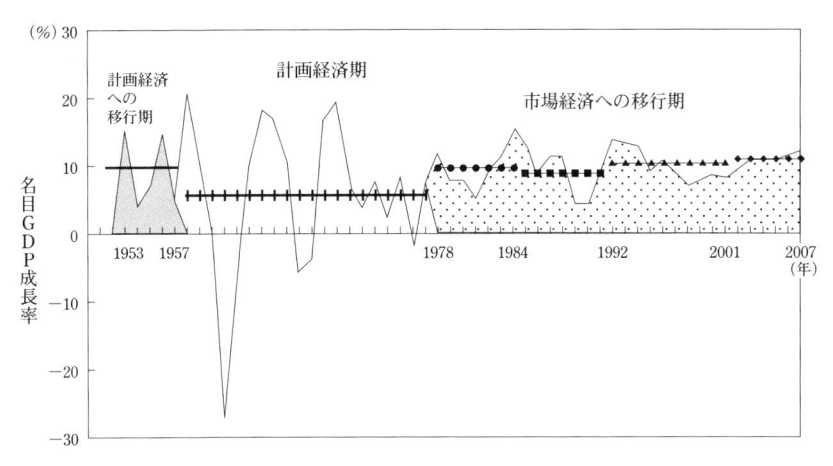

図1-2 各経済体制期の名目GDP成長率

注:横線は各時期の年平均成長率(%)である.
出所:『中国統計年鑑』各年版.

％が製造業へ投入されたが，そのうち約85％は重工業部門であった（中国国家統計局固定資産投資統計司2002）。そして工業化の遂行に当って，旧ソ連の援助による156の企業の建設と復旧[6]の他，3億ドルの対中借款供与，旧ソ連人専門家・技術者の派遣，中国側の学生，研究者，技術者の留学など，さまざまな側面で旧ソ連に協力を仰いだ．しかしながら，旧ソ連からの借款の規模はこの時期における中国全体の財政総収入の約3％にすぎなかった（内閣府経済企画庁調査局1963）．それゆえ，工業化のための原資は，当時国民経済の圧倒的部分を占めていた農業に求めねばならなかった．すなわち「鋏状価格差」（シェーレ）という社会主義的な蓄積方式である．この時期は，高い投資率に支えられて急速な経済成長が実現した（図1-2）．

第二段階（1958～65年）──大躍進の失敗と経済調整

　第2次5ヵ年計画を開始した1958年から「文化大革命」が始まる前年の1965年までの期間は，「大躍進期」（1958～60年）と「調整期」（1961～65年）に二分される．

　第1次5ヵ年計画は比較的好調に進展したが，工業生産の急速な増加に比べ，農業生産の停滞，ならびに中国特有の過剰人口圧力という「農業と雇用問題」が，都市住民と工業労働力に対する深刻な食糧供給問題として顕在化した．また，1956年の「スターリン批判」以後，資本主義社会から共産主義社会への過渡期理論に関する中ソ間の論争が発生し，それはやがて国家間の利害上の対立にまで発展し，旧ソ連からの経済および技術援助に対する期待もきわめて小さくなった．したがって，第2次5ヵ年計画（1958～62年）では，社会主義建設路線について旧ソ連方式を捨て，中国独自の方式（総路線，大躍進，人民公社）が採用されることになった．

　1958年5月の中国共産党第8期全国人民代表大会（全人代）第2回会議提出の「社会主義建設の総路線」では，労働力は豊富だが資本と技術が欠乏する後進的農業国の現実に立脚して，以下のような提案がなされた．①大衆を政治的

---

[6] これらの企業のほとんどが重工業部門に関連するものであり，新規企業はもとより，第2次世界大戦後旧ソ連が東北（旧満州）を占領していた当時接収した多くの企業も含んでいた（内閣府経済企画庁調査局1963）．

に教育して，消費を一定水準に据えおき，国家目的に奉仕させる．②外国援助に頼らず，自国の力で立ちあがり，また中央政府に過度に依存せず，地方の創意工夫を発揮させる．③農業を重視し，重化学企業の振興と同時に全国各地の人的物的資源を動員して，地方小規模企業の発展を促す（内閣府経済企画庁調査局 1975）．

　以上を背景とする「大躍進」戦略では，限定的な資本の下で，農業の増産と工業の発展を両立させることを図った．とくに農業に対しては，灌漑，開墾事業へ労働力を大量動員し，資本投入を最小限に抑えた．都市部の工業部門においては，大規模な重工業では資本集約的方法を用い，同時に農村に立地する小規模工業，いわゆる「社隊企業」[7] では高度に労働集約的な方法を推進したのである．したがって，この期間，農村の非農業部門における雇用シェアは急速に拡大し，労働集約的企業の数は大幅に増加した．

　しかし，このような方式には多くの問題点があった．おもに，①人民公社組織の急速な大規模化，自留地の廃止などに伴って，農民に対する分配が平均主義に陥り，生産に対するインセンティブが乏しくなったこと．②雇用吸収と生産拡大とを同時にねらった小規模企業生産方式が，結局は非能率と低品質で採算上問題が生じたこと．③中国の土地条件と伝統的技術を無視したため画一的に展開した新しい農業技術[8] の定着化に成功しなかったことなどである（内閣府経済企画庁調査局 1962）．結果として，1958 年には農業の産出は良好であったが，非現実的な「大躍進」後の 1959 年には農業生産は著しく低下した．さらに 1960 年の不作につづいて「大飢饉」が起こり，中国は深刻な経済危機に陥った（図 1-2）．

　1961 年 1 月の中国共産党第 8 期中央委員会第 9 回全体会議（9 中全会）において公式に経済停滞の実情が認められ，経済発展の進め方は「農業開発に最重点をおき，重工業よりも軽工業に重点をおく」という方式に改められることになった．調整政策の内容は，まず農業に対しては，①人民公社制度では組織の細分化を進め，生産・分配決定の基本単位を最終的には 20～30 戸の村落単位にまで引き下げる．②労働意欲を高めるために，農家の自由裁量に委ねられる

---

7) これは改革開放後の「郷鎮企業」の基礎をなしたものである．
8) 米作北上化，二毛作化など作物栽培体系の変更と田植機の普及などの機械化を指す．

「自留地」を認め，自由市場などの市場機能を一部復活させる．③農業増産のため，作物栽培体系の変更（二毛作，米作北上），化学肥料の増投入と機械化による農業近代化が促進されるようになったことである．次に工業に対しては，①企業の経営権を党から行政に戻し，工場長に自由裁量権を持たせること，②小企業生産方式については，採算性の悪い小企業はすべて整理し，とくに緊急必要性のある業種については独自の技術開発の試みを普及させること．さらに対外経済においては，旧ソ連に代わって日本および西ヨーロッパとの貿易拡大，農業生産の停滞と人口増による食糧不足に対処して，緊急食糧輸入が開始されたことなどである．これらの努力の結果，1964/1965 年の高い成長率が実現し，経済規模は後退前の水準にほぼ回復した．一方，都市労働力の農村への還流や，小規模企業が整理されたことによって，膨大な労働力がふたたび農村に沈澱することとなった．

第三段階（1966〜75 年）——政治的混乱期

第 3 次 5 ヵ年計画期（1966〜70 年）と第 4 次 5 ヵ年計画期（1971〜75 年）をカバーするこの時期は，文化大革命（1966〜69 年）[9]，「上山下郷」（1968 年），「林彪913 事件」（1969〜71 年），「四人組」（1972〜76 年）などにより，政治的な混乱が見られ，経済政策や経済発展の上でも複雑な変動と曲折が繰り返されて，経済は大きく後退した．この時期におけるおもな経済政策は，国防建設に関連する「三線建設」である．

第四段階（1976〜78 年）——洋躍進の挫折

文化大革命が終焉したこの時期，中国政府は農業・工業・国防・科学技術の四つの近代化を推進する政策をとり，1978 年 2 月には 120 の大型プロジェクトなどへの投資増大による高成長を目指した「国民経済発展の 10 か年計画要綱（1976〜85 年）」を発表した．これは「今世紀中に四つの近代化をとげ，国民経済を世界の前列に立たせる」という，きわめて野心的なものであり，なんと1 年間で西側からのプラント買付契約は 34 億ドルにも達した．このような外

---

[9] 一般に，文化大革命は 1966〜76 年と公式的にみなされるが，それは文化大革命後の政治的混乱期を含んでいる．狭い意味での「文化に対する」革命は，1969 年までである．

国に依存した「無謀」な急進的な計画は「洋躍進」と呼ばれている．しかしこの計画は，さまざまな問題を抱えた中国経済の実情を，必ずしも十分に踏まえて作成されたものではなかった．このため，農工間および重・軽工業間，エネルギーの需給等のアンバランスが表面化し，早くも1978年末には国民経済を調整する必要が生じた．1979年6月の全国人民代表大会では上記の10ヵ年計画を棚上げとし，1979～81年の3年間に「調整，改革，整頓，向上」の「八字方針」に集約される調整政策を実施し，経済の建て直しを図ることが決定された．特筆すべきは，その中の「改革」である．そこでは，地方・企業の自主権拡大や市場メカニズムを導入し，中央集権的色彩の濃い経済管理体制を徐々に改め，経済システムの効率化を図ったという点で従来とは異なっていた[10]．

　上述したように，改革開放までの時期において，政府は工業化を迅速に実現するために，基本的に重工業の優先発展戦略を採用した．しかし，重工業は資本・技術集約的であるため，当時の中国における資本不足という資源賦存の初期状況と矛盾するものであった．このような状況下で，市場メカニズムに依拠した資源配分をおこなった場合，重工業の優先発展は不可能となる．そこで重工業発展のコストを下げるため，政府が経済活動の全面的管理をおこない，資本財や原材料の価格，為替レート，賃金，消費財（生活用品）価格などを人為的に低く抑えた．つまり当時の中国の資源配分は，生産要素や製品の価格を歪めるマクロ政策（いわゆる価格統制）と，高度に集権的な計画とによって実現されていたのである．またマクロ政策と同時に，政府による利潤の徴収，農産物の「統一買付・統一販売」制度の実施というミクロ的政策によって，工業部門の国有化ならびに農業の人民公社化が実現した．このような市場メカニズムを排除した計画的資源配分制度は，経済効率の低下をもたらし，歪んだマクロ政策が歪んだ経済構造の形成を助長した．

　戦後中国の経済成長過程における「経済改革」は，1978年の改革開放から

10）八字方針での「調整」とは，①過大な蓄積率を引き下げ，消費を拡大し，安定成長下で民生の向上を図ること，②農業，軽工業および重工業部門内で隘路となっているエネルギー・輸送・建材工業の発展を図り，各産業部門間のアンバランスを是正すること等である．また，「整頓」とは非効率企業を整理・淘汰することであり，「向上」とは，生産・管理・技術水準の向上を図ることであった．その他調整政策の具体的措置には，輸出の拡大と外資の利用促進，科学技術・教育事業の推進，人口増加の抑制等も盛り込まれていた．

始まるというのが一般的な認識であるが，ここまで見てきたように，実際には1950年代から1978年までの間にも，行政的な「収権」と「放権」の繰り返しという形での「経済改革」がおこなわれていた（附録「年表」を参照）．しかし1978年以前の「経済改革」は，経済管理の権限の部門間・地域間での再配分に終始していたため，経済に対する統制が強化されるたびに資源配分の非効率性が顕在化してきたのである．

3　改革開放期——市場経済への回帰

　計画経済体制に対する本格的な改革は，1978年末の中国共産党第11期3中全会を契機に，ミクロ経営レベルでの「権限分散・利潤譲与」という形で始まったという（大塚・劉・村上1995，林・蔡・李1997）．当初の農村の自発的な改革に対する「躊躇」から「市場メカニズム」を積極的に導入した段階，そして現在の「資本主義へ疾走」する段階まで，経済自由化期の過程を以下の四つの段階に区分し，各段階における経済改革の状況を概観する[11]．

第一段階（1978～84年）——市場経済の萌芽

　前述したように，計画経済期において，農業が不振に陥った時期（1956年，1959年，1962年）[12]に生産責任制（「包産到戸」[13]）は自発的におこなわれた．しかし，この制度は社会主義理念に反するものとみなされ，常に取り締まられた．農村改革が発足した当初，「包産到戸」は従来通り認められなかったが，1978年夏における安徽地方の旱魃のため，この地域でふたたび自発的に現れ，しかも迅速に広がる傾向があった．農業生産性を上げるためには，労働インセンティブを刺激しなければならないという認識の下に，政府は「包産到戸」が人民公社を脅かす存在であると危険視しつつも，「賛成はしないが，一種の例外として存在を容認する」という立場で農村改革に踏み出した．資源配分の視点か

---

11)　改革開放過程の詳細は，呉（1999），田中（2006）を参照されたい．
12)　詳細は呉（1999）を参照．
13)　農家経営請負制は「包工到組」「包産到戸」「包幹到戸」の三つの形態である．最も代表的なのは「包産到戸」である（詳細は林ほか1997：110を参照）．

ら見れば，この制度の重要な特徴は，生産要素の使用権が行政組織から合理的経済主体（農家）へ配分されたことにある．この小さい「一歩」は，改革開放のエンジンを「点火」する役割を果たしたといえるだろう．また，農村改革は農業の高成長をもたらしたばかりではなく，そこから得た経験はその後の改革に適用された．たとえば土地配分における「責任田」と「口糧田」，経営体制における「集団経営」と「農家経営」とを同時に存在させることは，漸進的な改革の特徴である「双軌制」の雛型だと思われる．

一方，工業部門においては，1978 年の「洋躍進」政策は，経済過熱を引き起こしたため，経済調整がおこなわれた．この年の年末に開催された 3 中全会では，経済体制の改革・対外開放政策（改革開放）が打ち出された．当初，国有企業に対する改革のキーワードは，「分権譲利」（経営決定権限を分散し，利潤の一部を企業に譲与する）であった．つまり，企業経営者および従業員の労働インセンティブを誘い出して，生産性の向上を図ったのである．ただし，この段階における経済改革は，「計画経済を主とし，市場調節を従とする」という「鳥籠経済論」[14]（鳥籠を国家計画にたとえ，その中で小鳥＝経済を活性化させる）が示したように，あくまでも計画経済という大枠の中で市場経済メカニズムを利用するという意味に限定されたものであった．評価すべきなのは，「白猫でも黒猫でも，鼠を捕る猫が良い猫だ」（「白猫黒猫論」，『鄧小平選集』第 1 巻），「豊かになることが社会主義である」という現実主義に基づき，一部でしかないものの，資源配分を従来の「計画」ではなく，「市場」に委ねることが公式に承認されたことであろう．

第二段階（1984〜92 年）──市場経済メカニズムの導入

農村に対して農家請負責任制を施行することによって農民の生産意欲を向上させ，増加した資源（労働力や資金）が郷鎮企業の急速な発展を促した．郷鎮企業は計画枠から外されているため，枠内の低価格資源を享受できず，相対的に高価格で資源を調達しなければならない．したがって，市場メカニズム下で

---

14) 「鳥籠経済論」は，前述した「洋務運動」で用いられた「中体西用」，および後述の「社会主義市場経済」と，表現は異なるものの，要約すれば，同様の漸進改良主義であることを強調しておきたい．

郷鎮企業が生き残るためには，より合理的な生産活動が必要であった．結果として，国有企業より高い効率性を持つようになったのである．このような資源に対する競争相手の出現によって，国有企業の競争力を増強させる改革は必要に迫られた．改革の重点は農村から都市に移行していったのである．

　1984年10月の共産党第12期3中全会で採択された「経済体制改革に関する中共中央の決定」では，「計画的な商品経済」という概念が提起され，従来の「社会主義＝計画経済」の考え方を放棄し，「社会主義＝商品経済」へと認識を改めた．この時期の改革の目標は「生気に満ちた社会主義市場経済体制の構築・企業の活力強化」である．改革の内容はおもに①社会主義の商品経済の発展，価格メカニズムの重視，②行政機構と企業の職責分離，③多種経済責任制の導入，労働に応じた分配原則の貫徹，④対外経済交流の拡大，などである．

　さらに1987年10月には計画的商品経済について，その内容がより具体化し，改革の目標とすべき経済体制は「国家が市場をコントロールし，市場が企業を誘導する」ものとされた．ここでは，基本的に「市場が企業を誘導する」ことに力点がおかれ，政府の企業経営に対する直接的な計画管理は否定され，一時的に市場万能主義論の台頭を引き起こした．

　しかし，ミクロ的な企業と市場は国家指導中心のマクロ政策環境との調和的な関係を維持できなかった．とくに行政機関も含む全国のあらゆる組織は「双軌制」の隙間を利用して，経営活動に乗り出した．その結果1988年下半期から89年にかけてインフレの昂進，官僚腐敗などに特徴付けられる経済過熱が起こった．国民の不満が高まり，1989年6月の天安門事件を経て一挙に政治問題化した．これを契機として，中国の経済改革は引締め・調整期に入ることになった．

第三段階（1992〜2001年）──市場経済の確立

　1991年，旧ソ連の解体をきっかけに，社会主義陣営が存亡の危機に直面することになった．中国はこれから改革開放をさらに進めるべきか，それとも計画経済体制に戻すべきか（いわゆる姓「社」姓「資」）をめぐって，激しい論争が生じていた．この膠着状態を打破したのは，1992年の「南巡講話」（1992年に，鄧小平が南方視察するときに，改革開放の加速を呼びかけたこと）である．これを受けて市場改革が再加速し，社会主義市場経済を目指すことになる．1993年11

月に開催された中共第14期3中全会で採択された「社会主義市場経済体制確立の若干の問題に関する決定」では，市場経済へ移行する方針を確定した．この時期の改革の重点は，①株式制企業を中心とする現代企業制度の確立，②国内統一市場の形成，③財政・金融制度の改革による間接的なマクロ経済調節手段の確立，という三点に集約できる．中国の経済体制の本格的な自由化が始まったと考えられる．

1996～2000年は第9次5ヵ年計画期である．この間の改革内容は①計画経済体制から社会主義市場経済への移行，②成長粗放型経済成長から集約型経済成長への転換，の二点である．

第四段階（2001年～）──市場経済の拡大

2001年からは，マクロ経済改革が積極的に推進されてきた．2003年までの期間で注目すべきは，財政政策のフェード・アウト（中国語で「淡出」）である．2003年10月「社会主義市場経済体制完備の若干の問題に対する党中央の決定」が採択され，改革の重点は経済と社会の全面的な調和のとれた社会を目指すものであった．この背景としては，近年の拝金主義の蔓延が挙げられる．中国はもはや社会主義国ではなく，資本主義の原始蓄積段階であるとの批判がされているが[15]，この時期は本書の分析対象外なので，ここでは詳細な議論は割愛することにする．

以上のように，改革開放の特徴としてはその「漸進」主義が挙げられる．開放政策以前においては，急進的経済改革がしばしば採用されていた．たとえば前述した1950年代末におこなわれた「大躍進」政策のように，一気に経済発展を成し遂げようとする急進的経済政策が全国規模でおこなわれた．このような急進的な政策は，他の重要な問題を無視して盲目的に追求され，かつ全国で一斉に実施されたため，それらの政策の誤りや失敗に気付いたときには，国民経済がきわめて深刻な状況にまで陥ってしまったのである．このような歴史的経験を踏まえて，1978年からの経済改革においては新しい政策をまず一部の分野・地域で実施し，その結果を見て次第に他の分野・地域へと着実に広げて

---

15) 詳細は田中（2006）を参照されたい．

いくという漸進主義を重視したのである[16]．漸進主義は，経済改革全般についてもいえるが，各々の具体的政策の変遷から，より明確にその特徴を見ることができる．ここでは，ひとつの例として価格改革について，対外貿易政策の変遷および労働市場の形成における漸進主義を具体的に考察してみよう[17]．

「双軌制」価格改革

　中国の漸進的改革を遂行させる上で，最も注目されている手法として挙げられるのは，「双軌制」である．「双軌制」は価格改革の分野で最初に実施された，いわゆる「価格双軌制」（二重価格）である．周知のように，改革開放以前には，商品価格のほぼすべてを政府が決定していた．改革開放以後，商品市場の規模拡大と需給関係の変化につれて，政府は計画的・段階的に価格改革をおこなってきた．つまり，当初は政府による「価格決定」であったものが，次第に政府による「価格指導」，市場による「価格調節」という形態に改められた．改革開始当初は企業間での財の売買という形の取引は許されなかったが，企業間の物々交換は許可されていた．物々交換であるため陽表的な取引価格は存在しないが，企業間の合理的な意思決定に基づく交換比率（すなわちシャドウ・プライス）は，完全競争市場で成立する価格に近くなる．その結果生じた価格統制下での財価格とシャドウ・プライスとの乖離が，歪んだ価格政策に大きな衝撃を与え，資源配分制度に関する一連の改革を誘発した．かくして，計画的資源配分と市場価格の「双軌制」が採用されることとなった．過去の物価水準の推移が示しているように，双軌制の実施により市場メカニズムの調節範囲が拡大されるにつれて，計画的価格が調整され，次第に市場均衡価格水準に近づいていった．従来の歪んだ価格政策が経済運営におよぼす影響はますます小さくなり，最終的には相対的に小さいリスクとコストで，計画経済から市場経済へ移行す

---

16) 林・蔡・李（1997）および樊（1996）が指摘しているように，漸進的改革の特徴は，①最初から直接旧体制を改革するのではなく，市場価格や非国有経済など新しい経済主体を育成・発展させ，育成環境の改善を通じて，徐々に改革していくことである．②ストックに対する直接改革ではなく，新しく増加した資源に対する改革を通じて新体制をつくり，逐次全体の経済システムを改革すること，いわゆる「増量改革」である．

17) 対外貿易政策，労働市場および企業改革に関する議論はそれぞれ第3，第4，第6の各章を参照されたい．なお，戦後長期にわたる価格政策の変遷，および価格改革の詳細は成（1998）を参照．

ることができるようになった．価格改革により1999年には95％以上の消費財と80％以上の投資財の価格が自由化され，市場の需給関係を反映した合理的な価格構造が形成されるようになったことを受け，農産物価格の上昇と工業製品価格の低下がもたらされた．1978年と1998年を比較すると，工農業生産物の鋏状価格差は低下し，農産物買付価格指数が4.23倍上昇したのに対し，農村工業品小売価格指数は1.97倍の上昇に留まった．その結果，工農業製品の総合比価指数（農村工業品小売価格指数／農産物買付価格指数，1978年＝100）は56.5となり，約40％程度改善されたのである（成1998）．

計画経済における重工業発展戦略は，資源を資本集約的な重化学工業部門へ集中的に投入したため，中国の比較優位部門である労働集約的な諸産業は長期的に抑圧されてきた．改革開放は，このような歪んだ産業構造を是正し，中国の比較優位を発揮させる効果があった．その結果，経済の高成長が実現し，2008年まで年平均10％前後の成長率を維持することができたのである．

4 資源配分システムの変遷——近代化・市場化の到達点

これまで見てきたように，計画経済はもちろんのこと，改革開放後の経済成長もさまざまな規制の下で達成されてきたことが分かる．中国経済の高成長の現実を理解するには，まず各時期における経済政策を理解し，これらの政策の資源配分への影響を明らかにすることが欠かせないのである．本章のはじめで説明したように，社会経済体制の変化に伴って，資源の配分仕様が変わっていく．戦後の中国や旧ソ連およびその他の中央集権的計画経済では，政府が経済的決定をおこなう．これに対して自由市場経済では，個人や企業が市場を通じて経済的決定を自由におこなう．また，経済的意思決定のすべてを市場に任せるのではなく，市場ではうまく機能しない決定のみを政府がおこなう，という混合経済も多くの国々で採用されている．ここでは，上述した歴史の流れを踏まえ，中国経済発展過程における経済意思決定権と資源配分変化の概念図，とその結果を整理してみる．

図1-3は，中国経済発展過程における三つの経済体制を図示したものである．上下両端が自由経済と計画経済であり，その中間は統制と市場が並存する混合

30　第Ⅰ部　初期条件と制度変遷

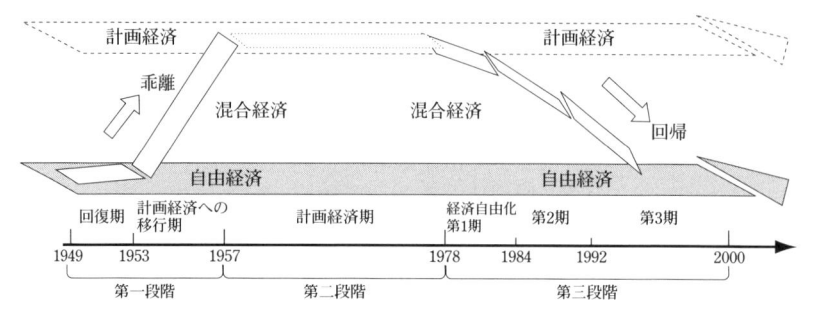

図1-3　資源配分システムの変遷

出所：筆者作成．

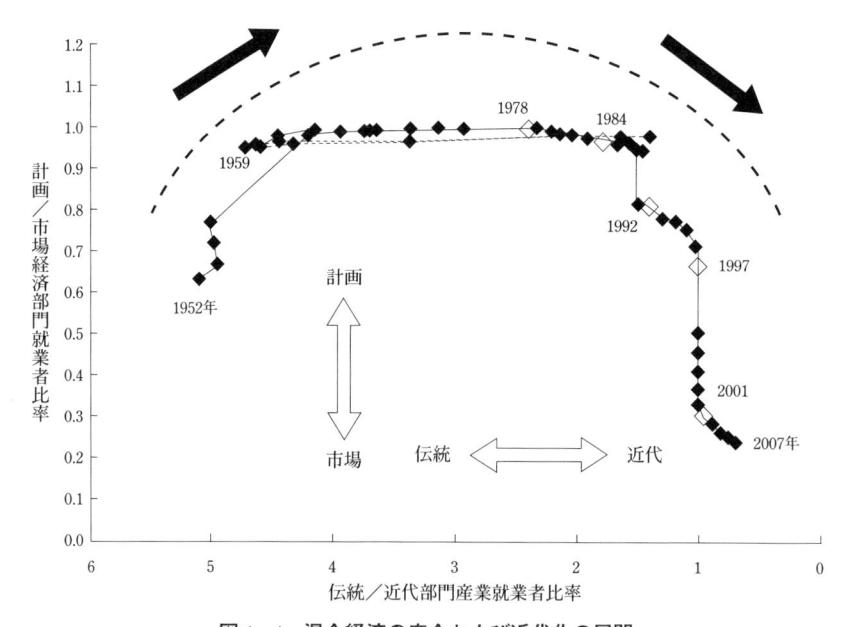

図1-4　混合経済の度合および近代化の展開

注：横軸は第一次産業と第二・三次産業との就業者比率である（第一の指標）．前者は伝統部門を代表し，後者は近代部門を代表する．この指標が低いほど（右方向へ）近代化の程度が高いといえる．縦軸は計画経済部門（国有企業と都市集団企業所有制企業）と市場経済部門における就業者比率である．この指標が高いほど（上方へ）計画経済の度合いが高い（第二の指標）．経済が南東（右下がり）方向へ移行することは，市場化・近代化の度合いが高いという意味である．
　点線は大躍進の3年間（1958～60年）を示している．
出所：『中国統計年鑑』各年版より，筆者作成．

経済である．戦後における中国経済の資源配分システムの変遷過程は，要約して以下のような三段階にまとめることができる．第一段階は戦後の回復期と計画経済への移行期を含む 1949～57 年の期間である．本書では，この時期を計画経済前期として定義する．第二段階は全面的な統制経済である 1957 年から 1978 年までとし，これを計画経済期として定義する．第三段階は 1978 年から現在までの経済自由化過程である．なお，第一，第三段階は，統制と市場が並存する混合経済に属することは明らかである[18]．

また，加藤・上原（2004）を参考にして，市場化と近代化の度合いを以下のような二つの指標から見てみよう．まず，第一の指標は，伝統部門と近代部門の就業者比率（伝統部門／近代部門）である．第一次産業が伝統部門を代表し，第二・三次産業が近代部門を代表するものと考えると，この指標は社会的分業の進展，すなわち伝統的経済から近代的経済への移行の度合いを表す代理指標となる（図 1-4 横軸）．よって，この指標が低い値を取るほど近代化の程度が高いことになる[19]．第二の指標は，計画経済部門（国有企業と都市集団企業所有制企業）と市場経済部門（都市部におけるその他の所有制企業——私営企業・外資企業・自営業および郷鎮企業）の就業者比率である（図 1-4 縦軸）．この指標が高い値を取るほど計画経済の度合いが高いことになる．したがって，図 1-4 の右下がり方向に経済が位置すると，市場化・近代化の度合いは高いということになり，本書で定義している計画経済前期 1949～57 年の期間，および改革開放後の自由化第 3 期は，市場経済の度合いが高いことが分かる．

近代化を表す第一指標について注意すべきことは，長期的に見れば，中国の工業化（近代化）を意図的に推進したのは計画経済であることである．改革開放後においては，労働力の工業部門への参入は一直線ではない．1978～84 年，1992～97 年および 2001 年以後の三つの時期においては，それぞれ，農村工業

[18) 加藤・上原（2004）は，1978 年までを，次の六つの時期に分けて考えている．復興期（1949～52 年），計画経済への移行期（1953～57 年），大躍進期（1958～60 年），調整期（1961～65 年），文化大革命影響期（1966～75 年），洋躍進期（1976～78 年）．ここでは，本書の研究目的に合わせて，上のような三つの時期にまとめた．また，各時期について詳細は，加藤・上原（2004）（計画経済期），林ほか（1997）（経済自由化時期）を参照されたい．
19) 加藤・上原（2004）は第一の指標も市場化の指標として扱っているが，本章では単純に工業化＝近代化の指標として理解している．

(郷鎮企業)，外資系および民間工業企業，そして都市部門の第三次産業がより発展した時期である．これは上述した中国労働市場の改革の漸進的特徴を反映しているといえる．

また，第二の指標は，計画経済と市場経済の混合度合い（両経済体制が存在する比率）を表しているものの，規制・緩和の度合いを直接的には表していない．だが，計画経済がより規制の強い体制であり，市場経済はより自由であるという理解を前提とすれば，曲線の傾きは改革進展の緩急差を表していると見ることができる．つまり，横・縦軸で示されている2時点間の幅が狭いほど改革のスピードが遅く（たとえば，縦軸の第二の指標で見た1978～84年），逆に広い場合（縦軸の第二指標で見た1992～2000年）は改革のスピードが速いことを意味する．これによると，1978年以降，中国経済の自由化は試行錯誤を繰り返しながら漸進的に進んできたといえるが，時期ごとに特徴が見られる．

経済発展に伴う産業構造の変化については，一般に農業から工業部門，そしてサービス部門への転換が指摘されている．市場化の深化が中国経済成長のおもな原因であるならば，図1-4では，第一指標と第二指標の間に相関関係が見られるはずである．つまり，1978年以後の曲線は右下がりになる．しかしながら，ここで示されているように，市場化が急展開している1984～92年，および1997～2001年において，農村労働力の比率はほとんど変わっていない．これは，中国の生産要素市場においては規制を緩めたり，強化したりという政策の介入が頻繁に存在することを示している．たとえば1978年から1983年の時期において，伝統部門（農業）から近代部門（工業）への転換は大きい（横軸の幅は大きい）．一方，都市部工業部門での自由化スピードは遅かった（縦軸の変化幅は小さい）．これは，農業改革の成功に伴う農村工業化（郷鎮企業）の急成長を表しているからに他ならない．また1992年以降，都市工業部門の自由化が急速に進んでいたことも観察されるが（縦軸の変化幅が大きい），農業から工業部門への労働移動に対する規制はふたたび強化されたと考えられる（横軸の変化幅は非常に小さい）．

5 経済発展の経過——数量的考察

一人当たり実質 GDP

　経済発展の経過を見る際に最も重要なのは一人当たり GDP である．図1-5 は一人当たり実質 GDP の長期的趨勢を示している．また，比較のためにインドと日本の動きも載せた．時系列データを眺めると，以下の興味深い事実を確認できる．①インドと中国は人口や資源賦存の状況が非常に類似している．たとえば，1930年における一人当たり GDP はそれぞれ726 GK ドル，567 GK ドルと2国間で大きな格差が見られない．または戦前・戦時の1930～50年の20年間における一人当たり実質 GDP 成長率はそれぞれ－0.7％，－1.1％であり，日本の0.2％と比べて低いということが挙げられる．②戦後全期間において，中国経済の変動が日本，インドと比べて明らかに激しい．③改革開放後の中国の経済成長率はインドを上回って，日本より遥かに高い．さらに長期の視点から見れば，計画経済期においては，日本が高度成長期であったということもあ

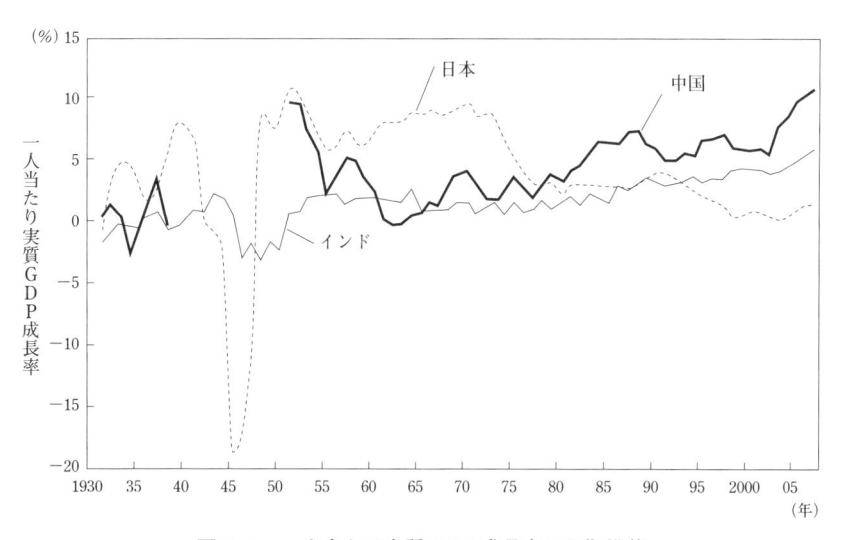

図 1-5　一人当たり実質 GDP 成長率の長期推移

注：縦軸は一人当たり実質 GDP（1990年 International Geary-Khamis dollars で表記——以下は1990 GK ドル）に基づいて計算した成長率の7ヵ年の移動平均である．
出所：Maddison（2003, 2006）．

り，中国と日本間の格差が戦前と比べて拡大した．中国経済のキャッチアップが見られたのは，経済自由化開始以降のことであり，とくに1990年代でキャッチアップのスピードは著しく速くなっている．

人 口

開発経済学が教えるように，途上国においては，経済成長に伴う人口の動向は三つの段階に分けられる．つまり，第一段階では高出生率と高死亡率，そして次の段階で高出生率と低死亡率，最終的には低出生率と低死亡率，という段階に至る．それを反映して，人口増加率は低→高→低のように三段階に分けられる．日本のケースでは戦後の高度成長に伴って人口増加率は高くなり，1990年代以後は徐々に下がってマイナスとなったが，これはまさに経済学の標準的ケースである．しかし中国の場合は，1970年代から実施した人口政策によって，

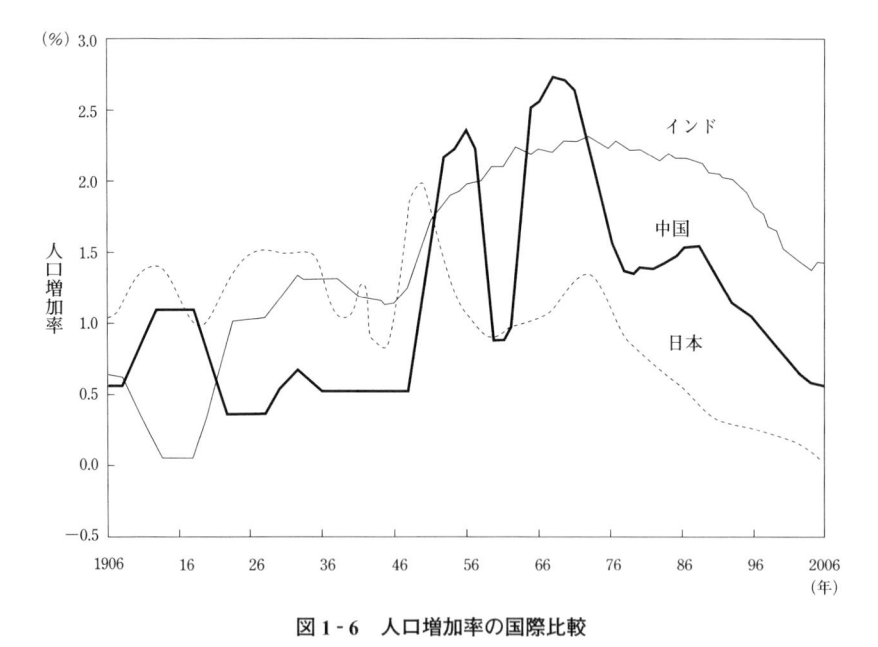

図1-6 人口増加率の国際比較

注：5ヵ年の移動平均である．
出所：日本，インド全期間および1978年までの中国はMaddison (2006)，1978年以後の中国は『中国統計年鑑』により，筆者作成．

人口増加率は80年代から急速に下がった.それと対照的に,インドはいまだに高い成長率を示している(図1-6).市場化の進展に伴って,年平均人口増加率は,1995〜2005年において,1985〜95年の1.4%から0.87%に低下した.

産業構造

三次産業の産出構造の変化に関しては,戦後から現在までの期間を以下の三つの段階,すなわち第一段階:建国直後から1957年まで,第二段階:1962〜77年,第三段階:改革開放以降現在まで(1978年〜),に分けることができる(図1-7).

第一段階においては,第一次産業が総産出に占める割合が低下する一方で,第二次産業の割合は上昇している.そして第三次産業は僅かながら上昇する傾向にある.この時期の中国は重工業を優先させる経済政策によって,精力的に鉄鋼業,石炭業,電力など基幹産業の育成を進めた.これによって第二次産業の産出割合は上昇する傾向を示し,1952年の20.9%から1957年の29.7%ま

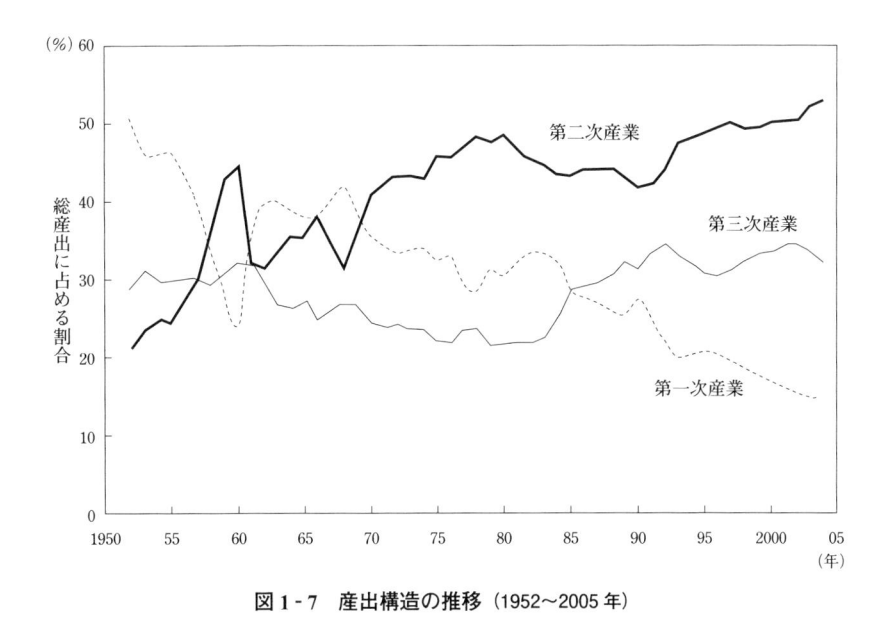

図1-7 産出構造の推移(1952〜2005年)

出所:『中国統計年鑑』各年版.

で伸びた．

第二段階では，第一次産業の産出割合が引き続いて低下する一方，第二次産業の割合は拡大した．そして第三次産業の割合は緩やかに低下する傾向を示している．この時期に「大躍進」運動は終息を告げるが，1962年に産業構造は「大躍進」以前の1957年水準にまで回復した．その後，第二次産業の割合は持続的に増加したが，第一次産業の割合は，1962年の39.4％から，1977年の29.4％まで低下した．また，第三次産業は1962年の29.3％から，1977年の23.4％まで低下した．

第三段階は経済改革以後の時期である．農村改革，とくに農産物価格改革によって，1984年まで第一次産業の割合は上昇，第二次産業の割合は低下した．同時に第三次産業の割合はやや上昇した．1984年以後，第一次産業の割合は持続的に低下し，第二次，第三次産業の割合は持続的に上昇する傾向にある．

次に，就業構造を見ると（図1-8），改革開放までは農業就業者は全体の7～8割を占めているが，工業部門においては「大躍進」を除けば，就業者シェアの増加は目立たない．改革開放以降の就業構造の推移は，二段階に分けられる．

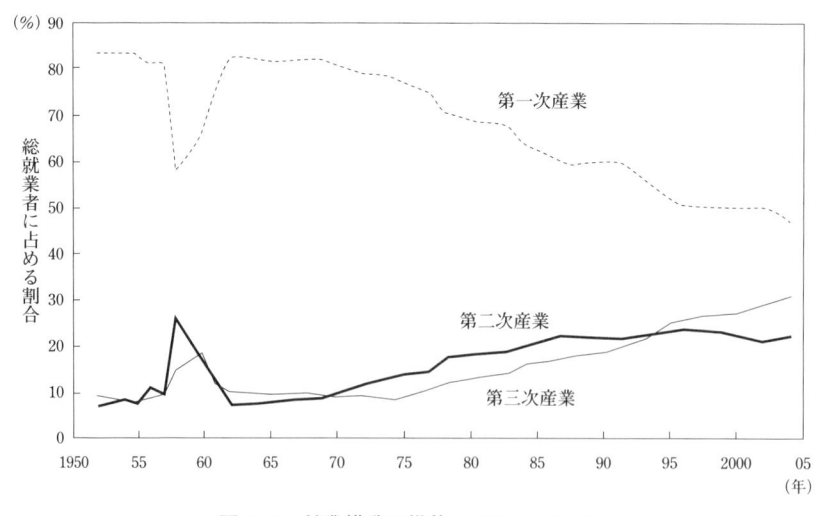

図1-8 就業構造の推移（1952～2005年）

出所：『中国統計年鑑』各年版

1990年代までは，工業部門での雇用増加が大きかった．これは民営企業や外資企業の急増加，つまり労働集約的な工業部門の成長によるものであると考えられる．1970年代後半までは第三次産業の雇用割合はほぼ横ばいに推移している．この時期，政府は工業化のために生産要素をおもに重工業や貿易財生産部門へ配分したと考えられる．この配分を達成するために，政府は生産要素市場への介入を強化し，とくに労働移動を厳しく規制した．たとえば「戸籍」政策は，大量の農村労働力の都市部への流入によるスラムのようなインフォーマル部門の形成を防止するための政策として考えられる．

1990年代以降は，工業部門の雇用吸収能力が次第に低下するのとは対照的に，労働集約的なサービス業の就業者数が大幅に増加した．江・李（2004）によると，1990年代以降におけるサービス業の就業弾力性（就業者数増加/産出増加）は工業より遥かに大きい．サービス業の就業者数は1978年の4,890万人から

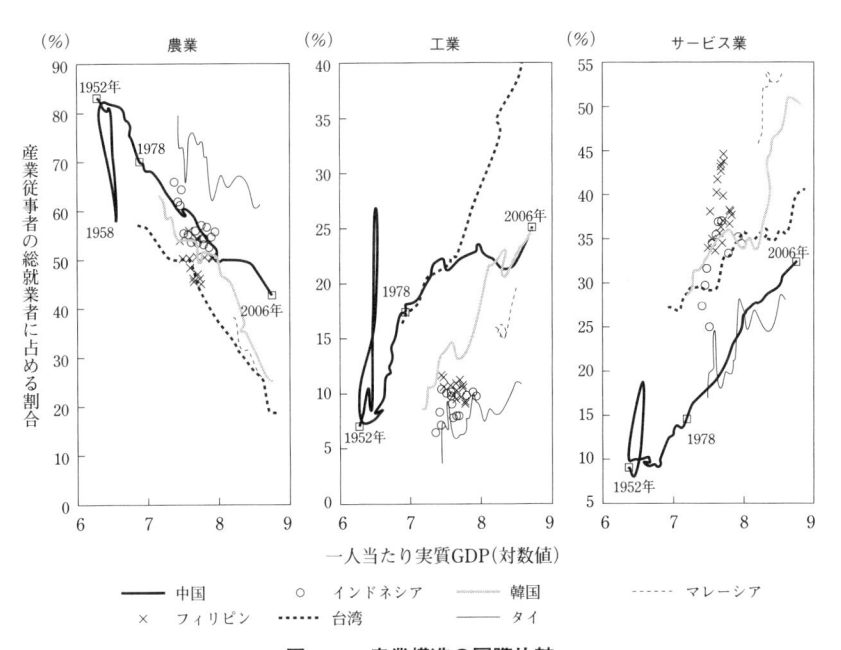

図1-9　産業構造の国際比較

注：縦軸は％，横軸は一人当たり実質GDPの対数値．
出所：Maddison (2006), World Bank (2007) により，筆者作成．

2004年は2.11億人まで増加した．これは非農業部門全体の就業者増加数のうち65％を占めるに至っている．

国際比較の結果（図1-9）からは，中国の経済発展過程における産業構造の変化は，一般にいわれているペティ＝クラークの法則とは異なっているという点が明瞭に見て取れる．1950～2006年の間，アジア地域に限定して見ても，一人当たりGDP水準が同じ発展段階である他の国と比べて，中国の工業部門就業者の割合は非常に高く，サービス業の割合は低くなっている．

資本形成

長期的に見ても，中国の経済成長は固定資本形成依存型である．とくに改革開放以後，その依存度は急速に高まっており，近年，固定資本形成のGDPに占める割合は40％を超える水準に達している．これは過去の日本の高度成長期のピークと比較しても高い水準となっている．実質固定資本形成の成長率は，計画経済期（1955～78年），改革開放期の前半期（1978～92年）そして1992年以後（1992～2004年）の時期では，年平均それぞれ約10％，9％，14％で増加し

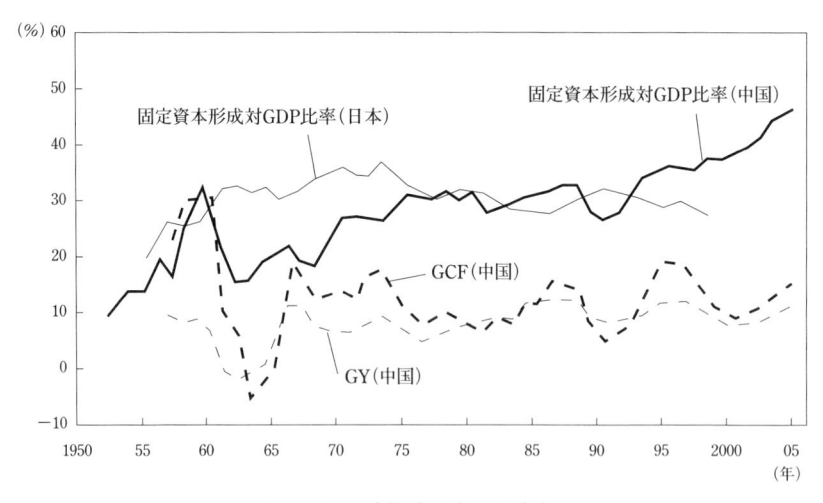

図1-10 固定資本形成と経済成長

出所：中国は中国国家統計局国民経済綜合統計司（2005），日本は総務省統計局日本経済長期統計ホームページ（http://www.stat.go.jp/data/chouki/03.htm 2009年6月23日アクセス）．

てきた．図1-10で示しているように，中国の経済成長率（GY）の長期変動は資本形成の変動率（GCF）とほぼ一致している．資本形成が経済成長におよぼす効果には，おもに生産効果と有効需要効果の二つがある．具体的には，資本ストックの増加を通じて潜在生産力を高める．また，消費や輸出などとともに，有効需要を創出することである．中国の場合は前者の効果が大きく見られるが，採算を度外視した投資増加による供給増加は，生産性改善というよりも単純な生産能力増加によるところが大きい．

二重構造と所得格差

中国経済は，いまだに在来部門の農村と，近代部門の都市部からなる2部門に分けられる．したがって，その経済成長のプロセスを理解するにはルイス・モデル（Lewis 1954）が有用であろう．それによれば，実質賃金の水準が在来部門において決定されるので，近代部門で労働需要が拡大しても必ずしも賃金水準は上昇しない．結果としては，近代部門における製品需要の増大，資本蓄積が大きな利潤を生み出し，それらがさらに資本蓄積に回されるという形で経

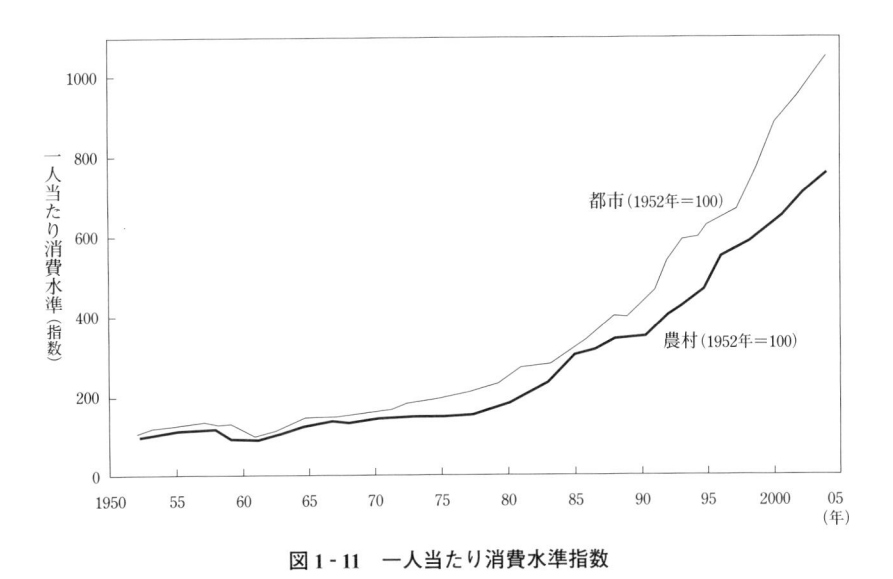

図1-11　一人当たり消費水準指数

出所：中国国家統計局国民経済綜合統計司（2005）『新中国五十五年統計資料滙編』

済成長が生み出されていくのである．この過程で労働力は，近代部門の成長に呼応して農業から都市へと流出していく．ここで最大の問題となるのは，製品に対する需要はどこから生み出されるのか，ということである．現在までの中国経済の高成長は，もっぱら輸出によって主導されてきた．農村の余剰労働力が，沿海部の輸出企業の低賃金を長期間にわたって維持してきたことは，経済成長にとってプラス要因となっていると考えられる．しかしながら，設備投資の背後で海外需要よりも国内消費財に対する需要が重要な役割を果たしている経済では，実質賃金の上昇がかえって経済成長にとってプラスの要因になりうる．図1-11では，都市部と農村住民の一人当たり消費支出指数を示している．それによれば，農村と都市部門の格差は広がっていることが明らかである．所得格差の拡大や農民収入の低迷も，この需要サイド鈍化の要因として理解できる．年金・医療保険・失業保険等の社会保障制度の未整備は，民間消費が急速に鈍化するひとつの原因になるだろう．したがって，これからも高成長を維持することが可能か否かは，対外貿易依存型から農村所得の向上による内需型の成長パターンへの転換にかかっていると思われる．

おわりに

　戦前期の中国本土の経済開発政策はおもに輸入代替工業化であり，政策の目標は「官営」，「国有」の重工業部門を発展させることであった．しかし，経済全体に大きな影響を与えたのは市場を主導する民間企業・消費財生産部門である．政府が企業を直接補助・経営するのではなく，むしろインフラ，もしくは経済秩序整備を重視したことによって，資源配分の効率性の改善に貢献したことが示唆されている．

　戦後，改革開放までに（厳密には文化大革命の混乱期まで），中国の政策当局は重工業優先の発展戦略を中心に，三つの「代替的」な開発戦略を実施してきた．つまり，スターリン的戦略（1953～57年），大躍進戦略（1958～60年）および農業優先（1961～66年）である．各々の戦略はそれぞれ独自の特徴を持っており，中国経済発展の初期段階においては，中ソ間の軍事的・政治的同盟関係に左右されていたが，強調すべきなのは，旧ソ連と比べて，中国経済の後進性が顕著

であったことである（Maddison（2006）の推計によれば1950年における一人当たりGDPは旧ソ連の2割未満）．中国の資源賦存状態の下では，相対的に資本・技術集約的な旧ソ連モデルへの適応は，順調に進まず，資源配分の非効率性が次第に明らかになった．その認識の下で，労働力が豊富であることと，農業の発展が相対的に遅れていることにより生じた開発上のボトルネックを突破しようと，開発戦略に修正が加えられたが，重工業優先発展戦略が継続されていたため，大きな成功を収めることはなかった．計画経済期の政策当局の「無謀さ」がよく非難されるが，Eckstein（1977）が指摘しているように，中国経済の発展過程から見るなら，これらの一連の戦略上の変更は，実験を試み，革新し，また過ちから学ぶ指導者たちの積極性を物語るものでもある．また，改革開放後の「漸進性」の特徴との間に密接な関連性があることが観察される．

　開発政策の変化と，それに伴う中国の資源配分システムの変遷は，戦後中国の経済体制が，終戦直後の自由経済から計画経済へ移行し，改革開放に伴ってふたたび自由経済へ移行する過程を示している．新古典派経済学が主張する自由経済（市場経済）を基準とすれば，このような経済体制の移行過程は，基準からの乖離・回帰の過程として理解できる．したがって，基準となる自由経済の経済指標（たとえば財の市場価格や産業構造）との比較を通して，経済に対する政策介入の度合いおよび資源配分の効率性について定性かつ定量的な分析が可能である．残念ながら，これまでの中国経済に関する研究では，資源配分のメカニズムという観点からの理論的・実証的分析がきわめて不十分であった．本書の第2章以降では，以上のような背景と問題意識にしたがって，経済の発展過程における資源配分の効率性について数量的に把握することを試みる．

第 2 章　経済成長の初期状況（1930～52 年）
——実質消費水準の国際比較——

はじめに

　ある国がどのような経済成長をしてきたかを長期的視野で分析し，国際的な比較をするためには，その国の経済成長が始まった時期をどの時点とするか，ということを明確にしておく必要がある．なぜならば，ある国が選択した経済制度には，その国の経済的歴史遺産および当時の政治的・社会的環境が大きな影響をおよぼしているからである．

　多くの先行研究では，1950 年代を中国の経済成長の出発点として考えているが，国際比較分析をする際には，少なくとも次の二つの理由でその妥当性に疑問が残る．第一に，1950 年代は戦争によって疲弊した国民経済が，正常な成長軌道に乗るまでに回復する戦後復興期であったという点である[1]．経済回復期は，社会制度の激しい変動や経済秩序の再整備の段階であり，国際比較が可能なほど安定した経済状況とはいえない．第二に，1953 年から社会主義的な改造が急展開し，中央集権的な計画経済期に突入した時期であったという点である．統制経済期においては，さまざまな規制や財市場・生産要素市場に対する政府介入が，資源配分上の歪みを生じさせていたと考えられる．たとえば，価格介入は内外価格差のおもな原因となる．これを十分に考慮しないと，国内外の物価水準の格差を正確に把握することは難しい．これらの点から，現代中国の経済成長の出発点は，自由経済期とみなされる 1930 年代とするのが妥当であろう．

　しかし，中国経済成長の初期時点に関する国際比較研究は非常に少ない．

---

[1]　この時期の経済状況の詳細は，小島・石原（1994），加藤・上原（2004）を参照．

表 2-1　中米における GNP 比較（1931〜36 年平均）

	GNP		一人当たり GNP	
	百万ドル	百万元	ドル	元
中　国	12.72	29.22	31	71.3
米　国	66.4	152.5	540	1240.4
％	19.16	19.16	5.74	5.75

出所：Liu（1946：76, Table 33).

　Liu（1946）は市場為替レートを利用して米国との比較をおこない，1930年代の中国の一人当たり GNP は米国の約 6% であったとしている（表2-1）．ここで重要なのは，物価水準が各国間でしばしば大きく異なることである．バラッサ＝サミュエルソン効果（Balassa 1964, Samuelson 1964, Bhagwati 1984）によると，貿易財については商品裁定により各国間の絶対価格差は小さいが，商品裁定の働かない非貿易財については，賃金の安い低所得国の方が低い傾向がある．このため，市場為替レートを使って各国の名目 GDP を換算して比較すると，低所得国の一人当たり GDP を過小に評価してしまう危険がある．

　ゆえに，各国間の経済発展の度合いや豊かさを比較する場合には，各国通貨で測った一人当たり GDP や消費水準を市場為替レートで換算して比較するのではなく，物価水準の国際格差を考慮した購買力平価を使って換算することが望ましい．

　このような絶対価格の違いの問題に対処した Maddison（1995a）は，1990年の購買力平価で換算した一人当たり GDP 推計値を出発点として，各国の一人当たり実質 GDP 系列を過去に外挿することにより，国際比較可能な所得系列を算出している．しかし，袁・深尾（2002），袁・深尾・馬（2004），Fukao, Ma and Yuan（2006）が指摘しているように，マディソンの方法を交易条件の変化や産業構造変化（ガーシェンクロン効果）の大きい国に適用すると，深刻な誤差が生じる可能性が高い．たとえば，袁・深尾（2002）による戦前期における日本・台湾・朝鮮の3ヵ国・地域の絶対品目別価格と，消費バスケットに基づいて推計した各国の物価水準は，マディソン推計において暗黙裡に前提とされている物価水準と大きく異なっている．したがって，中国における1930年代の一人当たり実質消費水準を正確に理解するためには，その時点での消費バスケ

ットや,品目別の内外絶対価格データを用いて直接計算する必要がある.残念ながら,1930年代における中国の物価水準の内外格差に関する推計はほとんどおこなわれていない.

本章では,1934～36年の中国・日本・朝鮮・台湾間について,詳細な品目別の絶対価格データと,家計調査等に基づく消費ウェイトを使って消費者物価絶対水準比を推計し,これをもとに4ヵ国・地域間で一人当たり実質消費水準や実質GDPの長期比較をおこなう.本章の構成は以下の通りである.第1節では,先行研究を踏まえた上で,本章の推計方法を解説する.第2節では,1934～36年の中国・日本・朝鮮・台湾の4ヵ国・地域の消費者絶対物価水準を比較するためのデータの出所と実証結果を報告する.第3節では,本章で得られた結果と先行研究の結果との違いについて理論的な検討をおこない,中国の産業構造の推移と対外貿易の変遷という視点から検証する.第4節では,本章で得られた絶対価格水準を利用し,一人当たり実質消費水準の4ヵ国・地域間比較をおこなう.そのうえで,1930～52年における経済成長を概観する.最後は,分析結果を要約し,残された課題について述べる.

1 先行研究

従来の研究では,戦前期のアジア諸国の実質消費水準を比較するための物価水準を算出する際,おもに①基準年PPPに基づく外挿法,②現行価格直接比較法が用いられている.本節では,この二つの方法について説明し,先行研究の問題点を指摘した上で,本章に用いる推計方法について説明する.

1.1 基準年PPPによる外挿法

戦後に関しての,国際比較が可能なデータセットとしては,国際連合・EUROSTAT・OECDのICP[2]やSummers and Heston(1991)によるThe Penn World Table(以下はPWTと表記)等の,各国の絶対物価水準比較に基づく購買力平価推計が存在する.

---

[2] International Comparisons Program(以下ICPと略称する).詳しくはHeston and Summers(1993)およびMaddison(1995a)を参照.

長期的な経済成長の国際比較において多用される Maddison (1995a) は，原則として 1990 年に関する ICP および PWT で推計された購買力平価を用いて 1990 年の各国名目 GDP を比較し，それ以前については各国政府や研究者たちが推計してきた，それぞれの国の一人当たり実質 GDP 長期系列を過去に外挿することによって，1820 年以降の国際比較可能な一人当たり実質 GDP 長期系列を作成している．

　マディソン推計は彼自身や他の多くの研究者によって，19 世紀や 20 世紀前半の一人当たり GDP や労働生産性の国際比較，経済収束の実証研究等に利用されてきた[3]．しかし，袁・深尾 (2002)，袁・深尾・馬 (2004)，Fukao, Ma and Yuan (2006) が指摘しているように，PPP が得られる単一年 (Maddison：1990 年，PWT 6.1：1996 年) をベンチマークとして，実質 GDP 系列を使って長期遡及することによって遠い過去の実質所得を推計する方法では信頼性に疑問が残る[4]．たとえば，マディソンが戦前期の中国，日本，朝鮮と台湾の 4 ヵ国・地域の一人当たり実質 GDP を推計するには，中国については，Chang (1962) と Feuerwerker (1969, 1977) の 1885〜1933 年，Perkins (1975) と Yeh (1979) の 1931〜38 年，Wu (1993) の 1952〜90 年，Joint Economic Committee (1978) の 1950〜52 年，また日本については Ohkawa and Shinohara (1979)，朝鮮・台湾については溝口・梅村 (1988) の推計結果を基本的に利用している[5]．

　しかし，朝鮮と台湾に注目すると，『長期経済統計』（以下は LTES と略称）の推計では名目値から見て台湾の方が朝鮮より豊かであるにもかかわらず，マディソンの推計ではその逆になっている．これは，マディソン推計では台湾の方が朝鮮より絶対物価水準が大幅に高かったということを暗黙のうちに仮定して

---

[3] たとえば Williamson (1998) は，1913 年のアジア諸国間における購買力を換算した実質賃金率比は，Maddison (1995a) が推計した一人当たり GDP 比に等しいという大胆な仮定をおいて，これを起点に実質賃金成長率で外挿することにより，各時期のアジア諸国実質賃金比を推計している．なお，戦前期の環大西洋圏諸国について実質賃金率比較をおこなっている Williamson and O'Rourke (1999) はもっと慎重に，戦前期の購買力平価を算出している．

[4] 袁・深尾 (2002) が指摘しているように，世界大戦等によるデータの欠落に関する対処等，統計の接続による誤差が大きい可能性も否定できない．

[5] Maddison (1985：p. 85) を参照．また，日本・朝鮮・台湾に関する推計は，一橋大学経済研究所の『長期経済統計』で報告されている．

表 2-2　マディソン推計と各国名目 GDP 推計で含意される物価水準比

				1934	1935	1936
一人当たり GDP (GDE)	日	本	名目（大川）	242	249	271
			実質（マディソン）	2,016	2,039	2,157
	中	国	名目（葉）	43	43	58
			実質（マディソン）	727	782	827
	朝	鮮	名目（溝口）	81	94	105
			実質（マディソン）	1,275	1,420	1,498
	台	湾	名目（溝口）	142	164	172
			実質（マディソン）	1,161	1,291	1,293
絶対物価比			中国/日本	0.49	0.45	0.56
			朝鮮/日本	0.53	0.54	0.56
			台湾/日本	1.02	1.04	1.06

注：名目 GDP の単位は円，実質 GDP の単位は 1990 GK ドルである．
出所：袁・深尾・馬（2004），Maddison（1995a），Yeh（1979）により，筆者作成．

いることを意味する．

マディソンの推計が含意する国内総支出ベースで見た絶対価格比は，数式で表せば，たとえば i 国対日本では

（i 国絶対価格/日本絶対価格）
　＝（i 国一人当たり名目 GDP/マディソンによる i 国一人当たり実質 GDP）
　／（日本一人当たり名目 GDP/マディソンによる日本一人当たり実質 GDP）

で算出することができる．

表 2-2 の最下欄は，このようにして算出したマディソン推計が含意する国内総支出ベースでの絶対価格比を表している．彼の推計では，中国と朝鮮の物価水準は日本の約半分ときわめて低く，逆に台湾は日本よりやや高いと暗黙のうちに仮定していることが分かる．しかし，朝鮮と台湾に注目してみると，朝鮮の実質 GDP は台湾より高く，一方で物価は朝鮮の方が台湾より格段に安いことは，一人当たり所得の高い国において国内物価は高いというバラッサ＝サミ

ュエルソン効果と整合的ではなく[6]，ここから見てもマディソン推計が含意する価格水準には疑問が残る．

1.2 現行価格直接比較法──絶対物価水準に基づく研究

戦前期のアジア諸国について，マディソンの方法とは異なり，絶対物価水準に関するデータを用いて国際比較をおこなっている研究もいくつか存在する．たとえば，van der Eng（2002）は1913～69年について，日本，インドネシア，フィリピンの食料品絶対価格と，各国における食料品に関する消費支出シェアーに基づいた購買力平価を算出している．Bassino（2002）は1913年を対象に，日本，朝鮮，台湾，アンナン・トンキン，コーチ・シナ，マラヤにおけるコメを含む食料品6品目と日雇労働の絶対価格を収集し，これをもとに消費支出に関する購買力平価を算出している．一方，Nakagawa（2000）は1925年と1935年のアジア諸国の賃金およびコメ，サトウキビ，綿花等の貿易財価格を用いて，直接比較可能な二国間，それぞれに関する購買力平価を算出し，これをもとに同一商品に関する価格情報が不足しているため直接比較できない二国間の購買力平価も，クロスレートとして算出している[7]．

しかし，絶対物価水準を直接比較するこれらの作業自体は興味深いものの，非常に少数の品目（たとえば食料品のみ，または食料品と単純労働）の絶対価

---

6) 一人当たりGDPと価格水準については第4章を参照．
7) Nakagawa（2000）によれば，標準的なバラッサ＝サミュエルソン効果とほぼ同様に，貿易財と非貿易財の2セクターを想定し，一国内で生産要素（資本および労働）は2セクター間を自由に移動し，また生産関数と効用関数はコブ・ダグラス型と仮定すれば，消費支出に関する購買力平価は

$$\left(\frac{P_T}{P_T^*}\right)^\alpha \left(\frac{w}{w^*}\right)^{(1-\theta_N)(1-\alpha)} \quad \text{(A)}$$

で規定される．ここで，P_Tとwは自国の貿易財価格（自国通貨建て），＊付は外国に関する同様の変数（外国通貨建て），Nは非貿易財セクターにおける資本の分配シェアー，αは消費財に対する消費支出のシェアーである．Nakagawa（2000）は$\alpha=0.4$，$\theta_N=0.25$（したがって（A）式における労働のウェイトは45％）と仮定して，OECD諸国について1990年，ESCAP諸国について1985年の購買力平価を（A）式に基づいて算出し，その結果がICPによるPPPと大差ないとの結論を得ている．次に1925年と1935年のアジア諸国について同じ式により購買力平価を算出した．彼は賃金として農村における日雇い労働者，都市のクーリー，工場の生産労働者等の日給，貿易財価格としては，コメ，サトウキビ，綿花等の各国価格を収集し，直接比較可能な二国間それぞれについて購買力平価を算出し，これをもとに同一商品に関する価格情報が不足しているため直接比較できない国の間の購買力平価もクロスレートとして算出している．

格しか見ていないことや，消費ウェイトについて家計調査などによる裏づけがないこと等問題点も多い[8]．たとえ，Bassino や van der Eng のようにマディソンと大きく異なった結果が得られても，マディソンの方法が誤っているためにこの乖離が生じたのか，それとも Bassino 等の研究における上記のような問題点のためにこの乖離が生じたのか，判断することは難しい．

以上のような問題点を乗り越えた最近の成果として挙げられるのは，袁・深尾（2002）である．袁・深尾（2002）は，戦後 ICP でおこなわれてきた各国絶対価格水準比較とほぼ同様の方法で 1934～36 年の日本・朝鮮・台湾間について，50 品目を超える絶対価格データと家計調査等に基づく消費ウェイトを使って，消費者物価絶対水準比を推計した．また，これをもとに日本・朝鮮・台湾 3 ヵ国・地域間で一人当たり実質消費水準や実質 GDP の長期比較をおこなった．その結果によれば，1934～36 年平均で見た消費者物価絶対水準は，朝鮮が日本の 0.86 倍，台湾が日本の 0.84 倍であり[9]，先述したマディソン推計が含意する GDP デフレーター比とは大きく異なっている．

図 2-1 は袁・深尾（2002）とマディソン推計との違いを示している．3 ヵ国・地域の一人当たり GDP 水準を比較すると，朝鮮の方が台湾より一人当たり GDP が高かったとするマディソン推計とは逆に，袁・深尾（2002）の推計では，戦前期において朝鮮と比べて台湾の一人当たりの消費の方が格段に高いとの結果を得ている．

さらに，袁・深尾・馬（2004）は，マディソンや ICP のように，1990 年の PPP をベンチマークとして戦前期の実質 GDP を遡及推計する方法の問題点について理論分析をおこなった．それによると，マディソンの方法を朝鮮（戦後

---

8) このほか，Bennett（1951）はさまざまな社会指標に基づいて一人当たり生活水準を比較（Multiple Indicator Approach）し，1934～36 年においてインドネシアとフィリピンの生活水準は日本を 1 としてそれぞれ 0.324 と 0.569 であったとの結果を得ている．また Toda（1990）は 1913 年の日本とロシアについて比較的詳細な商品別絶対価格データを用いて一人当たり実質消費の比較をおこなっている．

9) 袁・深尾（2002）は，一橋大学経済研究所に残された，朝鮮と台湾の物価指数や，GDP 推計のために溝口・梅村（1988）等の先行研究で収集・整理された研究資料やワークシートを利用している．それにより，袁・深尾（2002）の絶対価格比較は，カバーされた商品の数や範囲，支出シェアーの根拠等の面で，戦前期アジア諸国に関する過去の同様の研究（上述した van Zanden 2003, Bassino and van der Eng 2002, Nagakawa 2000）より，格段に精緻な推計となっている．

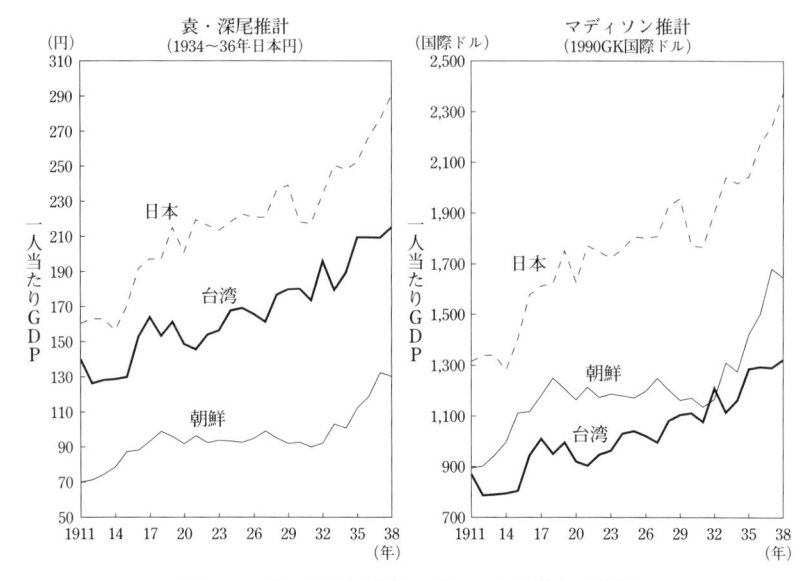

図 2-1　袁・深尾推計とマディソン推計との比較

出所：袁・深尾 (2002).

は韓国)のような交易条件の変化，あるいは産業構造の変化の大きい国に適応させるとき，深刻なバイアスが生じる可能性が高いことが指摘されている．

戦後の中国は経済制度の変化に伴い，産業構造と対外貿易構造が激しく変化している．マディソンの戦前の中国に関する推計結果は，朝鮮と同じようなバイアスが生じている可能性が高いと予想される．一方で，Liu (1946) のコメに基づく研究結果が1930年代の中国の経済発展水準を正確に反映しているかについても疑わしい点が多く，より精緻な推計が必要であると考えられる．本章では，1930年代における中国の実質消費水準を国際比較する際，袁・深尾 (2002) と同様に，よりカバー率の高い消費財品目別の絶対価格や，家計調査による消費ウェイトを調べた上で，比較対象とする同時期の諸国との絶対価格水準比をより精緻に計算する．算出方法は以下のようにまとめられる．

日本 (J) に対する中国 (C) の絶対物価水準を算出する際には，日本の消費ウェイトを使った価格比

第 2 章　経済成長の初期状況　　　　　　　　　　　　　51

$$P^J = \frac{\sum p_n^C q_n^J}{\sum p_n^J q_n^J} = \frac{\sum \frac{p_n^C}{p_n^J} p_n^J q_n^J}{\sum p_n^J q_n^J} = \sum \frac{p_n^C}{p_n^J} \omega_n^J \qquad (2\text{-}1)$$

と，中国の消費ウェイトを使った価格比

$$P^C = \frac{\sum p_n^C q_n^C}{\sum p_n^J q_n^C} = \frac{\sum p_n^C q_n^C}{\sum \frac{p_n^J}{p_n^C} p_n^C q_n^C} = \frac{1}{\sum \frac{p_n^J}{p_n^C} \omega_n^C} \qquad (2\text{-}2)$$

をそれぞれ算出し，この二つの幾何平均（フィッシャー指数）を，日本を基準とした中国の絶対物価水準とした．つまり，

$$P = \sqrt{P^C \times P^J} \qquad (2\text{-}3)$$

とする．ただし，

　p_n^i：i 国における n 財（サービスを含む，以下同様）の絶対価格，$n = 1, 2,$
　　$\cdots, N$
　q_n^i：i 国における n 財の消費支出シェア，$n = 1, 2, \cdots, N$

である．

2　消費者絶対物価水準の算出

　前節で説明した問題意識と推計方法に従い，本節では第 2 次世界大戦前における，日本・中国消費者物価絶対水準比を詳細な統計をもとに推計する．また，推計結果の整合性を検証するために，中国と朝鮮についても推計・比較をおこなう．

2.1　ベンチマーク年とサンプルの選択

　袁・深尾（2002）と同様に，ベンチマークとして 1934〜36 年の 3 年間の平均値を算出することとした．この期間をベンチマークとして選んだ理由としては，①家計調査や農家調査で中国，台湾そして朝鮮の項目別消費支出が分かるのは 1930 年代以降である，②中国において多数存在していた通貨が統一され

た時期であり，いくつかの先行研究によれば戦前における最も安定した成長時期でもある（劉・王 1996），③1930 年代初めは日本の金輸出再禁止（1931 年）により円が大幅減価した時期であり，1937 年以降は日中戦争が始まっており，1934〜36 年を除いて比較できる安定な時期ではない，④台湾と朝鮮の消費者物価指数を推計している溝口（1975）がこの 3 年間をベンチマーク年として選んでおり，また袁・深尾（2002）のこの期間についての研究結果を利用することによって，より広い範囲での国際比較が可能である，という点が挙げられる．

4 ヵ国・地域ともいくつかの都市・地域別に多くの消費財について絶対価格を知ることができた．ここでは各都市・地域の価格水準の平均値を当該国の価格とみなすことにした[10]．各国・地域のサンプル都市は以下の通りである．

中　国：上海，重慶，武漢，広州，北平，南京，ハルビン，西寧，石家荘，鄭州，二甲鎮および天津
日　本：東京，大阪，京都，名古屋，横浜，神戸，広島，金沢，仙台，小樽，福岡，新潟，および高知
朝　鮮：京城，木浦，大邱，釜山，平壌，新義，元山および清津
台　湾：台北，基隆，宜蘭，新竹，台中，彰化，台南，嘉義，高雄，屏東，台東，花蓮港および馬公街

2.2　品目別価格の出所

中　国

1955 年，中国政府は経済計画の策定のため，1930 年代以降の価格資料を収集，整理した『工農業商品比価問題調査研究資料匯編』を利用した．この資料集は，全国の地方別の詳細な価格データを掲載している．本研究では，できる限り同じ品目を選んで，地方別データに基づいた全国平均価格を計算した．また，個別のデータ，たとえば電気料金，映画観覧料などのサービス業に関する情報は，張（1939），『大公報』など地方調査資料や新聞などの出版物から得た．

---

10) 本来，農村価格を含んだ比較が最も望ましいが，データの制限などのため，おこなえなかった．したがって，農業経済の比重が高かった中国や朝鮮については，物価水準が過大推計される可能性は高いことに留意すべきである．

日 本

　日本の物価データは，かなり豊富である．おもに，『帝国統計年鑑』と商工大臣官房統計課の『物価統計表』を利用した．その他，東京商工会議所の『東京　物価及賃金統計』，経済審議庁調査部統計課（1953）『戦前基準消費水準——東京　算出方法（1）　統計資料第 78 号』，東京市電気局（1937）『昭和 11 年度東京市都市交通統計資料第 2 回』等を補助資料として利用した．

朝 鮮

　おもに，朝鮮総督府『朝鮮総督府統計年報』各年版を利用した．なお，1935 年以前の商品目数は 36 年以降より少ないため，3 年間の平均をとる際に利用できる商品目数はそれほど多くない．また，朝鮮総督府商工奨励館（1937）『朝鮮商品取引便覧』には，1936 年における商品取引情報がかなり豊富に掲載されているが，残念ながら単年しかない．この他，中国と同様に『朝鮮日報』，『中央日報』などの資料からも僅かだが価格データを得た．

台 湾

　入手できる小売データは他の国と比べて少ない．物価データを掲載しているおもな資料としては，台湾総督府官房調査課（のちに台湾総督府企画部）『台湾総督府統計書』，台湾総督府殖産局『台湾商工統計』，および植民地期 50 年の統計資料をまとめた台湾省行政長官公署統計室編（1946）『台湾省 51 年来統計提要』があるが，前述した各公刊資料との商品分類はほぼ同じである．またサービスのデータ，たとえば家賃，医療費，授業料，交通費，娯楽費等については情報が少ないため，台湾総督府交通局『台湾総督府逓信統計要覧』，台湾総督府文教局（1935）『台湾社会事業要覧』，『日々新聞』，地方志叢書——中国地方志叢書，『台湾案内』，『楽園台湾の姿』，『躍進台湾大観』などから零細な情報を収集した．

2.3　支出ウェイトの出所

中 国

　大分類は張（2001：表 4.1）に基づいている．ただし，その他に分類されたタ

バコと酒に対する支出は食料費として分類し直して再計算した．中分類は，各地方に対する調査に基づき，農村と都市の二つのグループに分けて消費ウェイトを別々に計算し，農村人口比率で加重平均を求めた．たとえば，食料費は上海，天津，南京，無錫の都市勤労者に対する調査と，北京，定県，江寧，呉興，余糧荘，上下伍鎮，湘湖，および烏江における各農村調査の結果を，全国の農村人口比率をウェイトとした加重平均により求めた．また中国の国土面積は大きいため，いわゆる「南米北麦」（南地域の主食は米，北地域の主食は麦）のように南北の消費バスケットが異なることを考え，本研究での中分類，細分類を計算する際，南地方を代表する上海（上海市政府社会局 1934）と北地方を代表する北平（北京）（陶 1933）の消費ウェイトを，長江を境として，南北それぞれの人口（羅 1997）をウェイトとした加重平均により求めた．

日　本

　大分類は日本の内閣統計局『家計調査報告』と農林省更生部『農家経済調査』各年版を利用した．朝鮮や台湾と同じく，農業戸数をウェイトとして全国平均を計算した．細分類は LTES の『個人消費支出』（篠原 1967）の推計結果を使用した．また，朝鮮と台湾のウェイトを対応させるため，個人消費支出の細分類別ウェイト（113 品目）を集計して中分類別ウェイトを作成した．

朝　鮮

　消費支出ウェイトは，基本的に溝口（1975）を利用した．以下では溝口（1975）におけるウェイトの作成方法を簡単に説明する．戦前朝鮮の都市世帯については本格的な家計調査がおこなわれていなかったため，1961 年の韓国の都市世帯家計調査（大韓民国経済企画院（1962）『第十回韓国統計年鑑』）をもとにして，都市部のウェイトを作成した．溝口（1972-74）はこの結果を，戦前の韓国および台湾現地人の家計調査によるウェイトと比較し，検討を加えている．朝鮮の農家経済調査は，1930 年調査（朝鮮農会（1932〜33）『農家経済報告』（分冊の形で道別に発表されている）），1932〜33 年調査および 1937〜39 年調査（朝鮮総督府農村振興課（1940）『農家経済の概況と其の変遷　昭和 8 年〜昭和 13 年（自作兼小作農家の部)』および『同（小作農家の部)』）の 3 回にわたって大規模に実施され

ている．なお，1932～33年調査は，標本数は多いが，消費支出を5大費目に分割するに足る十分な情報を有していないため，溝口（1975）は1930年の調査結果を用いている．

台 湾

都市部については，1937年11月～38年10月を対象とした勤労者世代に関する調査（台湾総督府官房企画部（1940）『自昭和12年11月至13年10月 家計調査報告』）がある．この調査は「内地人」355世帯，「本島人」390世帯についての集計結果をまとめたものであり，当時としてはかなり大規模な調査である．ただし，この調査では支出が中分類程度までしか分類されていないので，細分類別のウェイトは決定できない．そこで，細分類別ウェイトは1954～55年の台湾の家計調査を利用して算出した（台湾省政府主計処（1955）『中華民国台湾省新資階級家計調査，調査期間 自民国43年5月至44年4月』）．農村について，台湾の農家経済調査は1918～21年および1931～33年の2回にわたって大規模におこなわれており，後者（台湾総督府殖産局（1934）『農家経済調査 其の1, 2』（農業基本調査書30および32））に基づいて，5大分類別の農村部のウェイトを作った．

なお，農村部のウェイトは台湾・朝鮮ともに5大費目までしかない．このため中分類や細分類は溝口（1971）と同様に都市部の結果を使っている．各国における大分類消費支出ウェイトは表2-3で示している．

表2-3 大分類消費支出ウェイト

(％)

	中 国	日 本	台 湾	朝 鮮
食 品	68.65	40.90	47.99	65.82
光熱水電費	8.32	4.80	5.84	9.75
被服費	8.48	10.71	6.87	7.15
住居費	5.29	10.73	7.67	5.57
雑 費	9.25	32.92	31.63	11.71

出所：中国は張（2001）など，ほかは袁・深尾（2002）により筆者が作成．資料の詳細は本文を参照．

2.4 推計結果

絶対価格データを利用できた品目（細分類）の数は，中国・日本比較では54，中国・朝鮮比較ではやや少なく43であった．なお，価格データは消費財だけでなくサービスや光熱費もカバーしている．価格データの入手が難しい「住居費」や「医療費」については溝口（1975）に準拠して，それぞれ住宅建設コスト（大工賃金，セメント等）や医者の年俸等の情報に基づいて推計をおこなっている．また「被服費」については，材料である生地の価格と加工賃金の加重平均として推定をおこなった．中分類「身の回り品」の細分類のように各品目のウェイトに関する情報が得られない場合には，各品目のウェイトを均等と仮定し，たとえば3品目ならウェイトはそれぞれ3分の1とした[11]．

表2-4は以上の計算結果をまとめたものである．予想通り，戦前期の中国についても，マディソンによる1990年を起点に長期外挿で求めた一人当たり実質GDPの比較とその背後で暗黙裡に前提とした購買力平価は，本章が推定し

表2-4 大分類絶対価格水準

	中国/日本	中国/朝鮮	朝鮮/日本	台湾/日本
飲 食	0.72	0.81	0.94	0.87
光 熱	0.64	0.69	0.82	0.79
被 服	0.93	1.03	0.94	0.94
住 居	0.63	0.83	0.88	0.73
雑 費	0.86	0.93	0.71	0.81
平 均	0.75	0.83	0.86	0.84

出所：本文を参照．詳細は付表2-C1〜C5を参照．

表2-5 消費者物価水準における本推計とマディソン推計との比較

	マディソン推計	本推計	乖離度
中国/日本	0.50	0.75	1.50
朝鮮/日本	0.54	0.86	1.58
台湾/日本	1.04	0.84	0.81

出所：表2-1と2-4による計算．

---

11) 実際に計算に用いたワークシートは付表2C1-5を参照．

た当時の絶対価格に基づく購買力平価と大きく異なっている．表 2-5 で示しているように，1934～36 年において中国，朝鮮と台湾の（民間消費支出に関する）絶対物価水準は日本のそれぞれ 75％，86％，84％ であり[12]，中国，朝鮮と台湾におけるこの乖離度はそれぞれ 1.49，1.59 と 0.81 である．

この事実は，当時の中国，朝鮮および台湾の経済発展が日本と比べて遅れていたことを考慮すると，先に言及した経済発展の程度と物価水準の関係に関するバラッサ＝サミュエルソンの効果と整合的である[13]．

2.5　マディソン推計と本推計結果との乖離

ここで推計した 1934～36 年における平均消費者物価絶対価格比を起点とし，Liu and Yeh（1965）による中国，溝口（1975）による朝鮮・台湾の消費者物価指数年次系列および Ohkawa and Shinohara（1979）による日本に関する物価指数系列を使って外挿によって，長期的な中国と日本，朝鮮および台湾との比較が可能である．表 2-6 は，このようにして作成した中国と朝鮮，台湾そして日本に対する消費者絶対物価水準比（日本＝1）である．

マディソンの推計結果と本章の推計結果を比較すると，中国については

表 2-6　消費者物価水準

（日本＝1）

	中　国		朝　鮮		台　湾	
	本推計	マディソン	本推計	マディソン	本推計	マディソン
1931	0.49	0.40	0.78	0.52	0.72	0.99
1932	0.70	0.57	0.80	0.54	0.74	1.05
1933	0.76	0.62	0.75	0.54	0.79	1.10
1934～36	0.75	0.61	0.86	0.56	0.83	1.06
1937	0.82	0.67	0.77	0.47	0.86	1.01
1938	0.71	0.57	0.73	0.51	0.86	1.01

注：1934～36 年以外の年については，Maddison（1995a）と同じ GDP デフレーターを使って外挿推計した．
出所：朝鮮と台湾は，袁・深尾（2002）による．

---

[12] 推計された各分類別のウェイト，細分類別の絶対価格水準，日本を 1 とした中・日間，日・朝間の絶対価格比および朝鮮を 1 とした中国・朝鮮間の絶対価格比の詳細は付表を参照．
[13] 補論 A では，本章の購買力平価の推計結果と戦後 ICP の結果を，バラッサ＝サミュエルソン効果の視点から比較してある．

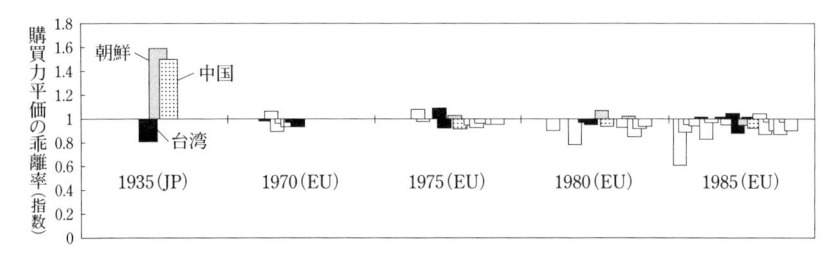

図 2-2 外挿による購買力平価と現行価格に基づく購買力平価との乖離

注：縦軸は CPLE/CPLC の比率を表している．1 から距離が遠いほど，乖離の度合いは大きい．
出所：本文参照．

Maddison（1995a）が暗黙のうちに前提としている物価水準を上方修正したことが分かる．

以上のように，本章での推計結果はマディソンの推計結果と大きく異なっている．ここで，1990 年を起点とした外挿法による購買力平価（CPLE）が，現行価格に基づく購買力平価（CPLC）からいかに乖離しているかを，他の先行研究結果と比較して見てみよう．図 2-2 は 1935 年の中国，台湾と朝鮮に関するこの乖離度（表 2-5）と，Heston and Summers（1993）によって報告された戦後の OECD 加盟 23 ヵ国に関する乖離度（やはり 1990 年を起点とした外挿法による購買力平価が，ICP によって推計された各基準年における現行価格に基づく購買力平価からいかに乖離しているかを表す）を比較している．

戦前と戦後のデータでは，ベンチマーク国（戦後の OECD 加盟 23 ヵ国については，欧州連合（EU）の主要 4 国の平均値をベンチマークとしている）が異なること，外挿期間の長さが大きく異なること，という理由により単純な比較は難しい．しかし図 2-2 の戦後の外挿による乖離率と比較すると，Maddison の台湾に関するデータは乖離率がそれほど大きくないのに対して，中国・朝鮮については著しく大きな乖離が生じていることが分かる．

では，なぜ中国や朝鮮に関する外挿法では，このように顕著な乖離が生じたのだろうか．この点を明らかにするために，次節では理論的な考察を試みる．

3 外挿バイアスに関する理論分析

前節で示したように，外挿法による購買力平価と現行価格に基づく購買力平価の間における乖離の度合いは各国間において異なる．本節では，どのような場合にそういった乖離が生じるのかを理論的に分析する[14]．

3.1 マディソン推計が含意した物価水準

第 1 節で説明したように，マディソンが暗黙のうちに仮定した 4 ヵ国・地域の絶対物価水準を具体的に算出することができる．厳密に数式で表示すれば，次の通りである．

i 国 t 年について（i＝中国，台湾，朝鮮，日本など），マディソンの暗黙裡の GDP デフレーターは次式で定義される．

$$PL_i^E(t, 90) = \xi_i \sum p_n^i(t) e_n^i(t) \div \frac{\sum p_n^i(t) e_n^i(t)}{\sum p_n^i(t) e_n^i(90)} \sum p_n^G(90) e_n^i(90) \qquad (2\text{-}4)$$

ただし

　$\xi_i(t)$：t 年における i 国通貨 1 単位の米ドルで測った価値

　$p_n^i(t)$：t 年 i 国における n 財（サービスを含む，以下同様）の価格水準，$n=1, 2, \cdots, N$

　$p_n^G(t)$：t 年 i 国における n 財のギャリー・カーミス国際価格（Geary Khamis international dollar，以下「GK 国際ドル」と表記）

　$e_n^i(t)$：t 年 i 国における n 財の一人当たり最終需要量

括弧内の 90 は，ベンチマークの 1990 年を表す．また上付き文字 E は現行価格ではなく，外挿による推計値であることを表す[15]．

上式右辺第一項は t 年の i 国一人当たり名目 GDP を市場レートで米国ドルに換算した値である．第二項以降全体は，マディソンにより推計された t 年の

---

[14] 本節の 3.1 と 3.2 は基本的に袁・深尾・馬（2004）および Fukao, Ma and Yuan（2006）による．

[15] 溝口・梅村（1988）はいくつかの異なる年を基準年とするラスパイレス指数型の実質 GDP をリンクすることによって，実質 GDP の長期系列を作成している．たとえば t 年から t' 年までは t 年基準，t' 年から 1990 年までは t' 年の実質系列がリンクしてある場合には，上式右辺の $\{\sum p_n^i(t) e_n^i(t) / \sum p_n^i(t) e_n^i(90)\}$ は正確には $\{\sum p_n^i(t) e_n^i(t) / \sum p_n^i(t) e_n^i(t')\}\{\sum p_n^i(t') e_n^i(t') / \sum p_n^i(t') e_n^i(90)\}$ と表現すべきである．

i 国一人当たり実質 GDP (GK 国際ドル) を表している．後者はこの一人当たり GDP を起点として，一人当たり実質 GDP 成長率の情報を使った外挿によって推計されている．

上式のようにして外挿によって得られる i 国の絶対物価水準を，ベンチマークとする日本に関する同様の値で割った比率を Heston and Summers (1993) に従って外挿価格比較物価水準 (extrapolated price comparative price level) と呼び，$CPL_{i,J}^E(t)=PL_i^E(t)/PL_J^E(t)$ で表す．

なお，t 年の比較をおこなうにあたり，袁・深尾 (2002) および ICP 基準年に関しては，外挿価格ではなく，同じ t 年の価格 (Current price, 現行価格という，添え文字 C で表示) を使う場合，(2-4) 式は

$$PL_i^C(t)=\xi_i(t)\frac{\sum p_n^i(t)e_n^i(t)}{\sum p_n^G(t)e_n^i(t)} \qquad (2\text{-}4)'$$

と書き直すことができる．同様に，日本を基準にした i 国の現行価格比較物価水準は $PL_{i,J}^C(t)=PL_i^C(t)/PL_J^C(t)$ で表す．

3.2 乖離の要因分解

日本をベンチマークとした i 国における外挿と現行価格比較物価水準との乖離度は以下のように書くことができる．

$$\frac{CPL_{i,J}^C(t)}{CPL_{i,J}^E(t,90)}=\frac{PL_i^C(t)/PL_J^C(t)}{PL_i^E(t,90)/PL_J^E(t,90)} \qquad (2\text{-}5)$$

議論を単純化するため，我々は i 国のみに関する乖離の程度

$$Z_i(t,90)=PL_i^C(t)/PL_i^E(t,90) \qquad (2\text{-}6)$$

に集中して考察しよう．これは以下のように書き換えることができる．

$$Z_i(t,90)=\frac{\sum p_n^i(t)e_n^i(t)}{\sum p_n^i(t)e_n^i(90)}\sum p_n^G(90)e_n^i(90)/\sum p_n^G(t)e_n^i(t) \qquad (2\text{-}7)$$

ここで右辺第一項は 1990 年を基点としてマディソンの外挿法を採用した場合の t 年 i 国の一人当たり実質 GDP を表す．右辺第二項は t 年の GK 国際ドルをそのまま使った場合の t 年 i 国の一人当たり実質 GDP である．したがって，$Z_i(t,90)$ は外挿バイアスとみなすことができる．

$Z_i(t, 90)$ は以下のように分解できる．

$$Z_i(t,90) = \frac{\sum p_n^G(90) e_n^i(t)}{\sum p_n^G(t) e_n^i(t)} \times \frac{\sum p_n^G(90) e_n^i(90) / \sum p_n^G(90) e_n^i(t)}{\sum p_n^i(t) e_n^i(90) / \sum p_n^i(t) e_n^i(t)} \quad (2\text{-}8)$$

(2-8) 式から，外挿バイアスは二つの要因から生じることが分かる．

①右辺第一項は，t 年 i 国の一人当たり実質生産をウェイトとして計算した t 年から 1990 年にかけての GK 国際ドル表示した価格の変化（つまりラスパイレス物価指数）を表す．仮に国際貿易について開放的な二つの小国を想定し，非貿易財については二国で需要の構成に大差がないとすると，二国のうち交易条件が改善した国ほど (2-8) 式第一項は大きくなる．つまり，一定の条件の下では t 年から 1990 年にかけて交易条件が改善した国ほど，マディソンの外挿法を採用した場合の t 年の一人当たり実質 GDP は，t 年の GK 国際価格をそのまま使った場合の一人当たり実質 GDP よりも過大になる．補論 B では，交易条件効果と外挿バイアスの関係を厳密に導出し，図 2-2 に示した ICP のデータと各国交易条件のデータを使って回帰分析をおこない，上記の理論通りの有意な結果を得ている．

②(2-8) 式右辺第二項は，t 年から 1990 年に関してのパーシェ数量指数（1990 年 GK 国際ドル表示の国際価格を固定価格として使用）に基づく一人当たり実質 GDP 成長と，ラスパイレス数量指数（t 年国内価格を固定価格として使用）に基づく一人当たり実質 GDP 成長の比率を表している．初期時点の価格を固定価格とした経済成長率と後年の価格を固定価格とした経済成長率の間の乖離はガーシェンクロン（Gerschenkron）効果と呼ばれている[16]．一般にこの効果は，産業構造が大きく変化し，相対価格の大きな変化を経験した経済では大きくなる．他の条件が同じだとすれば，価格が上昇した財の生産を活発に拡大した国ほど（つまり，財別に見

---

16) ガーシェンクロン効果が同一国における価格体系変化の効果を見ているのに対し，我々の (2-8) 式右辺第二項では，同一時点における GK 国際価格と国内価格間の乖離の影響も受ける点に注意が必要である．ガーシェンクロン効果について詳しくは，Ames and Carlson (1968) を参照．

た価格上昇と生産拡大の間に高い正の相関があるほど），マディソンの外挿法を採用した場合の t 年の一人当たり実質 GDP は，t 年の GK 国際価格をそのまま使った場合の一人当たり実質 GDP よりも過大になる．

なお，(2-8) 式はマディソンの外挿法において，ラスパイレス指数型（初期時点の価格体系を使用）の実質 GDP 系列が使われた場合の外挿バイアスを示している．仮にパーシェ指数型の実質 GDP 系列が使われた場合には，(2-8) 式右辺第二項の分母は $\sum p_n^i(90)e_n^i(t)/\sum p_n^i(90)e_n^i(90)$ と表される．したがって，1990 年において GK 国際価格と i 国の国内価格に大差がなければ，外挿バイアスのうち第二項は重要ではなくなる．Maddison (1995a) が使っている溝口・梅村 (1988) の推計は異なった基準年のラスパイレス指数をリンクしており，厳密には (2-8) 式右辺第二項の分母はそのようなリンク指数として表現すべきである[17]．しかし，価格体系や産業構造の大きな変化が生じている場合には，第二項の外挿バイアスはやはり深刻な問題となる．

4　近代的経済成長の始発点

4.1　初期状況

表 2-7 は，一人当たり実質消費支出について Ohkawa and Shinohara (1979) による日本の名目値に関する推計と，Liu (1946) による中国，そして溝口・野島 (1996) による朝鮮と台湾に関する推計を，それぞれ本章と袁・深尾 (2002) が推計した消費者物価絶対水準比の年次系列データで実質化することにより，4 ヵ国・地域間の国際比較をおこなったものである．それによると，1934～36 年に中国の一人当たり実質消費支出は，日本の約 0.3 倍，同時期の朝鮮，台湾のそれぞれ約 0.7，0.4 倍であることが分かった[18]．

---

17)　袁・深尾・馬 (2004) を参照．
18)　購買力平価を使って GDP を比較するためには，民間消費だけではなく，資本形成や政府の最終消費支出の絶対価格水準が必要である．しかし，第 2 次世界大戦後の ICP のデータに基づき Kravis (1984：27) が主張するように，多くの途上国では，民間消費支出の国民総支出に占めるシェアーが高いため，民間消費に関する購買力平価を国民総支出に関する購買力平価の近似値と

表2-7 一人当たり実質消費比較

(日本=1)

	中　国		朝　鮮		台　湾	
	本推計	マディソン	本推計	マディソン	本推計	マディソン
1931	0.35	0.45	0.41	0.64	0.77	0.61
1932	0.32	0.43	0.39	0.62	0.82	0.64
1933	0.30	0.39	0.41	0.64	0.69	0.54
1934〜36	0.30	0.36	0.40	0.63	0.73	0.58
1937	0.34	0.38	0.44	0.70	0.81	0.63
1938	0.33	0.38	0.44	0.69	0.76	0.60

出所：中国は本章の推計，朝鮮と台湾は袁・深尾（2002）による．

表2-8 中国の産業構造（1890〜1952年）

	1890	1913	1933	1952
農林水産業	68.5	67	64	55.7
手工業	7.7	7.7	7.4	7.4
近代製造業	0.1	0.6	2.5	4.3
鉱　業	0.2	0.3	0.8	2.1
電　力	0	0	0.5	1.2
建設業	1.7	1.7	1.6	3
伝統交通業	5.1	4.6	4	3.8
近代交通業	0.4	0.8	1.5	2.8
商　業	8.2	9	9.4	9.3
政府部門	2.8	2.8	2.8	10.4
金　融	0.3	0.5	0.7	
個人サービス	1.1	1.2	1.2	
不動産	3.9	3.8	3.6	
合　計	100	100	100	100

出所：Maddison（2007）．

　第1章で見てきたように，中華民国の初期から日中戦争までの間，中国の近代化がある程度加速化されたとはいえ，1933年から1952年の間では，国民総生産は約10〜15％しか伸びていなかった．20年間という比較的長い期間においては，目立った成長がなかったといえるのである（Eckstein 1977, Maddison 2007）．近代工業部門の産出量は1942年まで高い成長率で伸び続けたが，それと対照的に，農業は停滞する傾向にあることは明らかである．クズネッツのい

　　して使うことができると考えられる．本章では以上のことを考えた上，GDP＝GDEとして扱っている．

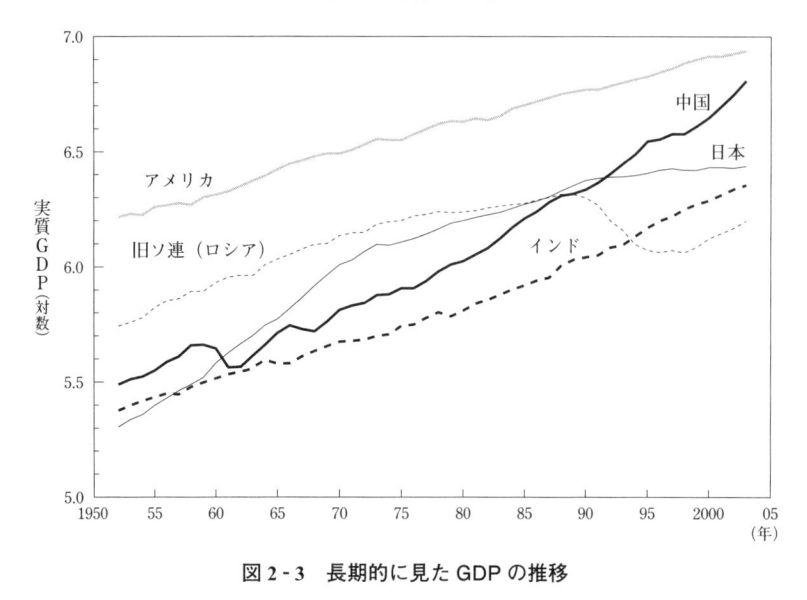

図2-3 長期的に見たGDPの推移

出所：Maddison（2007）より，筆者作成．縦軸は百万1990 GKドル（対数値）である．

う「近代的経済成長」は次のように定義されている．①人口が急速に伸び，かつ一人当たり生産が急成長する，②産業構造が急速に変化し，人口の都市化が進む，③以上の変化が一時的ではなく，長期にわたって持続する，ことである．したがって，戦前期の経済全般において近代的な意味での成長は顕著には認められないといえるだろう．

表2-8で示している産業構造から見ると，1930年代の中国経済は，前近代的経済活動が支配的であったが，戦後国民経済が回復した1952年においても，その状態は基本的に変わってないことが分かる．中国における近代的な成長は，1952年以後から本格的に始まったといえる．ただし，計画経済期の前半における開発政策の試行錯誤，および国内政治的混乱を繰り返す文化大革命は，改革開放までの経済成長を限定的なものにした．アメリカ，日本，旧ソ連など経済大国の国内総生産を示している図2-3から見れば，中国のキャッチアップが始まったのは，改革開放以後であり，とくに1990年代以後である．

第 2 章　経済成長の初期状況

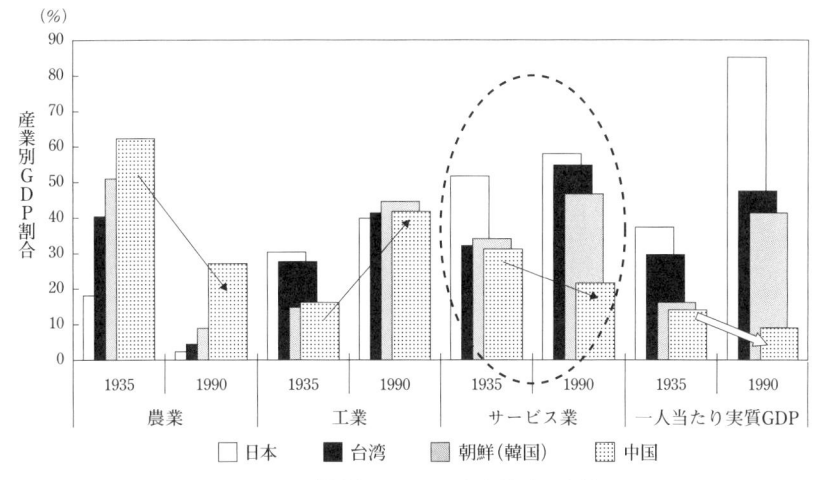

図 2-4　基準年における産出構造の比較

出所：産業別 GDP 割合について，日本・台湾・朝鮮（韓国）は溝口・梅村 (1988)，中国は Liu (1946) および『中国統計年鑑』による．一人当たり実質 GDP について，1930 年代は本推計および Pilat (1994)，1990 年は Maddison (1995a) による（アメリカ＝100）．

4.2　産出構造と消費構造の長期推移

図 2-4 は，1934〜36 年と 1990 年の二時点において，中国と日本・台湾・朝鮮の産出構造を比較したものである．それによると，中国の産出構造の変化には次のような特徴が見られる．

第一に，第一次産業の割合は低下する傾向が観察されている．これは比較対象となる三つの国・地域と同様である．しかし，低下の速度は相対的に緩慢である．たとえば，1990 年の日本と中国の第一次産業の割合は，1934〜36 年のそれぞれ 0.13，0.43 倍である．これは，中国の経済が収益性の低い農業に，依然として大きく依存していることを物語っている．

第二に，第二次産業の割合は 1934〜36 年において，中国と日本や台湾との間に大きな格差が見られたが，1990 年時点でその格差は大幅に縮小し，日本，台湾とほぼ同じ比率となっている．

最も注目すべきなのは，第三次産業の産出割合である．他の諸国において第

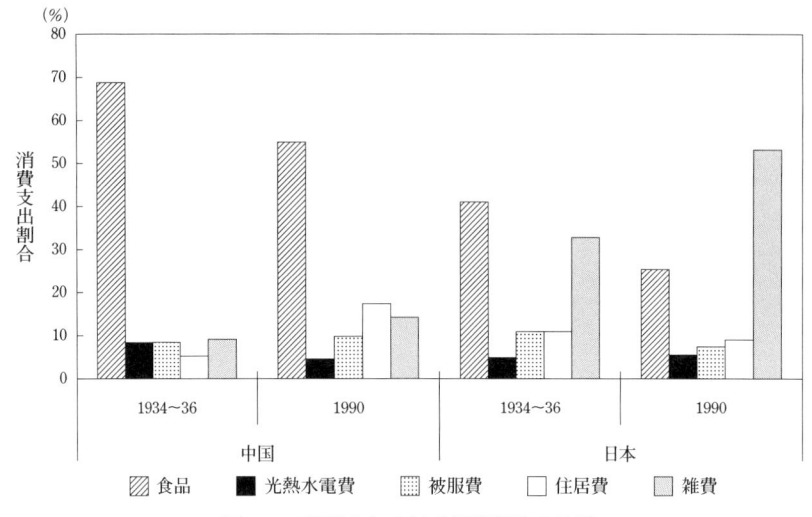

図 2-5　基準年における消費構造の比較

出所：1930 年代は本推計により，1990 年は長野（1996）による．

三次産業の産出割合は大幅に増加したが，中国の場合は全く逆の動きを示している．これは戦後中国の産業構造が大きく歪んでいることを示唆している．

さらに，図2-5により二時点における中国と日本の消費構造の変化を比較してみる．食料費の支出割合が低下し，雑費の支出割合が上昇したことは，両国に共通している．しかし，光熱費は，日本はほぼ一定であるが，中国は大幅に減少した．また，被服，住居に対する支出割合は，日本の減少に対して中国の場合は増加しており，消費構造の変化は両国間において大きな違いが見られる．

以上のように産出構造や消費構造の変化は，中国と比較対象とする諸国・地域とでは大きく異なっているという事実から，マディソンの外挿法で戦前の中国の実質GDPを推計する場合，ガーシェンクロン効果によるバイアスが生じる可能性が高いと指摘できる．

4.3　対外貿易の展開と交易条件の変化

中国の国際的資本主義への強制的「開放」に伴い，19世紀末から20世紀初頭においては対外貿易が工業化を促進したといわれている（加藤・上原 2004）．

塩を除くほとんどすべての商品について，国際市場での取引が可能になった．たとえば，中国の綿花は日本へ，茶はイギリスや北米へ，絹はフランスやアメリカへそれぞれ輸出され，一方，イギリスや日本の紡ぎ糸，ジャワやフィリピンやヨーロッパの砂糖等が次第に中国の市場に流入してきた．

　戦後，重工業部門を優先発展させるためには，原材料や資本・設備などを輸入に依存しなくてはならなかった．そのため建国後の中国における対外貿易政策の中心的役割は，限られた外貨を用いて，経済建設の鍵となる資本財の輸入を確保することにあった．したがって，1956～79年の間，対外貿易は政府に独占され，輸出輸入商品の数量および価格は指令性計画によって決定された[19]．1979年以降，対外貿易権が国から地方，一部の生産部門に委譲・分散され，政府の独占体制が終結した．そして1980年代には，行政と企業の分離（「政企分離」），貿易業務の代理制の発足，および80年代後半に貿易請負制[20]が実施された．その結果，外貿公司の赤字の削減や財政補填分の削減が達成され，1991年には輸出補助制の廃止に成功した．このような改革に伴って，生産部門と対外貿易部門との密接な関係が構築され，国際市場における価格変化や供給の変化に対して敏感に反応するようになった．

　図2-6は中国の貿易構造の長期推移を示している．輸出品目の構成を見ると，戦前期においては，農産物・鉱石などの一次製品が高い比率を占めており，原料別の工業製品の輸出の増加が著しい．それ以外の工業製品では，加工度の低い半製品や軽工業製品の比率が高い．この時期，手工業製品中心から機械制工業製品へシフトしていったことを指摘しておきたい（久保1995）．注意すべきことは，戦後の1950年代においては，ほぼ1930年代の構造に戻っていることである．また，1950年代前半には食料品や原材料を輸出していたが，次第に原材料に一定の加工を施した原料別製品の輸出を増やした．さらに，1980年代に入ると，雑製品（アパレル，履物，玩具など労働集約的な財）の輸出増加が顕著である．これは，1980年代に入ってから労働集約的な産業が急成長した結

---

19) 改革開放前の対外貿易体制の詳細については，大橋（2003）を参照．
20) 1988年に導入した請負制とは，具体的には，外貿実務部門が外貨建の輸出入額，中央財政への外貨上納，人民元建の経営収益を請け負うことにより，超過分の外貨の80％までの留保が認められる制度である．

68　第Ⅰ部　初期条件と制度変遷

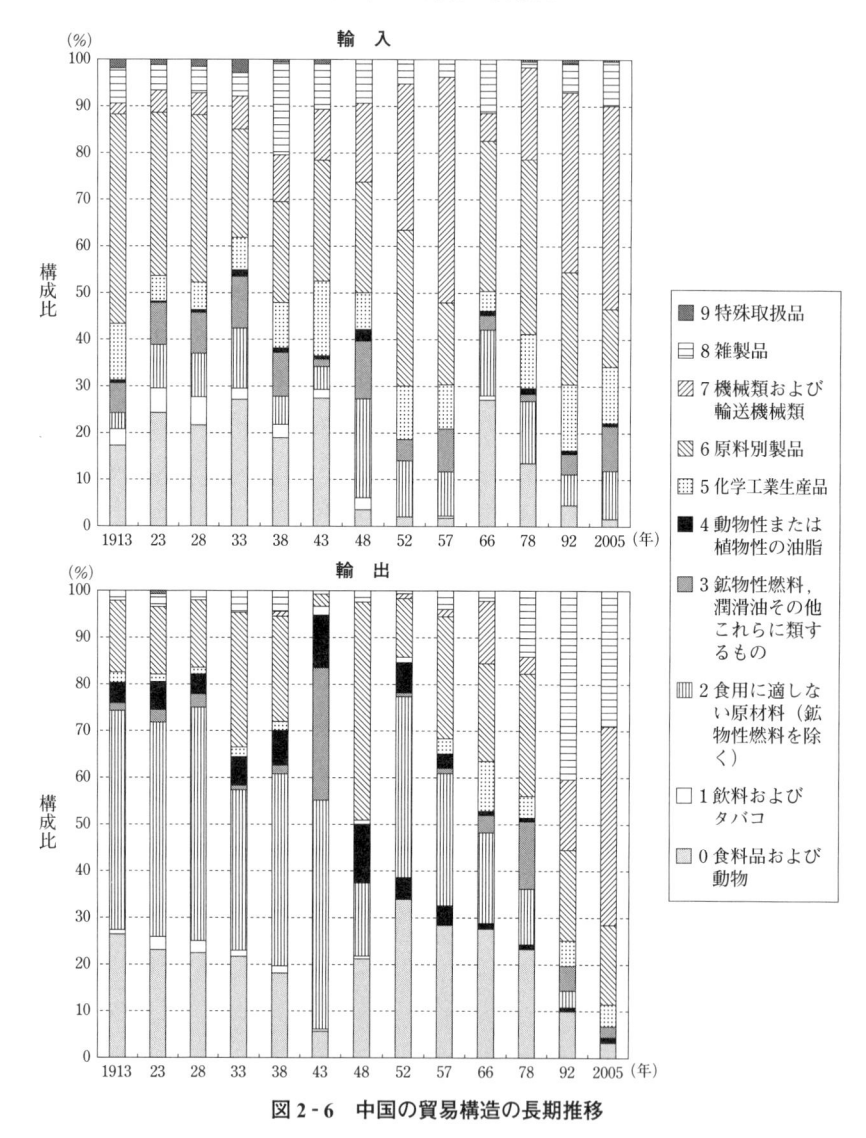

図2-6　中国の貿易構造の長期推移

凡例：
- 9 特殊取扱品
- 8 雑製品
- 7 機械類および輸送機械類
- 6 原料別製品
- 5 化学工業生産品
- 4 動物性または植物性の油脂
- 3 鉱物性燃料，潤滑油その他これらに類するもの
- 2 食用に適しない原材料（鉱物性燃料を除く）
- 1 飲料およびタバコ
- 0 食料品および動物

出所：戦前は，一橋大学経済研究所，社会科学の統計分析拠点構築（21世紀COEプログラム）：アジア長期経済統計基礎データ http://hi-stat.ier.hit-u.ac.jp/research/database/ashstat.html より，戦後は深尾（2009）より，筆者作成．

果であると考えられる．機械類の輸出が1990年代以後においては増加しつつある．理由としては，中間財を輸入し完成品を輸出するという加工貿易がおもな貿易パターンとなったことが挙げられる．

　一方，輸入においては，長期にわたって工業製品の輸入比率が高かった．戦前期は，軽工業製品と原料別製品の輸入比率が大きかったが，のちに機械類の輸入が増加した．この時期もう一つ注目すべきは農産物の輸入比率が高いことである．すなわち農業生産が低いということは，長期的な視野で捉えると，中国経済発展のボトルネックになっているといえる．戦後，1959～61年の「大飢饉」時期を除けば，一貫して機械類が輸入の最大シェアーを占めており，いわゆる重工業優先発展戦略に応じて資本財の輸入を早くから優先していたことを示している[21]．1970年代末から80年代にかけ，農業生産が目覚しい伸びを示すとともに新たな工業化の波が生じたことから，一次製品の輸入比率は低下し，機械設備の輸入がさらに急速に増加した．これは，労働集約的な産業の急成長に伴い機械設備に対する需要が増加したことが原因と考えられる．

　図2-7に示しているように，終戦後から1970年代までに一時的に上昇したものの，中国の交易条件は長期的に低下する傾向にある．戦後の1950～64年の15年間は，対外貿易の主要な部分は対ソ貿易が占めていた．この両国間の貿易は，中国の農・鉱産物および完成消費財と旧ソ連の機械・設備，および工業原材料の交換に基づいていた．とくに，この時期はソ連からの技術援助を受け入れると同時に，完成工場設備を輸入していたのである．ただし，当時の中国・ソ連間の交易条件は，国際市場価格と比較すると中国にとって不利に設定されていた（Feng-hwa Mah, 1964：174-191）[22]．文化大革命の時期は国内政治混乱期である．この間，重工業化優先発展戦略の一環として，外貨を獲得するために人民元為替レートが高く設定されていた．その結果，見かけでは交易条件は改善する方向にある．改革開放以後は，中国が労働集約型経済へ転換することによって，国際市場における労働集約型の財の供給が増加した．一方で，資

---

21) 戦前，戦後貿易構造の変化の詳細について，久保（1995），深尾・岳・清田（2004）が議論している．
22) 1964年2月19日付のソ連共産党宛の文書において，中国共産党中央委員会は次の点を明らかにした．「ソ連から我々が輸入した資材（の価格）は，国際市場の価格を遥かに上回っていた」（『大公報』，香港，May 9, 1964, p.3）．

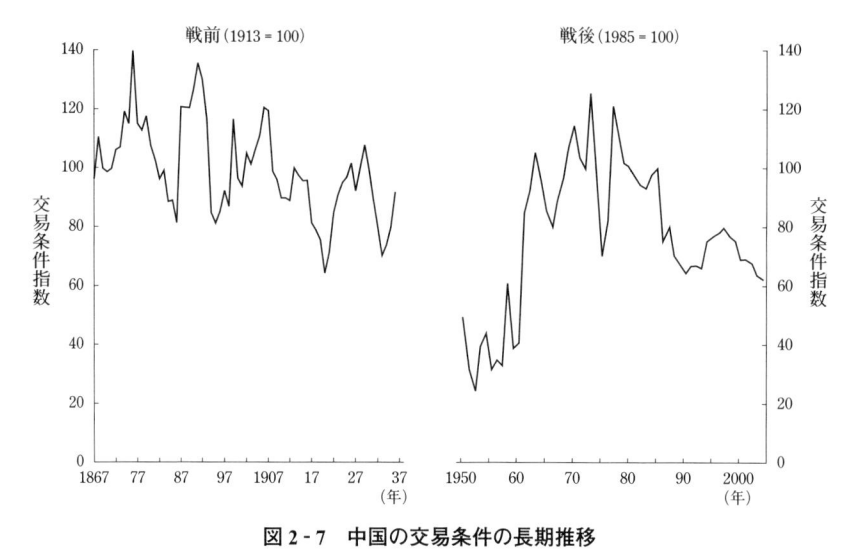

図 2-7 中国の交易条件の長期推移

出所：戦前は孔・彭（1988），戦後は Wu and Shea（2008）により，筆者作成．

本・技術集約型の財に対する需要も増加すると考えられる．こうした需給関係の変化により，労働集約型の財は資本・技術集約型の財に対して相対的に価格が下がるため，結果的に中国の交易条件は悪化する傾向にあると考えられる[23]．

ここまで見てきたように，初期時点から現在までの長期間に，産業構造および貿易構造が大きく変化した．同時に，貿易政策の変遷に伴って，中国の交易条件が長期的に低下していることは明らかである．マディソンの推計方法を中国に適用する場合，やはりバイアスが生じる可能性が否定できないだろう．結果として，Maddison（1995a）の推計は，1930 年代の中国実質 GDP を過大評価していることになる．

おわりに

近年の中国の経済成長に関する議論のほとんどは改革開放以後の時期に集中

---

[23] たとえば，Zheng and Zhao（2002）の 1993〜2000 年に関する研究も，この点について示している．

している．また，国際貿易の比較優位や成長会計などに基づく分析は数多くあるが，中国の経済成長の初期状況についての経済学的な数量分析は少ない．旧社会主義諸国の市場経済への移行に伴う諸問題や，途上国の今後の開発戦略を考察する際には，途上国でありながら高成長を遂げた中国の分析は重要な鍵になる．中国経済の高成長は，計画経済期における資本蓄積か，それとも経済自由化による資源配分上の歪みの是正によるものなのか．この問いかけに対して明確な回答を得るためには，戦後中国が計画経済体制を確立した当初の経済水準（たとえば一人当たり実質消費水準）の国際経済における位置付けをする必要があり，これは中国の経済成長の要因を解明するための重要な課題である．

　本章はその一環として，1934～36年の中国・日本・朝鮮・台湾間について，50品目を超える絶対価格データと，家計調査等に基づく消費ウェイトを使って，消費者物価絶対水準比を推計した．その結果，1934～36年平均で見た中国の消費者物価絶対水準は，日本の0.75倍，朝鮮の0.87倍，台湾の0.90倍であることが分かった．また，これをもとに一人当たり実質消費水準や実質GDPを比較した結果，1934～36年に中国の一人当たり実質GDPは，日本の約0.3倍，同時期の朝鮮，台湾のそれぞれ約0.7，0.4倍であることが分かった．マディソン推計は中国の産業構造変化や交易条件の変化を十分に考慮していないため，その結果には深刻なバイアスが生じている可能性は否定できない．本章の推計から，中国の経済成長の初期時点での発展水準は非常に低いものであることが確認された．

　計画経済期は，政治的な不安定時期でもあり，経済成長の波動幅が大きく見られる．1978年の改革開放までの間における一人当たり実質GDPの上昇程度は僅かでしかなかった．朝鮮（戦後は韓国），台湾と比較する限り，中国経済のキャッチアップが観察されるのは，改革開放以後の時期となっていることが明らかに見て取れる．戦後中国経済成長の特徴としては，工業化のスピードが速いことである．問題は，低開発水準から出発した中国経済は，農業の生産性水準が低いため，工業化の資源提供者としては十分に機能できないのではないか，ということである．続く第3章で農工間における資源移転の問題を取り上げ，中国の資本貯蓄機構がいかに機能しているのかについて分析する．

補論 A　一人当たり GDP と現行価格比較物価水準

　戦前に関する袁・深尾（2002）による購買力平価の推計結果と戦後の ICP の結果を，バラッサ＝サミュエルソン理論の視点から比較する．

　まず，戦後の ICP の結果を用いて，バラッサ＝サミュエルソン効果との関係を確認しよう．いま，t 年における i 国について，為替レートで米ドル換算した一人当たり GDP とギャリー・カーミス（GK ドル）国際価格で米ドル換算した一人当たり GDP の比率を $PL_i^C(t)$ で表す．

$$PL_i^C(t) = \xi_i(t) \frac{\sum p_n^i(t) e_n^i(t)}{\sum p_n^G(t) e_n^i(t)}$$

各変数の意味は以下の通りである．

　　$\xi_i(t)$：t 年における i 国通貨 1 単位の米ドルで測った価値
　　$p_n^i(t)$：t 年 i 国における n 財（サービスを含む．以下同様）の価格水準，$n=1, 2, \cdots, N$
　　$p_n^G(t)$：t 年 i 国における n 財の GK 国際価格
　　$e_n^i(t)$：t 年 i 国における n 財の一人当たり最終需要量

　添え文字 C は t 年の比較をおこなうにあたり，同じ t 年の価格（current price）を使っていることを意味する．

　$PL_i^C(t)$ が高いほど，i 国の絶対物価水準が割高であることを意味する．$PL_i^C(t)$ をアメリカに関する対応する値 $PL_{US}^C(t)$ で割った値（つまりアメリカを以下の比較のベンチマーク国とする）を，Hestons and Summers（1993）に従い，i 国の現行価格比較物価水準（current price comparative price level）と呼び $CPL_{i,US}^C(t)$ で表す．つまり $CPL_{i,US}^C(t) = PL_i^C(t)/PL_{US}^C(t)$ である．一方，t 年の GK 国際価格で評価した t 年 i 国の一人当たり GDP の，アメリカの対応する値に対する比率を $GDPR_{i,US}(t)$ と表す．

　つまり $GDPR_{i,US}(t) = \sum p_n^G(t)/e_n^i(t)/\sum p_n^G(t) e_n^{US}(t)$ である．1975 年の ICP による 34 ヵ国に関するデータをもとに[24]，各国の物価の絶対水準

$CPL_{i,US}^C(t)$ が各国の実質的な豊かさ $GDPR_{i,US}(t)$ にどのように影響されるかを最小二乗法で回帰分析すると次の結果を得た．

$$\text{Log}(CPL_{i,US}^C) = 0.06 + 0.43 \times \text{Log}(GDPR_{i,US})$$
$$\quad\quad (0.07)\quad (0.05) \quad\quad (R^2 = 0.7)$$

ただしカッコ内は推計値の標準偏差を表す．34ヵ国のデータはKravis, Heston and Summers (1982, p.12) から得た．分析結果は，予想通り一人当たりGDPが高い国ほど価格水準が高いという有意な関係があることを示している．

補論B　交易条件の変化が外挿推計に与える影響

本文中の (2-4) 式において，外挿法による購買力平価と現行価格に基づく購買力平価の間の乖離を，交易条件効果とガーシェンクロン効果の2つに分解した．この補論では交易条件の変化がこの乖離に本当に影響するか否かを回帰分析により検証してみる．実証にはHeston and Summers (1993) のデータを使う．彼らは，1970～90年の間の5年毎に，OECD加盟23ヵ国についてICPプロジェクトで得られた各年の現行価格に基づく購買力平価と，1990年の購買力平価を起点として各国の物価統計をもとに過去に遡及した購買力平価を比較している (Heston and Summers 1993, Table 3)．

$$\frac{Z_i(t, 90)}{Z_{EU}(t, 90)} = \frac{CPL_{i,EU}^C(t)}{CPL_{i,EU}^C(t, 90)} \quad\quad (B1)$$

ここで下付添え文字 EU は，EU中心国（イギリス，西ドイツ，イタリア）の平均値を表記する．(B1) 式両辺について時間について階差を取り，右辺を整理すると次式を得る．

---

24) 我々は，①できるだけ古い時代の物価水準と実質的な豊かさの関係を計測する，②比較的多くの国についてデータが入手可能，という二つの理由から1975年のデータを使った．

$$\ln\left(\frac{Z_i(t+1,90)}{Z_{EU}(t+1,90)}\right)-\ln\left(\frac{Z_i(t,90)}{Z_{EU}(t,90)}\right)$$

$$=-\left\{\ln\left(\frac{\sum p_n^G(t+1)e_n^i(t)}{\sum p_n^G(t)e_n^i(t)}\right)-\ln\left(\frac{\sum p_n^G(t+1)e_n^{EU}(t)}{\sum p_n^G(t)e_n^{EU}(t)}\right)\right\}$$

$$+\left\{\ln\left(\frac{\sum p_n^G(t+1)e_n^i(90)}{\sum p_n^G(t+1)e_n^i(t+1)}\right)-\ln\left(\frac{\sum p_n(t+1)e_n^i(90)}{\sum p_n(t+1)e_n^i(t+1)}\right)\right\}$$

$$-\left\{\ln\left(\frac{\sum p_n^G(t+1)e_n^i(90)}{\sum p_n^G(t+1)e_n^i(t)}\right)-\ln\left(\frac{\sum p_n(t)e_n^i(90)}{\sum p_n(t)e_n^i(t)}\right)\right\}$$

$$-\left\{\ln\left(\frac{\sum p_n^G(t+1)e_n^{EU}(90)}{\sum p_n^G(t+1)e_n^{EU}(t+1)}\right)-\ln\left(\frac{\sum p_n(t+1)e_n^{EU}(90)}{\sum p_n(t+1)e_n^{EU}(t+1)}\right)\right\}$$

$$+\left\{\ln\left(\frac{\sum p_n^G(t+1)e_n^{EU}(90)}{\sum p_n^G(t+1)e_n^{EU}(t)}\right)-\ln\left(\frac{\sum p_n(t)e_n^{EU}(90)}{\sum p_n(t)e_n^{EU}(t)}\right)\right\} \quad (\text{B2})$$

ここで t は，1970，1975，1980，1985 年を表す．右辺第一項は交易条件効果である．第二項以下は，実質成長率が基準価格の違いによってどのような影響を受けるかをそれぞれ表記しており，ガーシェンクロン効果の一種であるといえよう．

ガーシェンクロン効果は，国内の生産構造が急速に変化しつつある国において重要である．1970～90 年において OECD 加盟国は既に十分に工業化され，また比較的互いに似た産業構造を持っていたと考えられるため，我々は交易条件効果に焦点を絞り，ガーシェンクロン効果は攪乱項として扱うことにする．

いま t 年 i 国における財 n に対する一人当たり国内需要と純輸出を，$d_n^i(t)$ と $x_n^i(t)$ で表記する．財に関する需給均衡によって式 $e_n^i(t)=d_n^i(t)+x_n^i(t)$ が成り立つ．分析を単純にするため，以下の仮定をおく．

①各国の財・サービス収支はほぼ均衡しているとする．
②各国の一人当たり国内需要に占める商品構成は似ているとする．つまり任意の i, j, n について定数 $\gamma_{i,j}$ が存在して $e_n^i(t)=\gamma_{i,j}e_n^j(t)$ が成り立つ．
③GK 国際価格ベクトルは各国が国際市場で直面している国際価格ベクトルと似ているとする．

以上の仮定の下で，(B2) 式右辺第一項は以下のように近似できる．

$$\ln\left(\frac{\sum\{p_n^G(t+1)-p_n^G(t)\}x_n^i(t)}{\sum p_n^G(t)e_n^i(t)}\right)-\ln\left(\frac{\sum\{p_n^G(t+1)-p_n^G(t)\}x_n^{EU}(t)}{\sum p_n^G(t)e_n^{EU}(t)}\right)$$

これはさらに次のように単純化できる．

$$m^i(t)\{\ln(T^i(t+1))-\ln(T^i(t))\}-m^{EU}(t)\{\ln(T^{EU}(t+1))-\ln(T^{EU}(t))\}$$

ここで $m^i(t)$ は i 国の輸出・GDP 比率と輸入・GDP 比率の単純平均を表記する．以下これを貿易依存度と呼ぶ．また $T^i(t)$ は t 年における i 国の交易条件（輸出物価・輸入物価比率）を表す[25]．

EU 中心国の交易条件効果は，すべての国の (B2) 式右辺に同様に影響するので，年次ダミーでこれをコントロールすることにする．

以上の単純化により我々は次のような推定モデルを得る．

$$\ln\left(\frac{Z_i(t+1,90)}{Z_{EU}(t+1,90)}\right)-\ln\left(\frac{Z_i(t,90)}{Z_{EU}(t,90)}\right)$$
$$=\alpha+\beta m^i(t)\{\ln(T^i(t+1))-\ln(T^i(t))\}+\sum_\tau \gamma_\tau DUM_\tau(t)+\varepsilon^i(t)$$

ここで $DUM_\tau(t)$ は年次ダミーを表す．以上の理論式によれば，t 年から $t+1$ 年にかけて交易条件が改善した国では，$Z_i(\ )$ つまり（1990 年の購買力平価を起点として物価統計をもとに過去に遡及した購買力平価）/（現行価格に基づく購買力平価）は $t+1$ 年よりも t 年においての方が低くなる．またこの効果は当該国の貿易依存度が高いほど大きい．したがって β は負の値であり，これまでの計算式が示すように理論的にはマイナス 1 に等しいはずである．

Heston and Summers (1993) のデータを使って上式を推計した結果が，付表 2-A にまとめてある．なお，貿易依存度と交易条件は国際通貨基金 (International Monetary Fund) の *International Financial Statistics* から得た．$D8085$ と $D8590$ は年次ダミーを表す．貿易依存度と交易条件変化の交差項の係数 β に関する推計結果が最も重要である．推定された β はマイナス 1 より絶対値がやや小さいものの，予想通り有意なマイナスの値である．この結果は我々の理論分析を支持していると解釈できよう．

また，(B2) 式から分かるように，最も新しい基準年の物価水準に基づく長

---

[25] サービス貿易について各国の交易条件を得ることは難しいので，各国のサービス貿易に関する交易条件効果は同じと仮定し捨象している．

付表 2 - A　乖離率の決定要因に関する回帰結果

	係数推計値	標準偏差	t 値
a	−0.015	0.019	−0.763
b	−0.651	0.156	−4.167
D 8085	3.46E−5	0.025	0.001
D 8590	0.094	0.025	3.751

出所：Heston and Summers（1993）により，筆者計算．

付表 2 - B　定義・統計範囲変化による誤差

LETS	1885	→	1940					
		①$_{End}$	36851					
国民所得白書		②$_{Begin}$	36458	→	1952			
	②$_B$/①$_E$	−1.1%		②$_{End}$	6020			
OECD1976				③$_{Begin}$	6215	→	1960	
			③$_B$/②$_E$	3.2%		③$_{End}$	15503	
OECD1999						④$_{Begin}$	16011	→	1998
						④$_B$/③$_E$	3.3%	

出所：Maddison（1995a, 2003），『国民所得白書』（内閣府），National Accounts（OECD）．

期実質 GDP の成長率を使って推計すれば，ガーシェンクロン効果はより小さくなる．しかし，Maddison（1995a, 2003）は，複数の基準年の実質 GDP 系列をリンクする形で長期的な実質 GDP 成長率を計算している．つまり，マディソン推計は複数の物価水準に基づいていることになる．

マディソン推計では複数基準の系列をリンクする際に，旧定義・統計範囲に基づく実質 GDP 系列を自動的に新定義・統計範囲に切り替えていると考えられる．この場合，接続時点（t 年）の名目 GDP を新定義・統計範囲に調整しないと，推計値と接続時点での名目 GDP にギャップが生じてしまう．これは（B2）式では明らかに示されていないものであり，「定義・統計範囲変化の効果」と呼ぶことにする．

現実には，歴史的な実質 GDP 統計が最新の SNA の定義・統計範囲に調整された国々もあれば，調整されていない国もある．したがって，ガーシェンクロン効果と定義・統計範囲変化の効果の度合いを正確に評価するのは非常に難しいことである．ここでは，日本の場合のみを考察し，検証結果は付表 2-B

にまとめた．それによると，マディソンのリンク方法では，Ohkawa and Shinohara (1979) に報告されている名目 GDP を 5.4% 過小評価していることが分かる．

付表2-C1　日本と比較した中国の絶対物価水準（1934～36年）

(日本＝1)

品目	中国ウェイト 大	中国ウェイト 中	中国ウェイト 細	日本ウェイト 大	日本ウェイト 中	日本ウェイト 細	単位	日本	中国	中国/日本 価格比	中国の絶対価格水準 中国ウェイト	中国の絶対価格水準 日本ウェイト	ウェイト平均
全品目											0.67		0.75
飲食費	68.7	68.5		40.9	35.3		価格（特記しない場合は日本銭）				0.66	0.79	0.72
米麦			69.9			93.26					0.67	0.68	0.67
米			69.9			93.26	1kg	23.80	16.12	0.68			
小麦			30.1			6.74	1kg	23.00	15.08	0.66			
豆野菜		8.8			8.9						0.70	0.78	0.74
大豆			1.7			13.87	1kg	22.90	12.03	0.53			
その他豆類			7.3			9.85	1kg	18.56	7.38	0.40			
馬鈴薯			5.9			2.90	1kg	6.94	3.00	0.43			
キャベツ			63.1			43.67	1kg	8.39	6.34	0.76			
白菜青菜			2.3			9.90	1kg	8.06	3.57	0.44			
干野菜			9.0			9.90	10匁	18.00	13.50	0.75			
林檎			0.1			2.48	100匁	15.00	33.96	2.26			
蜜柑			0.3			2.48	100匁	8.00	16.28	2.03			
バナナ			0.1			2.48	1kg	19.72	45.71	2.32			
その他果物			10.1			2.48	100匁	10.00	15.66	1.57			
調味料		7.4			8.5						0.99	1.27	1.12
醤油			18.0			26.97	1立	27.00	53.56	1.98			
味噌			8.0			17.67	1kg	21.89	20.52	0.94			
砂糖			11.6			11.46	1kg	39.61	54.55	1.38			
塩			8.3			3.50	1kg	7.33	23.29	3.18			
油			54.2			40.40	1升	103.00	76.58	0.74			
肉魚類		5.9			13.5						0.40	0.81	0.57
豚肉			38.1			5.26	100g	14.00	5.03	0.36			
牛肉			27.0			12.78	100g	12.80	4.21	0.33			
鶏肉			2.5			1.95	100g	20.80	8.02	0.39			
新鮮魚			14.9			20.49	1kg	70.89	43.18	0.61			
塩魚			3.8			20.49	1kg	114.50	210.82	1.84			
その他水産品			6.3			20.49	1kg	74.50	22.48	0.30			
卵			5.9			14.26	1kg	62.19	41.98	0.68			
牛乳			1.4			4.26	1缶	37.17	70.67	1.90			
その他	1.0			23.8							0.77	0.81	0.79
漬物			33.3			50.00	1kg	15.78	13.68	0.87			
豆腐			25.1			25.00	一丁	6.61	3.42	0.52			
その他加工食品			41.6			25.00	100匁	7.00	6.84	0.98			
嗜好物	8.4			9.9							0.60	0.72	0.65
タバコ			51.4			39.12	20本	15.00	18.13	1.21			

78

お酒						48.74		85.44	17.60	0.21	0.64	0.73	0.55
お米						12.14		18.67	21.86	1.17	1.24	1.24	1.24
											0.39	0.29	0.54
光熱費		8.3		20.9		4.8							
電気a			0.3	27.7									
			97.0	100.0		100.00	1KWH	16.00	19.90	1.24			
燃料													
石炭				6.0		11.80	10 kg	27.17	25.51	0.94			
薪				77.0	47.6	38.80	10 kg	26.56	9.12	0.34			
木炭				1.7	48.9	40.80	10 kg	80.83	114.00	1.41			
灯油				15.3		8.60	1 kg	26.00	32.37	1.24			
マッチ				100.0	3.5	100.00	1包(10箱)	6.00	5.64	0.94			
その他			2.7										
被服費		8.5			10.7						0.93	1.06	0.82
											0.86	0.93	0.81
被服			80.3	11.3	72.8	49.77	1枚	213.00	228.00	1.07			
男子ワイシャツ				88.7		50.23	1 kg	103.30	80.80	0.78			
打綿													
身の回り品			19.7		27.2	69.73	一足	70.00	124.55	1.78	1.13	1.42	0.90
運動靴				50.0		30.27	一本	88.78	53.29	0.60			
傘				50.0									
住居費b		5.3		10.7							0.63	0.57	0.70
											0.55	0.55	0.55
家賃c			61.6	50.0	97.3	50.00	一間(4.5畳)	508.50	273.60	0.54			
				50.0		50.00	日給	195.00	109.00	0.56			
大工賃金c			38.4		2.7						1.34	1.39	1.29
家具				50.0		50.00	1坪	198.36	201.41	1.02			
松板				50.0		50.00	一個	31.44	55.77	1.77			
洗面器													
雑費		9.2			32.9						0.86	0.96	0.78
											0.23	0.23	0.23
交通			4.9	100.0	6.2	100.00	日給	267.00	61.56	0.23	0.22	0.22	0.22
人力車夫c			1.5		5.8								
教育				100.0	10.4	100.00	月給(円)	65.91	14.20	0.22			
教員俸給c			9.9								2.29	2.36	2.22
衛生化粧				50.0		50.00	一個	9.44	27.71	2.93			
石鹸				50.0		50.00	1本	15.00	26.72	1.78			
歯ブラシ													
医薬			5.8	100.0	12.8	100.00	1缶(1封度)	83.06	83.00	1.00	1.00	1.00	1.00
娯楽社交			19.2	100.0	21.3	100.00	一回	30.00	22.80	0.76	0.76	0.76	0.76
アルコール													
映画観覧料d													
新聞料金d			58.7	100.0	43.5	100.00	一部	4.56		0.91	0.91	0.91	0.91
その他													

注：元と円の為替レートは1934~36年の平均値（1円＝0.88元）である。
a) 中国は杭州，日本は東京の価格を使っている。
b) 上海と東京の家賃である。上海は『中国経済年鑑』による。
c) 中国小学校教員の月給は郝錦花 [2005] より，筆者計算。人力車夫の賃金は上海地方志弁公室 (http://www.shtong.gov.cn/). 日本の賃金は大川ほか (1967).
d) 「大公報」による1934~36年の平均値。

出所：中国の価格はおもに『工農業商品比価問題調査研究資料彙編』における各都市の小売価格である。消費ウェイトは張 (2001) などを利用した。日本のデータは袁・深尾 (2002) より。なお，資料の詳細は本文第2節を参照。

付表2-C2 朝鮮と比較した中国の絶対物価水準（1934～36年）

(朝鮮=1)

品目	中国ウェイト			朝鮮ウェイト			単位	価格(特記しない場合は日本銭)			中国の絶対価格水準		
	大	中	細	大	中	細		朝鮮	中国	中国/朝鮮価格比	中国ウェイト	朝鮮ウェイト	フィッシャー平均
全品目											0.68	0.96	0.81
飲食費	68.7	68.5		65.8	53.2						0.79	0.78	0.79
米麺			63.3			78.78	1kg	20.84	16.12	0.77			
米			36.7			21.22	1kg	18.33	15.08	0.82			
小麦													
豆野菜		8.8			14.0						0.50	1.14	0.75
大豆			1.7			5.63	1kg	15.74	12.03	0.76			
その他豆類			7.3			9.99	1kg	20.00	7.38	0.37			
薩摩芋			5.9			9.99	1kg	10.70	3.00	0.28			
新鮮野菜			63.0			9.99	1kg	5.00	2.38	0.48			
葱			2.3			6.90	1kg	5.00	1.33	0.27			
干野菜			9.0			32.86	10匁	212.00	134.96	0.64			
バナナ			10.7			24.65	100匁	11.00	33.96	3.09			
調味料		7.4			4.5						0.36	0.98	0.59
醤油			30.2			29.87	1立	36.22	26.78	0.74			
味噌			22.0			9.09	1kg	19.56	10.26	0.52			
砂糖			25.6			37.02	1kg	39.44	35.40	0.90			
塩			22.2			24.02	1kg	6.00	5.82	0.97			
肉魚類		5.9			19.4						0.55	1.13	0.79
豚肉			38.1			11.18	100g	9.69	5.03	0.52			
牛肉			27.1			21.90	100g	11.02	4.21	0.38			
鶏肉			2.5			3.32	100g	15.56	8.02	0.52			
新鮮魚			14.9			19.24	1kg	21.50	18.71	0.87			
塩魚			10.2			31.60	1kg	35.11	79.27	2.26			
卵			5.9			10.66	1kg	73.33	41.98	0.57			
ミルク			1.4			2.11	1缶	52.00	70.67	1.36			
その他		1.0			1.4						0.57	0.57	0.57
漬物			100.0			100.00	1kg	9.00	5.09	0.57			
嗜好物		8.4			7.5						0.92	1.46	1.16
タバコ			51.4			73.47	20本	10.00	18.13	1.81			
お酒			20.9			23.38	1立	51.30	17.60	0.34			
お茶			27.7			3.14	100g	15.22	21.86	1.44			

光熱費	8.3		9.8				0.61	0.78	0.69
電気		0.3	21.7	100.00	14.00	1KWH	1.43	1.43	1.43
燃料		97.0	78.3				0.60	0.59	0.60
石炭				78.50	22.78	10kg			
薪		6.0		14.77	16.89	10kg			
木炭		77.0		3.88	53.93	10kg			
灯油		1.7		2.85	26.47	1kg			
		15.3							
被服費	8.5		7.2				0.70	1.52	1.03
被服		80.3	82.3				0.68	1.56	1.03
生地				16.70	0.82	1反			
裁縫賃金		38.7		16.70	1.47	日給(円)			
衣服		38.7		33.40	94.00	1枚			
布団		11.3		33.30	100.70	1kg			
		9.2							
身の回り品			17.7				0.78	1.33	1.02
履物(ゴム靴)		19.7		50.00	57.00	一足			
その他		50.0		50.00	112.00	一本			
		50.0							
住居費	5.3		5.6				0.72	0.95	0.83
屋貸(大工賃金)		61.6	14.3	100.00	1.78	一間(4.5畳)	0.61	0.61	0.61
家具		38.4	85.7				0.99	1.01	1.00
木板				50.00	40.00	立方			
バケツ		50.0		50.00	49.00	一個			
		50.0							
雑費	9.2		11.7				0.86	0.99	0.93
交通		4.9		13.3	1.97	日給(円)	0.31	0.31	0.31
教育		1.5		36.7	40.67	月給(円)	0.35	0.35	0.35
衛生化粧		9.9		18.2	10.00	一個	2.77	2.77	2.77
医薬		5.8		19.1	102.50	1kg	0.97	0.97	0.97
娯楽社交				4.3	15.00	一回	1.52	1.52	1.52
映画観覧料		19.2							
新聞		58.7		8.4	5.00	一部	0.80	0.80	0.80

出所：中国は付表2-C1と同じ。朝鮮は袰・深尾 (2002) による。資料の詳細は本文の第2節を参照。

付表 2-C 3　日本と比較した朝鮮の絶対物価水準 (1934～36 年)

(日本＝1)

品目	日本ウェイト 大	日本ウェイト 中	日本ウェイト 細分類	朝鮮ウェイト 大	朝鮮ウェイト 中	朝鮮ウェイト 細分類	単位	価格 (特記しない場合は各国共通貨) 朝鮮	価格 日本	朝鮮/日本価格比	朝鮮の絶対価格水準 朝鮮ウェイト	朝鮮の絶対価格水準 日本ウェイト	朝鮮の絶対価格水準 フィッシャー平均
全品目											0.86	0.87	0.86
飲食費	41.3	39.7		65.8	54.0						0.88	1.00	0.94
穀類			89.1			77.61					0.85	0.86	0.86
米						20.34	1 kg	20.84	23.80	0.88			
小麦粉			5.6				1 kg	18.33	23.00	0.80			
大豆			3.1			1.46	1 kg	15.74	22.90	0.69			
小豆			2.2			0.59	1 kg	18.01	21.30	0.85			
肉類		2.7			7.1						0.79	0.81	0.80
牛肉			63.9			60.16	100 g	11.02	12.80	0.86			
豚肉			26.8			30.72	100 g	9.69	14.00	0.69			
鶏肉			9.4			9.12	100 g	15.56	20.80	0.75			
魚介類		8.3			9.9						1.26	1.30	1.28
生鰯 a			34.9			18.94	百匁	27.00	21.50	1.26			
生鯛 a			34.9			18.94	百匁	16.00	11.30	1.42			
鰹節			30.1			62.13	百匁	35.11	28.80	1.22			
牛乳および卵		2.5			2.5						1.15	1.14	1.15
牛乳			23.0			16.49	1 合	8.00	7.80	1.03			
卵			77.0			83.51	1 kg	73.33	62.20	1.18			
調味料		8.5			4.5						1.05	1.13	1.09
醤油			40.7			29.87	1 立	36.22	26.90	1.35			
味噌			25.3			9.09	1 kg	19.56	21.80	0.90			
塩			3.5			24.02	1 斤	6.00	7.00	0.86			
砂糖			30.5			37.02	1 kg	39.44	37.30	1.06			
野菜および果物		9.2			13.9						0.91	1.19	1.04
葱 a			18.4			7.31	百匁	5.00	3.90	1.28			
牛蒡 a			18.4			10.58	1 kg	16.00	12.00	1.33			
甘藷 a			23.7			10.58	1 kg	13.30	8.00	1.66			
馬鈴薯 a			2.8			10.58	1 kg	10.70	8.00	1.34			
その他の野菜干物			18.4			34.83		16.00	22.70	0.70			
林檎 a			18.4			26.13	1 個	4.00	5.00	0.80			
加工食品		19.1			1.4						0.95	1.04	0.99
沢庵			50.0			50.00	百匁	9.00	6.70	1.34			
奈良漬			50.0			50.00	百匁	21.00	28.70	0.73			
アルコール飲料		4.8			1.5						1.10	1.09	1.10
清酒			74.2			96.28	1 立	94.47	85.44	1.11			
ビール			25.8			3.72	1 本	34.70	33.40	1.04			
茶と飲料		1.2			0.5						0.94	0.97	0.96
サイダー			50.0			50.00	1 本	19.00	17.00	1.12			
茶			50.0			50.00	100 g	15.22	18.61	0.82			
煙草		3.9			5.5	100.00		10.00	15.00	0.67	0.67	0.67	0.67
煙草			100.0										
光熱費	4.8			9.8							0.83	0.81	0.82
燃料費		52.4			78.3						0.82	0.75	0.78

	石炭		11.8		78.50	10 kg	22.78	27.17		0.88
	薪		38.8		14.77	10 kg	16.89	26.56		0.94 1.14
	木炭		40.8		3.88	10 kg	53.93	80.83		0.80
	石油		8.6		2.85	10 kg	36.00	36.91		1.03
電気料金	電気料金	47.6	100.0	21.7	100.00	1 kwh	14.00	16.00		
被服費		10.6							0.89 0.88 1.00 0.88	
布地	打綿	33.3	50.0	19.7	50.00	1 KG	100.70	103.30	0.97 1.13 1.16	
	晒木綿 a		50.0		50.00	一反	82.00	61.00	1.34	
加工賃金	洋服裁縫	33.5	50.0	62.7	50.00	日給(円)	1.47	1.79	0.82 0.80 0.80 0.80	
	靴職		50.0		50.00	日給(円)	1.41	1.80	0.78	
身の回り品	靴下 a	33.2	20.0	17.7	20.00	1足	22.60	23.00	0.98 1.02 1.03 1.03	
	莫大小襯衣 a		20.0		20.00	1枚	94.00	88.00	1.07	
	靴 a		20.0		20.00	1足	769.00	804.00	0.96	
	雨傘 a		20.0		20.00	1本	112.00	100.00	1.12	
	洋傘 a		20.0		20.00	1本	178.00	176.00	1.01	
住居費		10.2		5.6					0.90 0.85 0.88	
賃金		48.6		14.3					0.83 0.84 0.84	
	大工		33.4		33.40	日給(円)	1.78	1.95	0.91	
	左官		33.3		33.30	日給(円)	1.97	2.17	0.91	
	瓦葺工		33.3		33.30	日給(円)	1.73	2.44	0.71	
建築材料	セメント	48.6	50.0	57.2	50.00	100 kg	2.10	2.30	0.91 0.84 0.85 0.85	
	煉瓦		50.0		50.00	千個	19.00	24.29	0.78	
家具什器	茶碗 a	2.7	50.0	28.5	50	1個	26.00	20.00	1.30 1.12 1.14 1.13	
	家具工賃金		50.0		50	日給(円)	1.73	1.76	0.98	
雑費		33.2		11.7					0.72 0.69 0.71	
交通通信費		6.2		13.4					0.84 1.58 1.15	
	汽車代 b		79.3		21.27	1キロ	3.28	1.80	1.82	
	人力車夫賃金		1.3		73.93	日給(円)	1.97	2.67	0.74	
	葉書		19.4		4.8	1枚	10.00	15.00	0.67	
医療美容費		23.2		37.3					0.85 0.89 0.87	
	医師賃金		28.0		25.64	年俸(円)	544.00	633.00	0.86	
	強壮薬		28.0		25.64	300錠	150.00	160.00	0.94	
	理髪師賃金		21.6		26.52	日給(円)	1.31	1.97	0.66	
	石鹸		22.4		22.2	1個	10.00	9.30	1.08	
教育流読費		11.3		45.0					0.63 0.82 0.72	
	教科書・授業料		36.5		81.49	月給(円)	40.67	66.67	0.61	
	半紙		10.6		11.72	10枚	5.00	7.40	0.68	
	新聞紙		52.9		6.81	1部	5.00	5.00	1.00	
娯楽費	映画観覧 b	59.3	100.0	4.3	100	一回	15.00	30.00	0.50 0.50 0.50 0.50	

注:a は 1936 年地域平均消費者価格.b は 1936 年東京と京城消費者価格.その他は 1934〜36 年期間.地域平均消費者価格である.
出所:表・深尾 (2002).資料の詳細は本文の第2節を参照.

付表 2-C4 日本と比較した台湾の絶対物価水準 (1934〜36 年)

(日本=1)

品目	日本ウェイト 大	日本ウェイト 中	日本ウェイト 細分類	台湾ウェイト 大	台湾ウェイト 中	台湾ウェイト 細分類	単位	価格(特記しない場合は各国共通貨) 台湾	価格 日本	台湾/日本 価格比	台湾の絶対価格水準 台湾ウェイト	台湾の絶対価格水準 日本ウェイト	台湾の絶対価格水準 フィッシャー平均
全品目											0.79	0.89	0.84
食料費	41.3			48.0							0.82	0.92	0.87
米小麦		33.2			39.0						0.90	0.91	0.91
米			93.3			96.69	1 kg	21.20	23.80	0.89			
小麦粉			6.7			3.31	1 kg	25.50	21.00	1.21			
魚介類		8.3			11.9						0.72	0.74	0.73
鯖 c			33.3			33.30	100 kg	11.30	16.35	0.69			
鮪 c			33.3			33.30	100 kg	31.00	50.27	0.62			
鰹節			33.4			33.40	100 g	26.45	28.78	0.92			
肉類		2.7			17.0						0.59	0.70	0.65
豚肉			26.8			79.28	100 g	7.61	14.00	0.54			
牛肉			63.9			4.22	100 g	9.24	12.83	0.72			
鶏肉			9.4			16.50	100 g	20.93	20.78	1.01			
卵類		2.0			2.8						1.16	1.17	1.17
鶏卵			82.9			82.93	1 kg	75.72	62.20	1.22			
鴨卵			17.1			17.07	1 kg	59.40	62.20	0.95			
牛乳類		0.6			0.7						1.27	1.27	1.27
牛乳			100.0			100.00	1 合	9.90	7.80	1.27			
蔬菜豆類		11.0			9.7						1.02	0.93	0.97
大豆			11.2			23.91	1 kg	21.13	22.30	0.95			
馬鈴薯			2.3			4.35	1 kg	14.31	6.83	2.09			
大根 d			28.8			23.91	100 kg(円)	2.30	3.01	0.76			
牛蒡 d			28.8			23.91	100 kg(円)	3.80	7.60	0.50			
葱 d			28.8			23.91	100 kg(円)	6.00	6.43	0.93			
甘藷			19.9			13.04	1 kg	5.10	7.30	0.70			
調味料		8.5			8.8						1.79		
砂糖			12.2			14.46	1 kg	36.90	37.35	0.99			
味噌			18.8			11.45	1 kg	16.27	21.78	0.75			
醤油			28.7			33.73	1 立	36.30	26.94	1.35			
落花生油			40.4			40.36	1 kg	44.72	62.42	0.72			
加工食品		23.8			6.1						0.90	0.92	
(乾物, 豆腐, 煮物, 漬物)											0.77		0.83
塩乾魚			33.3			33.30	1 kg	27.06	53.67	0.50			
二番鰹			33.3			33.30	1 kg	95.31	113.11	0.84			
沢庵			33.4			33.40	百匁	9.11	6.70	1.36			
飲料		1.2			0.9						0.98	0.98	0.98
茶			100.0			100.00	100 g	18.15	18.61	0.98			
酒類		8.7			3.2						1.16	1.16	1.16
清酒			74.2			77.66	1 升	189.00	155.35	1.22			
ビール			25.8			22.34	1 本(633 cc)	33.00	33.40	0.99			
光熱費	4.8			5.8							0.77	0.82	0.79
電力費		47.6			24.7						0.94	0.94	0.94
電気料金			100.0			100.00	1KWH	15.00	16.00	0.94			

項目								
燃料	木炭	52.4	42.3	20.89	10 kg	80.83	0.52	0.73	0.71	0.72
	薪		44.6	44.28	10 kg	26.56	0.88			
	コークス		12.9	34.83	10 kg	34.30	0.74			
被服費		**10.6**		**6.9**				**0.88**	**1.01**	**0.94**
衣類	木綿	66.5	33.4	56.9	1反	83.00	1.34	1.11	1.15	1.13
	モスリン		33.3	33.40	1米	61.60	0.87			
	絹ネル		33.3	33.30	1米	27.80	1.25			
加工賃金	洋服裁縫師賃金	33.5	33.3	43.1	日給(円)	1.79	0.73	0.70	0.71	0.70
	靴工賃金		33.3	33.30	日給(円)	1.80	0.57			
	本島服裁縫師賃金		33.4	33.40	日給(円)	1.20	0.83			
住居費		**10.2**		**7.7**				**0.72**	**0.75**	**0.73**
建設賃金	大工賃金	48.6	33.3	28.6	日給(円)	1.95	0.91	0.77	0.78	0.77
	煉瓦積工賃金		33.4	33.40	日給(円)	2.38	0.72			
	瓦葺工賃金		33.3	33.30	日給(円)	2.44	0.70			
建築材料	セメントc	48.6	13.5	58.1	1樽(円)	4.15	1.16	0.68	0.71	0.70
	畳表c		13.45	13.45	10枚	977.00	0.75			
	煉瓦c		13.5	13.45	1千個(円)	23.66	0.64			
	杉板c		59.7	59.65	1坪(円)	2.26	0.62			
什器	家具工賃金	2.7	100.0	13.3	日給(円)	1.76	0.79	0.79	0.79	0.79
雑費		**33.2**		**31.6**				**0.76**	**0.87**	**0.81**
交通・通信	汽車代b	6.2	39.7	12.7	1キロ	1.58	0.84	0.52	0.82	0.65
	駅員		39.7	23.85	月給(円)	60.25	0.71			
	車夫賃金		1.3	47.7	日給(円)	2.67	0.38			
	葉書代		19.4	4.6	1枚	1.50	1.00			
保健・衛生	石鹸料	23.2	22.4	47.9	1個	9.30	1.08	0.79	0.83	0.81
	入浴料		10.8	19.01	一回	5.00	0.60			
	理髪師賃金		10.8	9.505	日給(円)	1.97	0.47			
	医師賃金		56.0	61.99	年俸(円)	633.00	0.85			
文房用具	半紙	0.6	50.0	4.0	20枚(1帖)	7.40	1.00	1.00	1.00	1.00
	美濃紙		50.0	50	50枚(1帖)	41.50	0.99			
教育	教員	10.7	100.0	19.7	月給(円)	65.91	0.81	0.81	0.81	0.81
教養娯楽	新聞	59.3	50.0	15.7	一部	5.00	1.00	0.89	0.90	0.89
	雑誌		50.0	50	1冊	50.00	0.80			

注:bは1936年東京と台北の消費者価格。cは1934～36年期間。地域平均卸売価格。dは1936年東京および台北卸売価格。その他は1934～36年期間。地域平均消費者価格である。

出所：袁・深尾 (2002)。資料の詳細は本文の第2節を参照。

付表 2 - C 5 台湾と比較した朝鮮の絶対物価水準 (1934〜36 年)

(台湾=1)

品目	台湾ウェイト 大	台湾ウェイト 中	台湾ウェイト 細分類	朝鮮ウェイト 大	朝鮮ウェイト 中	朝鮮ウェイト 細分類	単位	価格(特記しない場合は各国共通貨) 朝鮮	価格 台湾	朝鮮/台湾価格比	朝鮮の絶対物価水準(台湾=1) 朝鮮ウェイト	台湾ウェイト	フィッシャー平均
全品目											0.98	1.07	1.02
											0.90	0.97	0.94
飲食費	48.0			65.8									
米小麦		39.0			52.9						0.98	1.09	1.03
米			96.7			79.23	1 kg	20.84	21.20	0.98			
小麦粉			3.3			20.77	百匁	18.50	26.70	0.69			
魚介類		14.9			9.9						1.33	1.33	1.33
鰹節			100.0			100.00	100 g	35.11	26.45	1.33			
肉類		17.0			7.1						1.15	1.18	1.17
牛肉			4.2			60.16	100 g	11.02	9.24	1.19			
豚肉			79.3			30.72	100 g	9.69	7.61	1.27			
鶏肉			16.5			9.12	100 g	15.56	20.93	0.74			
乳卵類		3.5			2.5						1.03	1.03	1.03
牛乳			20.4			16.49	1 合	8.00	9.90	0.81			
鶏卵			79.6			83.51	1 kg	73.33	67.50	1.09			
調味料		8.8			4.5						1.05	1.05	1.05
醬油			56.6			39.31	1 立	36.22	36.60	0.99			
味噌			19.2			11.96	1 kg	19.56	16.27	1.20			
砂糖			24.2			48.72	1 kg	39.44	36.90	1.07			
蔬菜豆類		9.5			15.0						1.15	1.04	1.09
大豆			43.6			9.72	1 kg	15.74	21.13	0.75			
甘藷 a			30.8			12.93	百匁	5.00	2.01	2.49			
馬鈴薯 a			10.3			12.93	百匁	4.00	6.12	0.65			
たまねぎ a			15.4			42.56	百匁	7.00	8.10	0.86			
加工食品		3.0			1.4						0.99	0.99	0.99
沢庵漬			100.0			100.00	百匁	9.00	9.11	0.99			
酒類		3.2			1.5						0.86	0.90	0.88
清酒			77.7			96.28	1 升	162.00	189.00	0.86			
ビール			22.3			3.73	1 本	34.70	33.00	1.05			
飲料		0.9			6.0						0.84	0.84	0.84
茶			100.0			100.00	100 g	15.22	18.15	0.84			

大分類	中分類	項目				単位						
光熱費			5.8							0.89	0.91	0.90
	電力費	電気料金		24.7	100.0	100.00	1KWH	14.00	15.00	0.93	0.93	0.93
	燃料			75.3						0.88	0.90	0.89
		石炭			34.8	80.80	10 kg	22.78	25.30	0.90		
		木炭			20.9	3.99	10 kg	53.93	42.04	1.28		
		薪			44.3	15.20	10 kg	16.89	23.43	0.72		
被服費			9.8							1.23	1.29	1.26
	衣類			37.4						1.25	1.34	1.29
		晒木綿			50.0	50.00	1 反	82.00	83.00	0.99		
		綿ネル			50.0	50.00	1 尺	17.00	10.10	1.68		
	加工賃金			62.7						1.21	1.23	1.22
		洋服裁縫師賃金			50.0	50.00	日給(円)	1.43	1.31	1.09		
		靴職賃金			50.0	50.00	日給(円)	1.41	1.03	1.37		
住居費			7.2							1.01	1.03	1.02
	建設賃金			14.3						1.00	1.00	1.00
		大工賃金			50.0	50.00	日給(円)	1.78	1.78	1.00		
		瓦葺工賃金			50.0	50.00	日給(円)	1.73	1.72	1.01		
	建築材料			57.2						0.93	1.00	0.96
		セメントd			50.0	50.00	100 kg(円)	2.10	2.83	0.74		
		煉瓦d			50.0	50.00	千個(円)	19.00	15.16	1.25		
	什器			28.5						1.24	1.24	1.24
		家具工賃金			100.0	100.00	日給(円)	1.73	1.39	1.24		
雑費			5.6	11.7						0.93	1.12	1.02
	交通・通信			13.4						1.86	2.14	1.99
		汽車代b			47.7	21.27	1 キロ	3.28	1.33	2.47		
		車夫賃金			47.7	73.93	日給(円)	1.97	1.01	1.95		
		葉書代			4.6	4.80	1 枚	10.00	15.00	0.67		
	保健・衛生			37.3						1.09	1.09	1.09
		石鹸			19.0	22.20	1 個	10.00	10.00	1.00		
		理髪師賃金			19.0	26.52	日給	131.00	93.00	1.41		
		医師賃金			62.0	51.28	年俸(円)	544.00	536.70	1.01		
	文房用具			41.9						0.72	0.72	0.72
		教科書代			83.1	87.45	月給(円)	40.67	55.88	0.73		
		半紙			16.9	12.55	1 帖	5.00	7.43	0.67		
	教養娯楽			7.4						1.00	1.00	1.00
		新聞			100.0	100.00	一部	5.00	5.00	1.00		

注：上付き文字は、付表2-C3、付表2-C4の注を参照。
出所：袁・深尾 (2002) による。

第 II 部

部門間資源配分

第3章　価格政策と資源移転（1952～2000年）
——農工間交易条件の内外格差と間接課税——

はじめに

　第2次世界大戦直前の中国経済の発展水準はかなり低いものであった．たとえば実質消費について，第2章での国際比較研究の結果から見ると，1934～36年での一人当たり実質消費は日本の30％でしかない（同時期の朝鮮と台湾はそれぞれ40％と73％であった）．また，生産については，工業基盤が非常に弱く，近代工業の生産シェアは僅か10％にすぎず，農業と手工業が90％を占めていた．しかも，人口の90％近くは農村地域で生計を立てていた．手工業の生産規模は小さいため，手工業のみに頼った工業部門の資本形成は不可能に近い．このような低開発国において，政治的な理由で国際金融市場からの借り入れに依存できない場合，工業部門の資本形成を実現するために，段階的に二つのメカニズムが必要とされる．まず，農業の生産性を上昇させ，人口爆発を抑制することで，農業部門で生存水準以上の所得を確保する．次に，農業部門の所得の拡大が，消費だけでなく貯蓄にも回され，その貯蓄をおもに工業部門に投資する．後者を達成するために，一部の農業国では，農業部門に課税し，この財政収入を工業部門に投資する，および国内の農工間交易条件に介入して，農業部門から工業部門へ所得を移転するなど，工業部門の資本蓄積を促進する政策をとっている．つまり，政策ベースでの資源移転が生じているのである（寺西 1997）．Schiff and Valdes (1992) は，農工間の交易条件を悪化させることが，農業に対する実質的な課税効果を持つと指摘している．

　中国については終戦後から1978年の改革開放までの間，農業生産性の上昇（実質総産出から実質総投入を引いたもの）は見られなかった（山本 1999）．また人口増加率を見ると，1949～58年，1962～78年，そして1979～95年の各期間に

おける年平均増加率はそれぞれ2.1％，2.4％と1.4％であり，とくに改革開放までの人口増加率は非常に高かった（第1章）．このように，中国の農業部門における一人当たり産出はかなり低水準だったため，工業部門の資本形成に向けた資金源にはなり得なかったのではないか，という見解がある．一方，農工間交易条件を悪化させることによって，農工間における所得移転が生じたか否かについてさまざまな実証分析がおこなわれたが，その結果は一貫しておらず，必ずしも明確なコンセンサスが得られていない．

　中国の農工間資源移転問題については，これまでおもに農工生産物の国内における交易条件の時間を通じた変化や，産業間での税負担の違いを中心的に研究がおこなわれてきた．仮に国際貿易が自由におこなわれていれば，その国の農産物と工業製品間の相対価格（以下では農工間相対価格と呼ぶ）は国際価格で規定されるはずである．しかし，中国では，政府による独占的な貿易，公定価格での農産物の買い上げなどの政策によって，国内の農工間相対価格は国際市場の農工間相対価格水準から大きく乖離していたと考えられる．したがって，交易条件に基づいて議論するならば，従来の研究のように単に国内の農工間相対価格の推移を調べるだけでなく，中国における農工間相対価格が，国際市場で決まっている農工間相対価格と比較してどれほど異なっていたかを調べる必要がある．

　本章ではこのような問題意識に従って，1950年代から2000年までの時期について，約160品目の商品価格を用いて中国国内と国際市場の農工間相対価格を比較し，中国の経済成長過程における資本形成と部門間相対価格の内外格差との関連性を踏まえた上で，農工間の資源移転の方向とその度合いについて実証分析をおこなう．

　本章の構成は以下の通りである．第1節では，代表的な先行研究を紹介し，その方法論や理論的な問題点を指摘する．第2節では，1952年から2000年までの年次データにより国内外産業別価格を測り，農工間相対価格の内外格差を推計する．第3節では，財政制度による二次配分，直接課税と相対価格差で見た間接的な課税効果と比較しながら，農工間資源移転について吟味する．最後に結論を述べる．

第3章 価格政策と資源移転

1 先行研究

1960年代以降，中国の農工間資源移転問題についての実証分析が日中両国の経済学者の間で盛んにおこなわれてきた．また1980年代に入るとアメリカの学者を中心に，新古典派経済理論に基づく理論分析も数多くおこなわれてきた．しかし，これらの先行研究では，分析ごとに実証結果が大きく異なっており，また実証結果と理論分析が整合的でないため，この問題をめぐる学界での論争が続いている．

1.1 中国の農工間資源移転に関する論争

まず登場するのは，日本における開発経済学の先駆者である石川滋の，第1次5ヵ年計画期に関する研究である（石川 1966）．そこで提示された農工間資源移転に関する計測方法——貿易余剰アプローチ（inter-sectoral resource flow——以下ISRFと表記）が，広く応用されてきた．その代表的なものとしては，中兼（1982, 1992），石川（1990），山本（1999）らのそれぞれ異なった時期を分析対象とした研究が挙げられる．この一連の研究結果では，戦後長期間にわたって農業部門から工業部門への資源移転量が僅かであり，ある時期においてはむしろ逆の動きが見られたとされている．また今岡（1976）は，農工間の資源の純流出は農業部門の純貯蓄に等しいという前提条件の下で，第1次5ヵ年計画期に関する分析をおこなった．それは，農業が国民経済全体の貯蓄・資本形成にきわめて僅かな貢献しかしていない，というISRF法による推計と一致する実証結果を提示している．

以上のような農業部門の工業化における貢献を否定した研究に対して，資金循環法に基づいた林（1982）は，第1次5ヵ年計画期について，「1956年を除いて，農村部門は資源余剰部門となっており，「鋏状価格差」を通じてのみならず，金融取引を通すことによっても，その蓄積を商工業セクターに提供していた」と反論した．またLardy（1983）は，中国の統計制度が十分に整備されていないため，公表データに基づいた分析結果が無意味であると指摘しながら，いくつかの断片的情報をもとに，農業が工業化における重要な資金提供元であるとし，農業から工業への資源移転の重要性を強調した．その後，馮・李

(1993) は農業税，貯蓄率および「鋏状価格差」の各側面からの分析によって，やはり農業が工業化に大きな貢献をしたとの結論を得て，プレオブラジェンスキー (Preobrazhensky) 命題（これは，中国政府の公式見解でもある）を別の角度から支持した．さらに，農業が工業化に貢献しなかったという結果を得た実証分析に対して，「農業犠牲」論者は，これらの農業余剰の直接推計方法では農業の資本形成への貢献を正確に捉えられず，農業が「間接的に目には見えない形で」寄与している可能性を見落とす危険があると主張している．ただし，中兼 (1992) はこのような反論について，中国やその他の社会主義国における農村・農業問題は政治的な側面に隠されているため，農業を犠牲にしたと主張する「農工間不等価交換」や「価値シェーレ」などの議論は，政治的・社会的意義は大きいが，経済理論的な意義がほとんどないものであると指摘している．

　以上のようなさまざまな実証分析に共通していることは，厳密な理論分析の裏づけがないことである．1980年代に入ると，欧米の経済学者によって旧社会主義諸国における「逆鞘」問題についての理論的分析が積極的におこなわれた．たとえば Sah and Stiglitz (1984) の一般均衡モデルに基づく分析では，旧ソ連や中国においては農工間交易条件を悪化させることが，旧社会主義経済成長パターンにおける資本形成の有効かつ合理的な手段（いわゆるプレオブラジェンスキー第1命題——以下ではP1命題という）であると指摘している．この理論的分析に対して，いくつかの仮定（たとえば対外貿易の均衡）が非現実的であると指摘されていたが[1]，Sah and Stiglitz (1986, 1987) では，指摘された問題点を十分に考慮してより厳密な分析をおこなった結果，やはりP1命題が有効であることを堅持した．しかしながら，Li and Tsui (1990) は，Sah and Stiglitz の理論分析についてデータによる検証を試みたが，中国の資本形成については農工間交易条件との関連性を見出すことができなかった．この結果を踏まえ，同論文は農工間交易条件の悪化が農業からの資本形成原資の増加につながっているが，他の政策要因が存在する場合，P1命題の有効性が必ずしも顕在化とされない可能性があると指摘している．また Knight (1995) は，国際貿易理論におけるオファー曲線を農工両部門に適応させ，交易条件と資源移転の関係を示

---

1) この点については Blomqvist (1986)，Carter (1986) を参照．

した上で同様の結論を得ている．

Stiglitz 等の理論分析が実証的に支持されなかった理由としては信頼できるデータの欠如の他に，これらの分析が社会主義経済の「計画的」な資源配分を無視して，生産要素市場を部門間の自由移動ができる「完全競争市場」と仮定していることが挙げられよう．たとえば，部門間における賃金格差が明らかに存在しているにもかかわらず，両部門の限界生産性が等しいと仮定している．この点が理論と実証の非整合性を生み出す一因ではないかと考えられる[2]．

以上のように，中国の経済成長における農工間資源移転について激しい論争がおこなわれてきたが，理論面でも実証面でも農業部門の工業化に対する貢献があるか否かについてのコンセンサスは得られていない．以下では，代表的な実証方法である貿易余剰法（ISRF），資金循環法，社会主義原始蓄積に関する価値論の三つの方法について説明し，それぞれの問題点を指摘する．

1.2　先行研究の方法論と問題点

（1）　貿易余剰アプローチ[3]

農工間の資源移転に関する数量的な分析に広く利用されている ISRF 法は，以下のようにまとめられる．経済を農業（A），非農業（N）の二部門に分割する[4]．A，N 両部門を国に類比させて考えると，両部門間に物的資源の移出入がある以上，「貿易収支」に相当する会計上の資源移転関係を捉えることができる．いま，A 部門の N 部門への移出（export）を E，N 部門からの移入（import）を M とする．したがって，当年価格で測った名目「貿易収支」B は

$$B = E - M$$

となる．

E，M の内訳は消費財 C，中間財 X，投資財 I に大別でき，

$$E = C_{AN} + X_{AN}$$
$$M = C_{NA} + X_{NA} + I_{NA}$$

---

2) 具体的には，価格メカニズムが機能しない場合や，工業部門が効率賃金制度を採用する場合などが考えられる（Li and Tsui 1990）．
3) 詳細は中兼（1992）を参照．
4) 中兼（1982, 1992），山本（1999）は部門分割について細かく議論している．農業部門の範囲は変わっても資源移転の方向に影響はないため，ここではその詳細に関する議論をおこなわない．

と表すことができる.ここでの下付きの AN, NA はそれぞれ A 部門から N 部門へ,N 部門から A 部門への移転を表す.つまり E は A 部門の商品化余剰,$E-C_{AN}$ は純余剰に相当する.

この名目貿易収支 B は,価格指数を用いて実質化(B' で表示)できる.

$$B' = \frac{E}{P_E} - \frac{M}{P_M}$$
$$= \frac{E-M}{P_M} + \frac{E}{P_E}\left(1 - \frac{P_E}{P_M}\right) \qquad (3\text{-}1)$$

ただし,P_E, P_M は,それぞれ,A 部門の移出(E)の価格指数と,N 部門からの移入(M)の価格指数である.式(3-1)右辺の第一項を可視的移転(visible flows),第二項を非可視的移転(invisible flows)と呼ぶ.可視的移転は農業部門からの実質純移出であり,非可視的移転は農業部門から見た交易条件の変化に伴う純移出の実質的な増減である[5]).

この方法を用いて,石川は 1980 年代,中兼は 1985 年まで,そして山本は 1997 年までについて,農工間資源移転の方向とその度合いを計測した.その結果はほぼ一致しているが,これらの分析がすべて公式統計に基づいていることから判断すれば当然な結果と思われる.図 3-1 は中兼(1992)による推計結果である.

二時点における資源移転量の増減,あるいは長期にわたる資源移転の方向転換を分析する際には ISRF 法は有効であるが,正確に移転方向や移転量を計測することはできない.その理由は,まず,(3-1)式右辺第二項の計算に関する初期時点の選択にある.初期時点の価格指数比を 100 にすることは,現実に必ずしも初期時点の絶対価格比に等しくなるとは限らず,国際経済学の視点に立てば,自由市場の貿易均衡点の価格を初期時点として選ばなければならないのである[6]).

一方,価格に関する政策介入の存在は,実質移出額の計算結果にも直接的な

---

[5]) 石川(1990)は,ISRF 法を用いてインド,台湾,日本,そして中国について計測し,開発過程における資本形成のパターンを説明している.

[6]) 第 2 章の分析で示されているように,1930 年代における中国の農産物と工業製品のそれぞれの内外価格差は大きく異なっている.

第3章 価格政策と資源移転 97

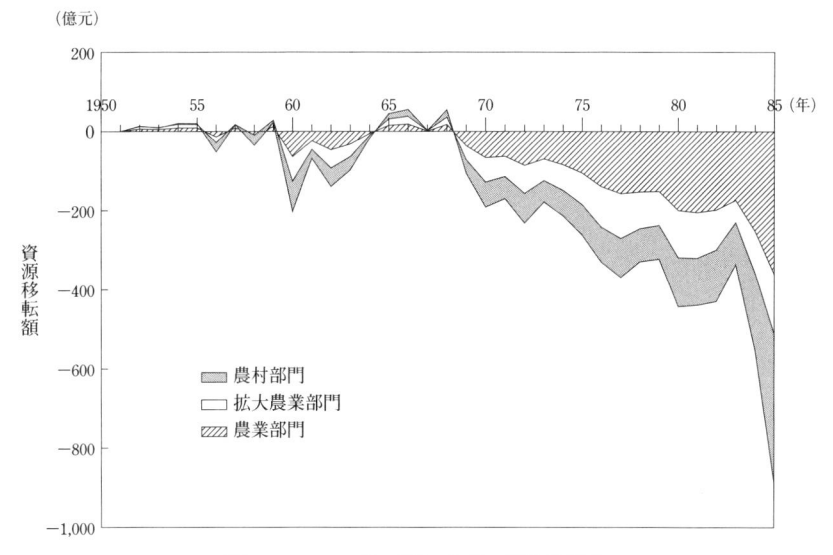

(億元)

図3-1 ISRF法で測った農工間資源移転

注：マイナスは，工業から農業へ資源移転が生じたことを意味する．
出所：中兼（1992：p.55，表2-1）．

影響を与え，場合によっては「真」の資源移転の方向を逆転させてしまう[7]．一般に工業部門は農業部門より資本集約的な産業であるため，工業部門の技術進歩は農業部門より速いと考えられる．工業製品価格は農産物価格より速く低下する傾向が観察される．それを反映して，農工間相対価格は長期的に見れば上昇する傾向がある．図3-2は，中国と途上国における農産物価格の動きを示している．中国の農産物価格の上昇は途上国のそれより速いとはいえず，1972年から1984年の間ではむしろ途上国価格の上昇より遅れている．また，1994年に人民元は大幅に切り下げられ，農産物の国内価格は1996年までに急に上昇したが，その後は低下する傾向が観察されている．仮に，工業製品の技術進歩は国内・国外において大差がないとしても，ここで見た農産物価格の異なる動きを加えて考慮すれば，国内農工間交易条件は国際価格で測った交易条件よ

---

[7] たとえば，農産物価格が国際価格まで上昇，工業製品価格が国際価格まで下落すると，(3-A)式右辺第二項の非可視的移転がマイナスになる可能性は十分にあるため，資源移転の方向が逆転することになってしまう．

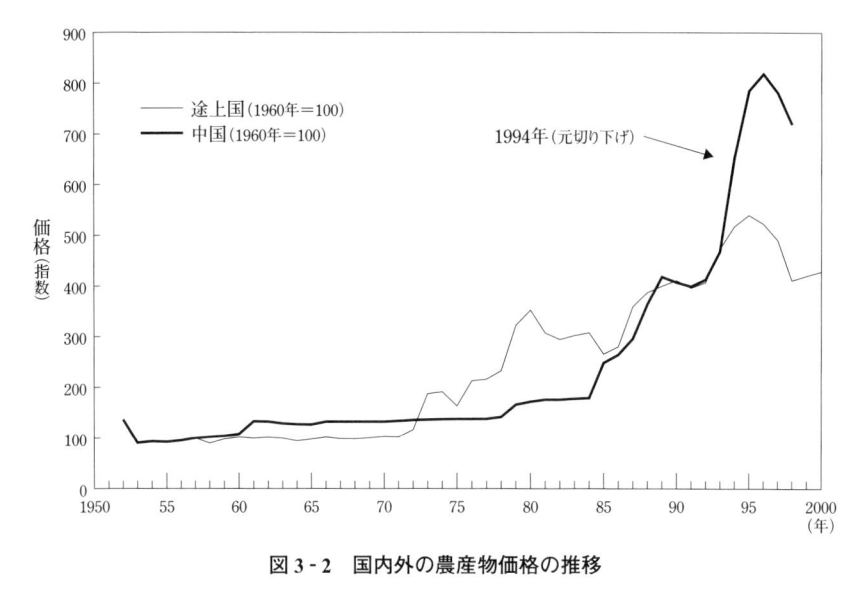

図 3-2 国内外の農産物価格の推移

出所:中国は成 (1998),途上国は IMF International Financial Statistics による.

り改善したとはいえない.

ゆえに,農業部門の実質資源転出(転入)を測る場合は,新古典派経済理論が主張する完全競争市場で成立する価格(国際市場価格)を基準として,それとの乖離(内外価格差)を考慮する必要がある.

(2) 資金循環法

資源移転の方向およびその度合いを計測するもうひとつの方法は,資金循環法である[8].これは,農業余剰を農業所得と農家消費の差で計算し,この農業余剰と農家資本形成との差額を資金の純流出とする方法である.より精緻化された資金循環法による研究として,Ohkawa, Shimizu and Takamatsu (1978) と寺西 (1982) の戦前期の日本に関する推計が挙げられる.ただし,両者の推計結果は大きく異なっている.前者の計算結果によれば,日本の工業化の初期

---

[8] 石川 (1990),中兼 (1992) では,「貯蓄余剰法」と呼んでいる.また,中兼 (1992) などの資金循環法に基づいた分析では,農村工業部門も含まれているので,本章での農業部門との定義が異なっている点に注意されたい.

表3-1 資金循環法における消費性向（大川＝高松推計と寺西推計の比較）

		1899~1902	1903~1907	1908~1912	1913~1917	1918~1922	1923~1927	1928~1932	1933~1937
寺西推計	消費性向%	97.9	90.4	95.6	88	92	96.6	93.4	87.9
	S-I（百万円）	1	13	4	43	207	24	-12	222
大川＝高松推計	消費性向%	83.5	82.1	80.5	77	85.8	90.7	93.7	87.5
	S-I（百万円）	44	86	144	266	243	-65	-189	82

出所：寺西（1982：第4章, 表4-19）．

段階においては農業が工業化のために大きな貢献をしたことになるが，寺西（1982）は日本の工業化始動の資金はおもに商工業から調達されており，農業はあまり貢献していなかったと主張する．強調すべきことは，資金循環法による推計結果は，農業部門での消費性向の度合いに大きく依存するということである．実際に，大川らと寺西の分析結果の違いは，農業貯蓄の定義の差異に伴う消費性向の違いによるものと考えられる（表3-1）．

しかし，どちらの消費性向がより適切かについては，国内の資源配分メカニズムが自由経済のそれから乖離しているときに，その乖離の度合いを正確に計算できない限り，判断できない．完全競争・開放経済であれば，部門間において，さらに国際間にも常に均衡が達成され，内外価格差は生産要素の移動により解消する．したがって，国内価格に基づく消費性向をより正確に測れば，とくに問題は生じない．しかし，閉鎖経済や途上国の特徴である生産要素市場の不完全性から資源配分上の歪みが存在する場合では，国内価格は国際価格（基準とする価格）から乖離していく，国内価格に基づいて計算した消費性向では資源の流れを正確に把握できないと考えられる．新古典派経済理論が主張する完全競争市場による資源配分の場合，生産要素は生産性が高い部門へ配分され，社会的厚生は最大化される．資源配分に何らかの理由で政府が介入すると，財の価格が変化するため生産量に影響がおよぶ．その結果，部門間所得移転とそれに伴う消費性向（貯蓄性向）の変化が起こり，自由開放経済で測った消費性向から乖離することになる．たとえば，政策的に保護している工業部門の生産を増加させる場合は，工業製品価格を国際価格より高く，農産物の価格を国際価格より低くするため，農業部門から工業部門への所得移転が生じてしまうのである．

（3） 社会主義価値論

　中国の農業犠牲論のひとつの基礎になっているのは，価格の「逆鞘」である．価格に関する「逆鞘」とは，おもに，①農産物価格の工業製品価格に対する上昇（下落）による農工間交易条件の変化，②農産物の買い上げ価格と小売価格（消費者価格）との格差の縮小（拡大），という二点によって定義される．

　第一の定義について，既に述べたように国内の交易条件は政策介入の効果を含んでいるので，国際価格との乖離を考慮する必要がある．

　第二の定義は，商業の流通マージンを除けば，消費者に対する課税に相当するものである．図3-3より，計画経済期において工業品の出荷価格はかなり低く，消費者価格は高いことが分かる．これは，農産物と同様に工業製品に対しても同じような課税が存在することを示唆していると考えられる[9]．

　また「価値論」では，計画経済期において農民は政府公定の安い価格で農産物を提供し，それが工業部門の低賃金を保証して工業部門の高利潤を生み出す，と考えている．しかし，農民がどの程度工業化資金の形成に貢献していたかは，何をもって農産物と工業製品との「適正な価格比」とするかにかかっている．本来，「適正な価格比」とは自由市場の均衡価格比に他ならないが，中兼（1992）は，現在までの社会主義価値論に基づく分析は，ほとんど恣意的な価値前提に立っていると指摘している．

　以上見てきたように，これらの先行研究は経済理論によって支持されていないことは明らかである．新古典派経済理論は，市場に基づいた資源配分が最も効率的であると主張している．小国開放経済を仮定した場合，まず，国内の生産要素は部門間限界生産性が等しくなるまで相対的に生産性の高い生産部門へ移転し続ける．また，価格裁定が起こるため，輸出財と輸入財の相対価格（部門間交易条件）は内外で一致することになる．生産要素市場に政策介入あるいは「市場の失敗」が存在する場合，資源配分上の歪みが生じ，経済の効率性を低下させてしまうとともに内外価格差が温存される．これによって，ある財の国内価格が国際価格より低い生産部門に対する課税効果（所得移転）をもたらすこととなる．しかしながら，従来の中国経済の成長過程における農工間資源

---

[9]　両部門の生産物に対する課税率が同じであることは，生産者から見た農工間相対価格と消費者から見た相対価格が一致していることを意味する．

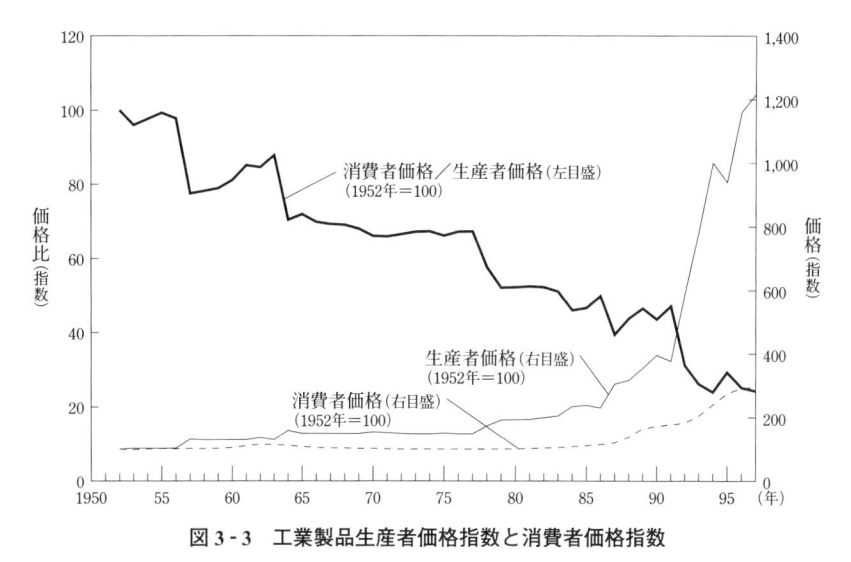

図 3-3　工業製品生産者価格指数と消費者価格指数

注：消費者価格指数は農村工業品小売指数である．
出所：工業品生産者価格指数は劉（1997），消費者価格指数は成（1998）による．

移転に関する分析では，交易条件の内外格差を考慮していないため，この農業に対する課税効果を過小評価している可能性が高い．したがって，中国のようなさまざまな政策介入が存在する場合，資源移転の方向や度合いなどを明らかにするには，自由経済を基準とした国際的な比較分析が必要である．

2　農工間相対価格内外格差の計測

　中国の農産物と工業製品の国内価格と国際価格を比較して，国内農産物価格が国際価格より低いことを検証しようとしたのは Lardy（1983）であったが，彼は個別品目（水稲と化学肥料）しか取り上げておらず，しかも比較対象としているのはインド，タイなどアジアの数ヵ国であるため信憑性は低い（中兼1992）．本章では，より長期的に詳細な品目別の価格データを用いて，産業別の内外価格差，そして農工間相対価格の内外格差を測ることにする．

2.1 データソース

(1) 国内生産者価格

農産物

　国内農産物価格は，おもに『新中国農産品価格40年』（韓・馮 1992）を利用した．この資料は，1949年から1990年までの約50種類の農産物に関する卸売価格および消費者価格を報告している．1990年以降は，『中国物価50年』（成 1998），『物価統計年鑑』各年版を利用した．最終的に26種類の農産物に関する価格系列を作成した．

工業製品

　1985年までの，中国の工業品の生産者価格（工場出荷価格）に関する公刊資料は，重工業品以外には非常に限られたものしか利用できない．劉（1999）は，既存の統計資料と未公表資料を用いて1952年から1997年の工業全体および産業別の生産者（工場出荷）価格指数（35産業224品目）を作成した．本章はこれを利用して，130を超える品目の工業製品生産者価格を集めた．ここでは，劉（1999）が利用したおもな統計資料およびその性格について，簡単に説明する[10]．

　1985年までの重工業品価格については，『価格知識大全』（劉・王・喬 1990）を利用している．同資料は，1950年から1987年までの数百品目（中国語で規格という）にのぼる重工業品に関する価格を報告している．一方，同時期の軽工業品については，いくつかの都市における消費者価格の資料しか利用できない．たとえば，『湖南物価40年』（湖南省物価研究所 1989）では，長沙市，また，『中国物価50年』では，北京市と南京市における軽工業品の消費者価格が掲載されている．ほかに，『上海価格誌』（上海価格誌編纂委員会 1996）には，上海市におけるさまざまな工業品の消費者価格，ならびに工場出荷価格および卸売価格とその推移が報告されている．価格改革までの時期においては，消費者価格と

---

[10] 詳細は劉（1999）を参照．

卸売価格，そして工場出荷価格との間にはかなり密接な関係があること，または，上述の各都市は異なる地域を代表する大都市であること，などの理由により，劉（1999）は入手できる消費者価格の変動率を利用して，この時期の軽工業品の生産者価格を推計した．

なお，中国の国家統計局は1985年以降，工業品に対するサンプル調査をおこない，収集した調査資料に基づいて工業品の工場出荷価格指数を推計している．一橋大学アジア長期経済統計プロジェクト（COE）においてその調査資料（中国国家統計局未公表資料1985〜97年，または1998〜2004年，以下は未公開資料と略）を入手したため，1985年以後の時期については，基本的にそれに依拠している．

以上のデータを利用して長期的系列を作る際，劉（1999）が指摘しているように，計画経済期と改革開放後においては公表データの性格が異なっている点に注意が必要である．計画経済期の中国では，工業製品はその性格によって消費財と生産財に分けられ，前者は「商品」として国営の流通ルートを中心に流通するが，後者は「物資」として，国営の流通ルートさえ経由せずに，政府の指令に基づいて企業へ直接配分されていた．「商品」として流通する消費財については，工場出荷価格と卸売価格，そして消費者価格が存在するが，「物資」として政府によって直接配分される製品については，工場出荷価格しかなく，しかもこれらの統計資料はほとんど公表されなかった．経済改革以降，中国における資源配分の仕組は市場経済に近づいてきた．消費財の流通においては国営の流通ルートだけではなく，民間の流通ルートも利用されるようになった．また，生産財も国家による直接配分から国営，民間の流通ルートを通じて流通するようになった．このような事態を反映して，中国の価格統計も徐々に改善され，一部の消費財については消費者価格およびその指数が，また生産財については工場出荷価格指数が作成され，公表されるようになった．

また，劉（1999）の推計結果からは以下のことを読み取れる．計画経済期においては工業全体の価格水準は比較的安定していたが，これは採掘業や軽工業における価格上昇と，化学関連産業や機械関連産業における価格低下によってもたらされている．従来の研究では，計画経済期の価格は非常に硬直的であるというイメージがあるが，1950年代から60年代中頃までの産業別価格変動を

見ると，必ずしもそうではない．この時期は私営企業などが存在する混合経済であったことが，その一因であると考えられる．文化大革命のような社会動乱中で，政府が十分には機能しなかった時期であった1960年代後半から経済改革までは工業品価格が非常に硬直的であることが分かる．

本章での工業製品に関する生産者価格は，おもに未公開資料を利用するが，長期的系列を作成する際に欠損した品目別データは，劉（1999）の生産者価格（工場出荷価格）指数を利用して推計した．産業平均を算出する際におけるウェイトは劉（1999）を参考にしている．

（2） 国境価格

品目別の国境価格は，おもに『海関統計』に掲載されている1952～64年，1981～2000年の品目別取引数量と価額を利用して計算する．1952～64年のデータは未公開であるが，幸いにも一橋大学アジア長期経済統計プロジェクトがそれを入手したので利用できた．文化大革命期における欠損データの補完（大分類の平均のみ）については，IMFのIFCが報告している途上国の国際価格の動きを参考にして推計した．

計画経済期において重工業部門を優先的に発展させるためには，原材料や資本・設備などを輸入に依存しなくてはならない．建国後，中国の対外貿易政策の中心的な課題は，限られた外貨を用いて，いかにして経済成長の鍵となる資本財の輸入を確保するかにあった．その目的を達成するため，中国政府は輸入代替などの国境措置を設けていた．

1956～79年には対外貿易は政府に独占され，輸出輸入商品の数量および価格は「指令性計画」によって決定されていた．輸出財は経済計画に基づき生産部門から対外貿易部門に供給され，外貿公司により国家の規定する価格で買い上げられた．一方，輸入財については，外貿公司が国家の承認したリストに基づき統一的に対外契約をおこない，国家の規定する価格で国内の最終需要部門に引き渡された．このように輸出財の調達価格と輸入財の配分価格は，いずれも公定価格が適用されていたため，国内価格と国際価格とは分断された状態にあった．また，関税は国家財政の重要な歳入源とみなされており，Lardy（1992）の推計によると，1953～79年の「大躍進」や文化大革命を含む混乱期

の 9 年間は，対外貿易部門の赤字が記録されていたものの，他の年は黒字を維持していた．また，1953〜80 年の期間に，298 億元の関税収入と 163 億元の累積貿易黒字を記録していた．

貿易体制の改革は 1979 年から始まり，1984 年，1988 年と 1990 年代以後，順次実行された．最初の改革では，対外貿易権が国から地方または一部の生産部門に委譲・分散され，中央政府による独占体制が終結した．1980 年代の改革では，「政企分離」(行政と企業経営とが分離) し，貿易業務の代理制を発足させ，1980 年代後半には貿易請負制を実施した．この改革によって独立採算が可能となり，外貿公司の赤字や財政補填分が削減され，1991 年には輸出補助制を廃止することに成功した．結果的に，生産部門と対外貿易部門との間に密接な関係が構築され，国際市場における価格変化や供給の変化に対して，国内の生産部門が敏感に反応するようになった．しかし，人民元の為替レートは固定され，貿易における交換性が保証されなかったため，1980 年代には内外価格差が縮小したものの，1990 年代に入るとふたたび価格差が広がり，輸出に伴う赤字も増大した．

以上のように対外貿易の改革は，第一段階 (1979〜87 年)：貿易経営の分権化，第二段階 (1988〜91 年)：請負経営責任制の実施，第三段階 (1992 年以降)：損益自己負担制への移行，という三段階に分けることができる．貿易によって生じた損益がすべて国家に帰属するといった「親方日の丸」的な経営体質に浸っていた貿易企業を，いきなり市場経済の中に放り出すことなく，まず貿易の経営権を分割して多くの企業に貿易権を与え，請負制によって徐々に経営における自己責任の意識を植えつけ，その後に本格的な損益を自己負担するように向かわせるというところに，漸進主義の特徴が顕著に現れているといえよう．このような貿易体制の漸進主義的改革による成果として，対外貿易の拡大，外資導入の増大を挙げることができる．またこれらの成果が，中国国内の経済構造の変化を促し，経済成長を促進させ，中国経済の近代化，国際化達成に向けて大きな役割を果たしている[11]．

---

11) 対外貿易体制の改革について，詳細は大橋 (2003) を参照．

図 3-4　産業別内外価格差

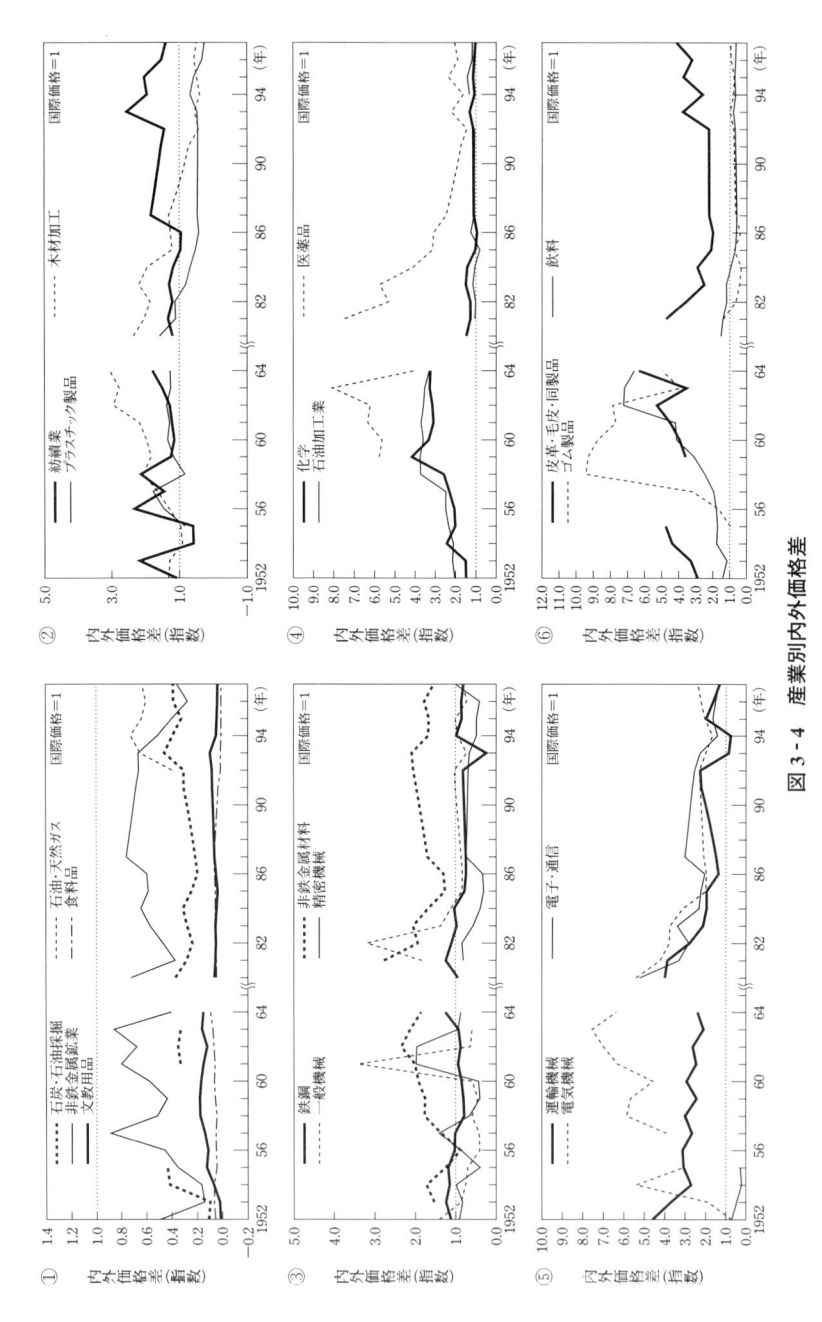

出所：本文参照。

2.2　産業別内外価格差

上述したデータを用いて，実際に産業別の内外価格差を計測した結果は，図3-4 で報告している．これより，以下のような特徴があることが分かる．

- 農産物，一次製品・原料などの国内価格は国際市場価格より大幅に安い．

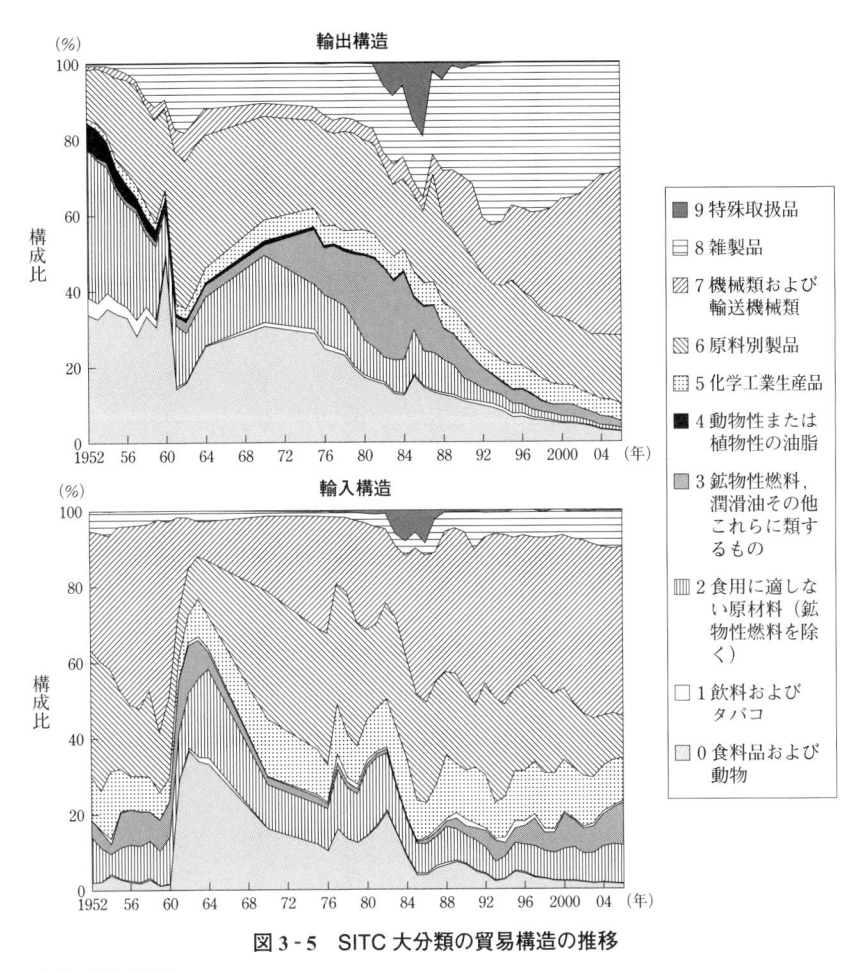

図 3-5　SITC 大分類の貿易構造の推移

出所：深尾（2009）．

- 化学,機械類の国内価格は国際市場価格より大幅に高い.
- 内外価格差がほとんどない品目は,アパレル,雑品などである.
- 終戦後から 1950 年代において,内外価格差は小さい.
- 計画経済が始まった 1955 年から改革開放が始まる 1984 年の期間において,内外価格差は最も大きい.
- 改革開放以降,1994 年まで内外価格差は低下していたが,1994 年の人民元の切り下げによりふたたび拡大する傾向が見られる.

　このような産業別内外価格差の変化は,中国の貿易政策の変遷と,それに伴う貿易構造の変化を反映していると考えられる.図3-5 で示されている中国の貿易構造の推移から,この点を確認してみる.まず,輸出構成を見ると,1950 年代前半には食料品や原材料を輸出していたが,次第に原材料に一定の加工を施した原料別製品の輸出を増やし,1960 年代に入ると現在でも最大の輸出品目である雑製品(アパレル,履物,玩具など労働集約的な財)の輸出が増えていることが分かる.また,輸入構成を見れば,1960 年代前半などの一時期を除き一貫して機械類が最大のシェアを占めており,いわゆる重工業化発展戦略に応じて,政府は資本財の輸入を早くから優先していたことを示している.このような貿易政策を反映して,国内における輸出財の価格は低く,輸入財の価格は高いことが分かる[12].

　強調しておきたいのは,戦後から 1957 年まで,そして 1984 年以降の時期においては,経済自由化の程度が相対的に高く,政府による価格介入の程度は小さいため,内外価格差は小さくなっていることである.

2.3　農工間相対価格の内外格差と間接課税

　図 3-6 は,農工間相対価格の国際価格からの乖離を示している.それによれば,戦後の回復期から 1960 年の大飢饉までの私営企業などが存在していた混合経済期,または全面的な改革開放(とくに価格改革)後の 1985 年以降では,農工間相対価格の内外格差は縮小し,計画経済期では拡大する傾向が観察され

---

[12]　貿易構造の変化の詳細については,第 2 章および深尾・岳・清田(2004)を参照.

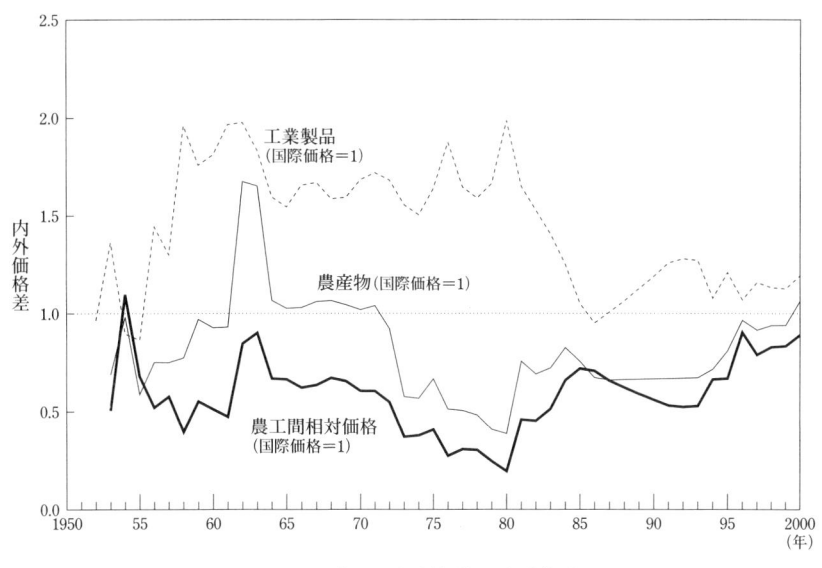

図3-6　農工間相対価格の内外格差

出所：本文参照．

る．

　前述したように，標準的な国際貿易理論によれば，自由開放小国の場合，国内価格が国際価格と等しくなるはずである[13]．この場合の生産要素の配分は，最も効率的である．したがって，何らかの介入が存在する場合は，資源配分上の歪みが生じる．つまり，ある産業における生産物の，国内価格と国際価格との乖離の程度は，その産業に対する課税（補助）の指標になる．Schiff and Valdes（1992）は，国内農工相対価格と国際相対価格との乖離度を，農業に対する間接的課税率として定義し，発展途上国を対象とした分析をおこなっている．その結果，ほとんどの途上国において農工間相対価格内外格差による農業に対する間接的課税効果は大きかったと指摘している．とくに，直接的に農産物価格に介入しなくても，工業品に対する価格保護などによって農業に対する間接的な課税効果を与え得ると強調した．

---

[13] 国際貿易理論の標準テキストとして，Richard and Jones（1985），および Richard, Frankel and Jones（1996）を参照できる．

国際価格を基準とした農業に対する間接課税率は，以下のように定義する．総課税率は

$$t = NPR_D + NPR_I = \frac{\dfrac{P_A^*}{P_M^*} - \dfrac{P_A}{P_M}}{\dfrac{P_A^*}{P_M^*}} = \frac{p^* - p}{p^*} \qquad (3\text{-}2)$$

ただし，P_i = 国内生産者価格，P_i^* = 国境価格（国際価格）である．i（$=A, M$）は生産部門を表す添え字である[14]．

計画経済期における中国のような中央集権的な社会体制下での政策介入の程度は他の途上国より大であり，それを反映して内外価格差の程度も大きくなると考えられる．表3-2は，Schiff and Valdes（1992）が計算した14ヵ国の農業に対する課税率と図3-6に基づいて計算した中国のそれとの比較である．それを見れば，確かに中国の場合は農業に対する課税率が他の途上国より大きいことが分かる．図3-6で示しているように，1970年代以降，課税率が最大で8割近い時期があることが明らかである．それは，中国の計画経済期における輸入代替工業化政策や国内価格規制の強度を反映している．

また長期的に見ても，政策介入の程度が小さい1950年代と改革開放以降の時期において内外格差が縮小する傾向が見られる．つまり，自由経済の場合は内外格差が解消するとの理論含意と本節の実証結果が整合的であることは明らかである．

---

14) この総課税率は，次のように農産物価格に対する直接介入による直接効果と農産物以外の生産財価格に対する介入により農業部門に与える間接効果に分けられる．

直接効果 $NPR_D = \left(\dfrac{P_A}{P_M} - \dfrac{P_A^*}{P_M^*}\right) \Big/ \dfrac{P_A^*}{P_M^*}$, 間接効果 $NPR_I = \left(\dfrac{P_A^*}{P_M} - \dfrac{P_A^*}{P_M^*}\right) \Big/ \dfrac{P_A^*}{P_M^*}$

つまり，直接課税率 NPR_D は，貿易財（農産品）に対する価格規制，輸出税，数量規制および他部門に対する政策の農産物国内価格への直接的な影響を表す指標である．また，間接課税率 NPR_I は，非農産品への補助金，政策金融，および輸入競争財の保護（数量割当と関税）を含む，農業と無関係な目的で導入された政策が，農産品国内価格に与える間接的な影響を表す指標である．

佐々波・浦田・河井（1995）は，日本の内外価格差について同様の分析をおこなっている．ただし，本書での保護率あるいは課税率は対象とする両部門間の相対価格（交易条件）に着目しているが，佐々波ほかの名目保護率は本書での直接保護率に相当するものである．

表 3-2 相対価格内外格差による農業課税率の国際比較

(%)

年	1957〜84	1985〜97
中国	48.2	33.7

(%)

年	1960〜72	1976〜84
韓国	-0.8	-77.5
マレーシア	17.4	17.6
フィリピン	15.5	37.6
タイ	47.3	35.4
パキスタン	22.3	57.7
スリランカ	37.0	37.4
アルゼンチン	41.8	44.7
ブラジル	62.6	18.7
チリ	29.3	4.0
コロンビア	26.6	32.3
ドミニカ共和国	50.1	29.7
コードジボアール	49.7	74.1
ガーナ	70.6	32.9
ザンビア	34.7	71.7

注:プラスは課税,マイナスは補助を表す.
出所:中国は図3-6により計算,他の諸国はSchiff and Valdes (1992) による.

3 農工間資源移転の経済分析

　低開発の農業国では工業化を促進するために,いかにして工業化資金を調達するかは,開発政策の最も大きな課題である.経済発展の初期段階において,資本財は相対的に希少なはずである.とくに中国の場合は戦前から一貫して,農業部門の成長は緩慢であったにもかかわらず,戦後の中国政府が大量な資源を工業部門に投入し,工業部門を大きく成長させた.図3-7は,工業部門への設備投資が名目GDPに占める割合を示している.これによると,工業部門の高成長は,巨大な設備投資に依存していたことが分かる.要するに,戦後の冷戦体制,中ソ関係の悪化によって,外国援助に頼れない状態で,この巨大な資金力,いわゆる資本形成の源泉がどこから生み出されたのか.本節はこれに答えるために,国家財政を分析することによって,政府がどのようにして資金を

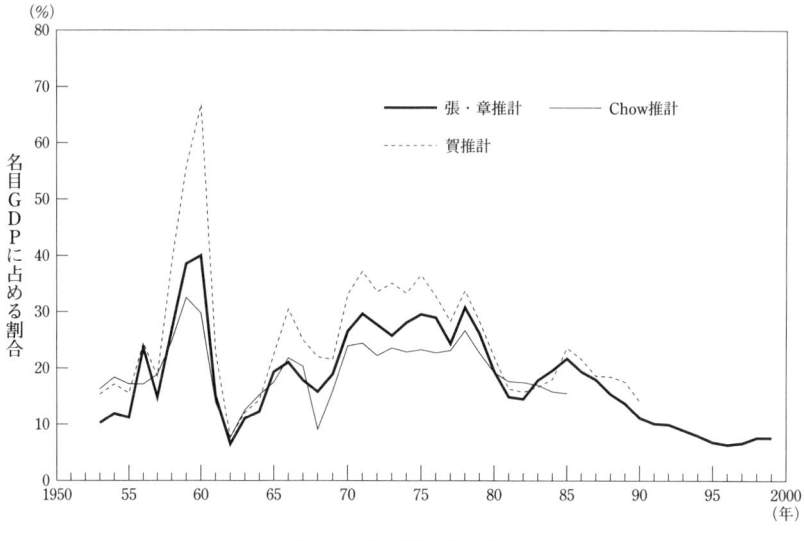

図 3-7　工業部門の設備投資対名目 GDP 比率

注：資本減耗を引いたネットの値．
出所：張・章 (2003)，Chow (1993)，賀 (1992)．

調達し，再分配したのかを明らかにする．

3.1　財政収入と直接課税

　国内総生産に，海外からの純所得を加算し，減価償却を控除したものが国民所得である．国民所得は，投資と消費，政府支出などに分けられる．そのうち，投資は①生産拡大，すなわち生産的基本建設投資，企業流動資本の増加支出（国家予算の銀行貸付増加を含む），②非生産性基本建設，すなわち国防，行政，文教福利などの基本建設投資，③国家物質備蓄として用いられる．他方，消費は政府および国民の物質的，文化的生活に対する需要，すなわち公用経費および人件費に用いられる．社会主義的蓄積は，この国民所得の分配を通じて形成されており，財政収入および財政支出の形でおこなわれている．

　ここで，国家財政の収入構成を見てみよう．1950 年代以降の財政収入項目は，若干の変更が加えられてはいるものの，基本的にはほぼ次のようになる．

①各項税収：工商業税，農業税，関税・塩税，その他．
②企業収入：国営企業の利潤上納，減価償却費の納入，固定資産の売却収入，余剰流動資金の返却，各種事業収入．
③信貸保険収入：国債収入（1959年以後改革開放までは見られない），対外借款収入（1958年以後，1979年までの期間においては見られない），保険収入（1957年以後，中国人民保険公司は国内業務を停止していたが，1980年から業務を再開している）．
④その他収入．

ただし，1985年の「利改税」改革以後は，「企業収入」は徐々に「税収」の形態に統一されていった．

図3-8は財政収入構成の推移を示している．「各項税収」は，全期間にわたって最大の割合を占めている．さらに，その内訳を見れば，まず，「工商業税」は改革開放まで財政収入の4割前後で横ばいであり，継続して主たる地位を占めている．一方，建国以前，各解放区の財政収入において確たる地位を保ってきた「農業税」は，建国以降，工商業が発展したこともあって副次的な地位を占めるに至った．さらに，1953年以後，毎年の農業税の徴収額が30～35億元程度の水準に固定化されたため，税収合計に占める比重は漸次減少する傾向にある．「企業収入」は，建国初期において全税収の1割程度であったが，1956年に社会主義的改造が達成されると，平均5割以上に飛躍的に拡大した[15]．なお「企業収入」は，1985年の「利改税」改革以後，漸次「工商業税」および新たに増設した「企業所得税」へ統一された．

1958年に，人民公社が設立され，農業税および農村工商業税の大部分は，この集団経済を単位として納入されるようになった．これによって，改革開放までは国有経済部門と人民公社の2要素からの納入総額が，国家財政収入の97～99％を占めていた．

---

15) 南部（1981）が指摘しているように，建国初期において，非計画的経済要素による国家財政収入への貢献度は高く，約66％を占めていた．ところが，1956年に社会主義的改造が達成されると，この部分の比重は15％程度に低下している．これに代わって，(1) 利潤上納（企業収入），(2) 工商税が，国家財政に対して大きく貢献するようになった．

114　第II部　部門間資源配分

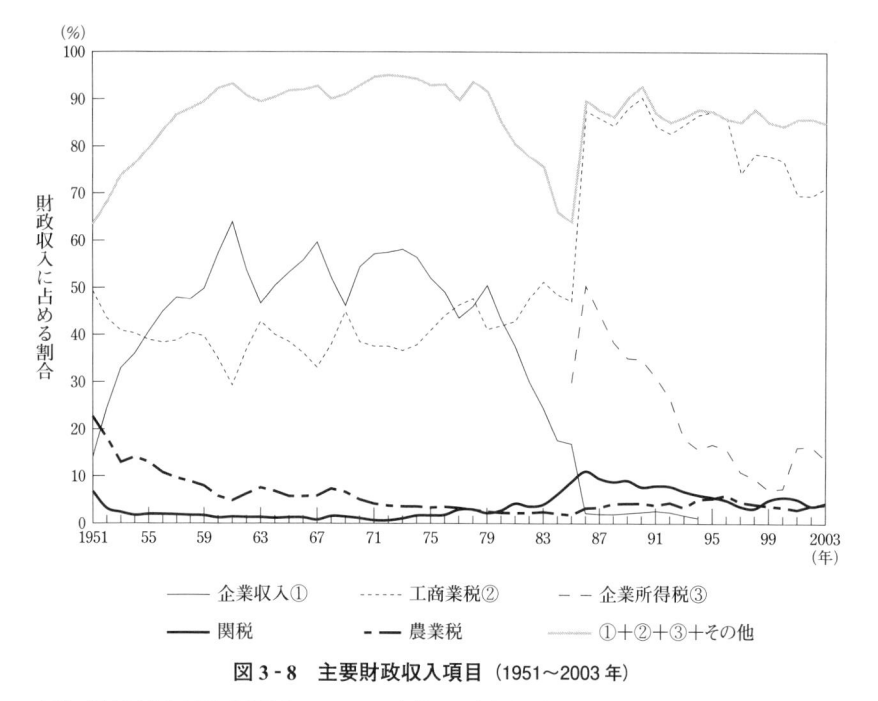

図3-8　主要財政収入項目（1951〜2003年）

凡例：企業収入①　工商業税②　企業所得税③　関税　農業税　①＋②＋③＋その他

出所：『中国固定資産投資統計数典：1950〜2000』『中国固定資産投資統計年鑑』各年版．

　民国時代に，中央財政収入の50〜70％を占めていた「関税」と「塩税」の2種の税収は，計画経済期以後においては低下し続けた．改革開放後の1980年代前半には大幅に上昇したが，その後ふたたび低下傾向を示している[16]．

　図3-9は，農業，軽工業および重工業部門の財政収入に対する貢献度（財政総収入に占める割合）の推移を示している．

　これによると，軽工業部門が中国の財政収入に占める割合が非常に大きかったということが分かる．1950年は約22％，その後改革開放までは3割以上を占めている．改革開放後においても，25％前後である．また，重工業部門の割合は1962年以降において軽工業部門を上回り，改革開放に至るまでほぼ45

---

[16] また，信貸保険収入について見てみれば，1955年までは，「信貸保険収入」項目に国家公債，対外借款および保険収入が含まれていたが，1956年以後，「保険収入」なる言葉は除去されて，「債務収入」あるいは「借款収入」という用語が使われるようになった．

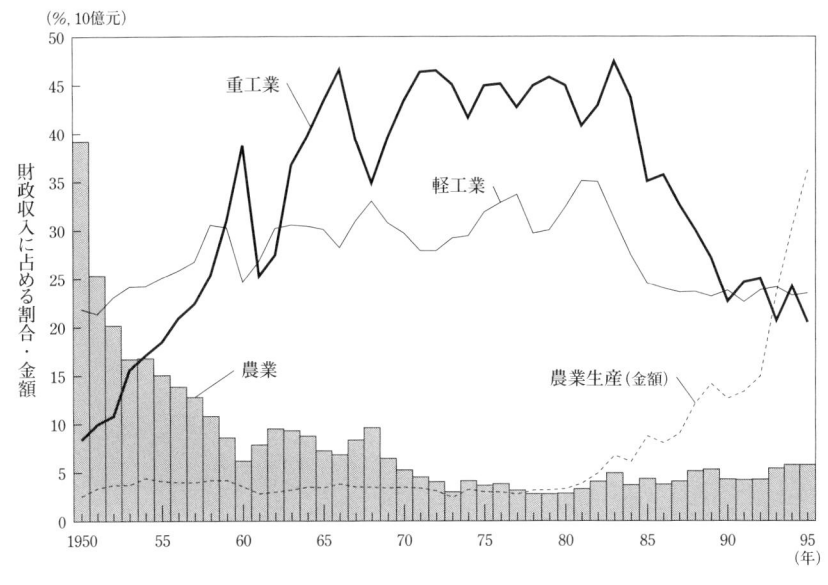

第3章　価格政策と資源移転　　115

図3-9　農業および軽・重工業部門の財政収入への貢献

出所：『中国統計年鑑』各年版．

％を占めていたが，改革開放後は大幅に低下し，1995年には約2割になっている．農業については，図3-9に示されるように，建国初期において貢献度が非常に大きかったが，その後漸次低下し，1970年代以後は約5％程度となった[17]．

3.2　財政支出と二次配分

次に，財政支出について見ていきたい．支出項目は基本的に次の通りである．

---

17) 計画経済期における農業部門は，おもとして集団経済によって占められているため，国家はこの部門からの税収形態を通じてのみ財政（財税）資金を獲得することが可能であった（ただし，一部は公債によって吸収される場合もあった）．しかし，この部門の財政負担も年々減少する傾向にある．これは，まず第一に，農業税は，1953年以来負担の固定化および「増産不増税」（増産しても増税しないこと）の政策がとられていること，第二に，農業生産活動を支援して，農業生産の発展を促すための課税措置，たとえば農業税の優待減免および農業生産用生産手段に対する低率課税，減免税の措置がとられていること，第三に，農業の社隊企業に対する工商税および工商業所得税の優遇措置がとられていたことによるものと考えられる．

第Ⅱ部　部門間資源配分

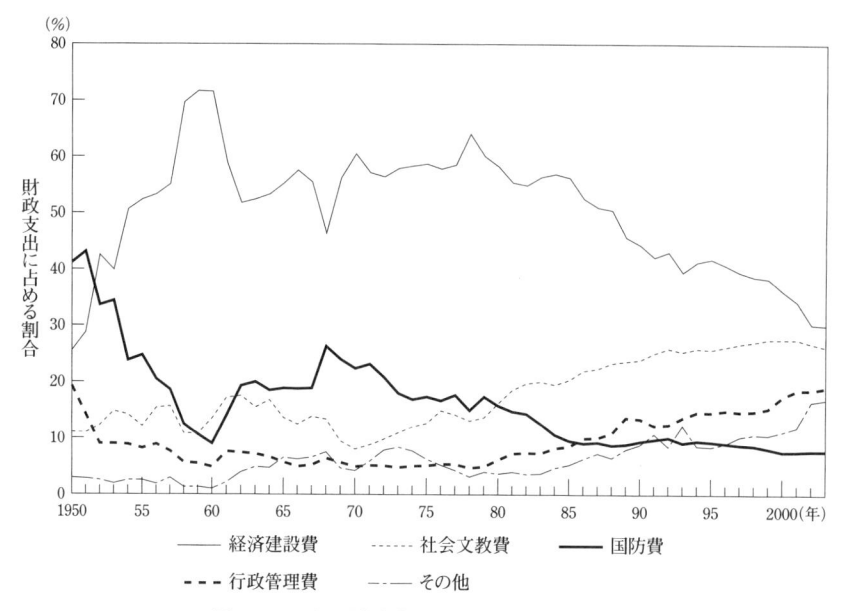

図 3-10　主要財政支出項目（1951〜2003 年）

出所：同図 3-8.

①経済建設費：工業・農業・交通通信・都市公用事業・その他の部門への支出
②社会文教費：文化・教育・科学・衛生・救済などへの支出
③国防費
④行政管理費
⑤その他：債務償還費，対外援助費，銀行信貸資金増加支出，予備費の各支出

　図 3-10 で示されているように，「経済建設費」は，長期にわたって，財政支出の最大割合を占めている．1950〜51 年には「国防費」が最大の支出項目となっていたが，1952〜80 年の期間に一時を除いて第2位となり，その後は「社会文教費」がそれを上回り第2位になっている．ここでの「社会文教費」は「経済建設費」とともに「国家建設支出」とみなされ，国民経済の強化や発展

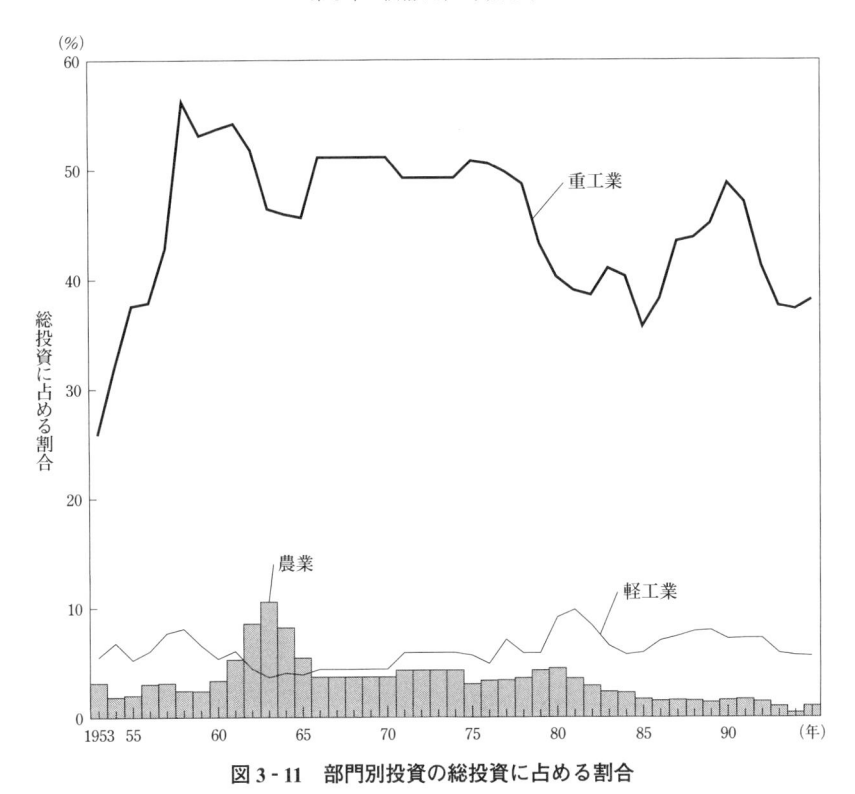

第3章　価格政策と資源移転　　　117

図 3-11　部門別投資の総投資に占める割合

出所:『中国固定資産投資統計年鑑 1950-1995』．1966〜70 年および 1971〜74 年は平均値．

に欠かすことのできない項目であった．

　一方，政府は，財政収入として集まった資金の多くを投資に回す．それは，「経済建設費」のうち「基本建設投資」項目で表されている．図 3-11 は，農業，軽・重工業部門への「基本建設投資」額の総「基本建設投資」額に占める割合の推移を示している．これによると，建国後の長期間にわたって工業部門が圧倒的な高比率を示しているのに対して，農業部門は，「大飢饉」の僅かの期間を除けば，非常に低い比率で推移していることが分かる．

　なお，工業部門への投資の主たる部分が重工業部門へ投入され，軽工業への資本投入は全期間にわたって平均 1 割にも至らず，それほど重視されなかったことは明らかである．このような，投資と「上納」の格差は，軽工業部門に対

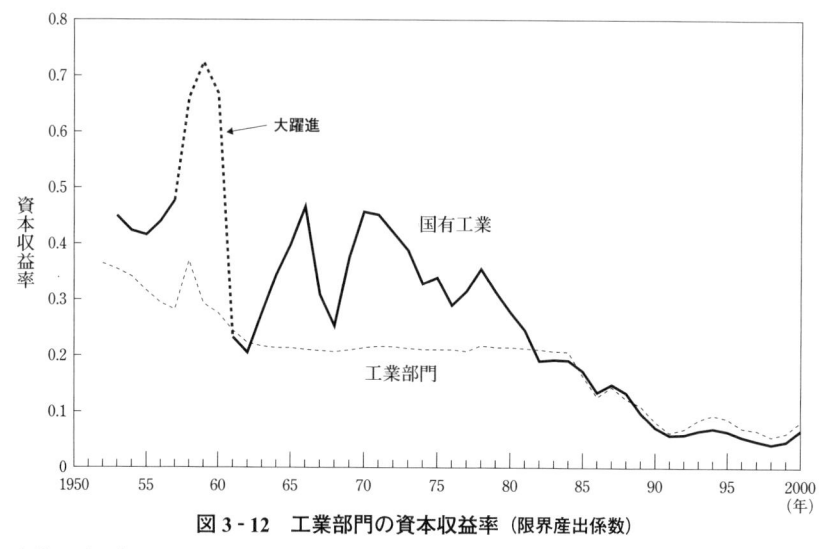

図 3-12　工業部門の資本収益率（限界産出係数）

出所：国有工業部門の1953〜78年は王（1993），工業部門の1952〜81年はChow（1993），その他の期間は，蔣・任（2004）による．

する大きな直接課税効果を与える．投資が少なかったことにより，軽工業部門は長い間立ち遅れた状態に置かれ，国民経済の隘路となっていた．こうした事情から，1978年以降，軽工業の見直しがしきりに強調された．国営企業を中心とする重工業部門が，計画経済期において資本蓄積に大きく貢献したことは否定できないが，これまで見てきたように，国家からの重工業部門に対する投資額も巨大なものである．財政収入に対する貢献度と，国家からの投資額とを比較した場合，重工業部門に属する国有企業の投資効率はかなり低かったのではないかという疑いが生じる．確かに，図3-12を見ると中国工業部門の資本収益率は1978年までは高く見られたが，その後は低下しつつあることが分かる[18]．

以上見てきたように，政府は財政収支制度を通じて各生産部門から資金を調

---

[18] その要因としては，(1) 技術・経営管理水準が低いほか，産業部門間のバランスの不均衡などにより，資本の利用効率が悪いこと，すなわち設備の稼動率が低いこと，(2) 投資の中に占める在庫投資の割合が高いこと，(3) インフラストラクチュアが極端に不足しているため，輸送，通信など，生産増加に直接結びつかない多額の投資をおこなう必要があること，などを指摘できる．

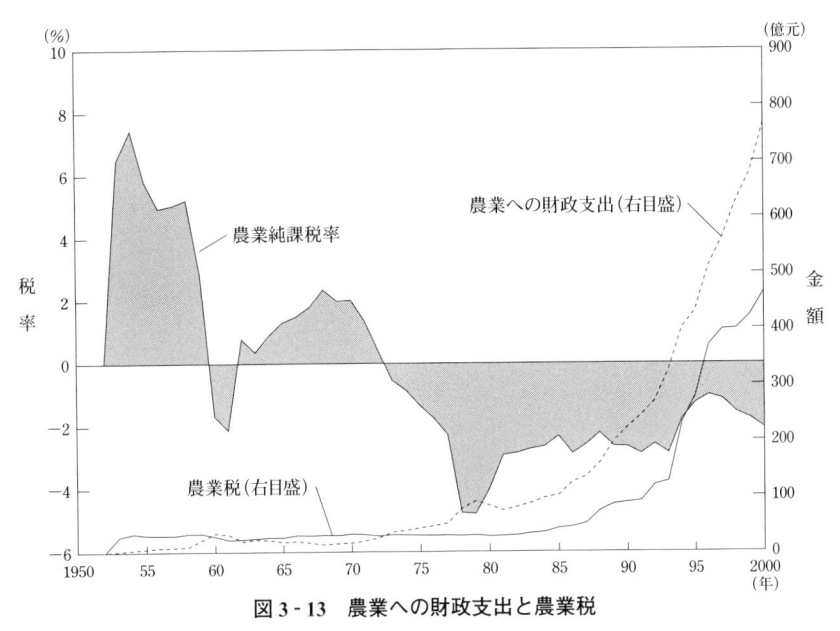

第3章 価格政策と資源移転　119

図3-13　農業への財政支出と農業税

注：農業純課税率＝(農業税−農業への財政支出)÷農業生産高×100%．
出所：楼（2000）

達し，またこれらの資金を各部門に対して二次配分している．つまり，各部門が「税金」や「企業収入」の形で産出の一部を政府に「上納」し，また政府から「投資」や「支援」の形で「補助」を受ける．このような「上納」と「補助」の間に生じる「差額」は，各部門に対する直接純課税とみなすことができる．よって，農業税[19]と農業への財政支出の格差を農業生産高で割れば，直接農業純課税率を算出することができる．これは，図3-13に示されている．

これによると，一見して農業部門に対する直接課税率は低いものであり，中国における資本形成は工業部門（とくに，軽工業部門）によってその大部分が実現されている．しかし，第2節での分析から分かるように，国内価格が国際価格から乖離する場合には，農業部門と工業部門間における資源移転問題が発生する．このとき生じる間接的な課税効果については，十分に検討する必要があ

---

[19]　本章での農業税とは農牧業税の総額である．それは狭義的農業税（地租に相当），契税─不動産登録税，耕地占用税および農林業特産税（1994年以降農業特産税）を含む広義的農業税である．

る.とくに農業税の支払いは長期にわたって現物による支払いが主であった[20].
つまり,産出量に占める一定の割合を税金として上納していた.すでに説明したように,農産物の価格が歪曲されている場合には,金額で示されている直接課税率は自由経済を基準とした場合の「真」の課税率を正確には反映しない.たとえば,国内農産物価格が国際農産物価格より低い場合は,国内農産物に対する課税率が過小評価されてしまう.同様に,工業製品の国内価格が国際価格より高く設定されている場合は,工業部門に対する課税率が過大評価されることになる.

中国政府の公式見解では,とくに改革開放以降において,農業は政策的に支持(保護)されていた,ということになっている.それは,おもに肥料や農業機械などの価格優遇,農業への補助金などを根拠としている.実際,図3-13で示されているように,大飢饉の1959〜61年,および1970年代以降においては農業に対する財政支出は直接的な農業税より大きく,農業税率は-2〜-4%という負の課税率(つまり財政補助)であったことが分かる.しかし,すでに説明したように,農産物と工業製品の価格規制や輸入代替政策などによる工業保護(優先)は,直接的な農業税より大きな間接課税効果を生じさせる場合がある.

3.3 資本形成の資金提供者の比較

工業化の資金提供元を明らかにすることは,開発経済学における基本問題の一つである(石川1990).これまでの分析は,農工間交易条件の内外格差は,見えない形で資源を農業から工業へ流出し,工業化の重要な資金を提供していたことを確認した.しかし,農業部門の貯蓄が十分でない場合には,商業および手工業が工業化の資金提供元になる,という日本の経験から,中国の経済成長の初期段階における工業化のための資金は農業よりは,むしろ工業部門内部の貯蓄に依存しているのではないかとの考えもある(中兼1992).すでに見てきたように,改革開放までの中国工業発展は,重工業中心であった.農工間と

---

[20] 現物の種類は,食糧の他に油料作物,綿花などを含んでいる.1985年,農産物統一買上制度の改革に対応して政府は農業税の金納化を決定したが,この金納は『農業税条例』が規定している平均生産量に基づく計算の基礎を改変するものではない.詳細は山本(1999)を参照.

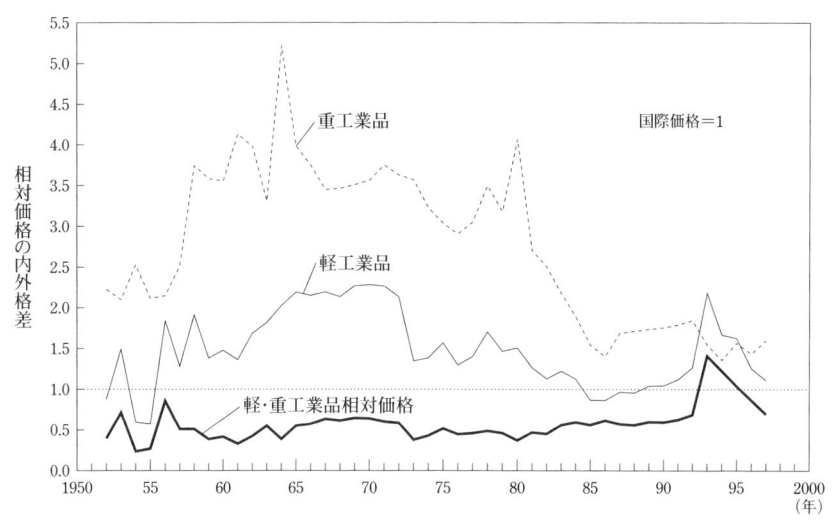

第3章 価格政策と資源移転 121

図3-14 軽・重工業部門間相対価格の内外格差

出所：本文参照．

同様に，工業内部においては，重・軽工業間の交易条件の内外価格差により，軽工業は重工業の優先発展に貢献したかを，さらに検討する必要がある．この点を明らかにするため，まず，工業部門を重工業（資本・技術集約）と軽工業（労働集約）の二部門に分けて，各々の内外価格差を考察してみる．

図3-14で示しているように，軽工業品についての一部の時期を除いて全期間において重工業品，軽工業品の両価格ともに国際的な市場価格より高くなっている．興味深いのは，工業製品に対する価格規制を緩和した1980年代後半に，軽工業製品の国内価格が高騰している点である．これは，日常生活に関わる軽工業製品の需給関係を反映している．1994年の人民元切り下げに伴って，軽工業製品価格の内外格差は縮小し，重工業製品の価格はふたたび上昇していったことも観察される．全期間を見れば，1990年代前半の一時期を除けば，重工業品の国際価格との乖離は軽工業品よりも大きいことから，重工業の発展に関わる資金調達の一部は軽工業部門からおこなわれていたことが明らかだろう．また，重工業化政策により資源が化学や鉄鋼業などの生産財の生産部門へ投入されていたため，工業内部のみで見た場合は，軽工業部門に対する課税が

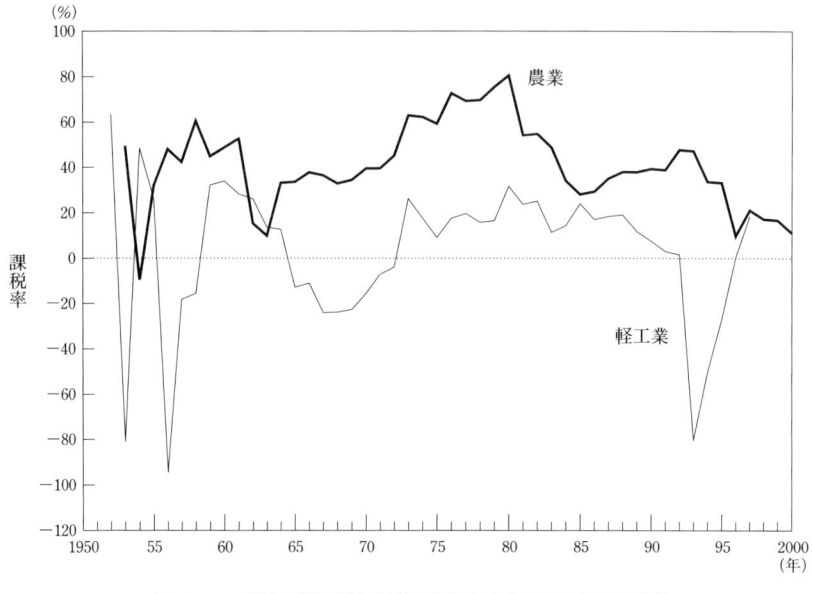

図 3-15　軽工業部門と農業部門に対する課税率の比較

注：課税率は，(1−相対価格内外比)×100 と定義している．マイナスは補助を表す．
出所：本文参照．

大きいことが分かった．

　では資本形成への貢献において，農業と軽工業の機能はどのような差異を持っていたのであろうか．経済成長の初期段階における，資本形成のおもな資金源泉は農業であったのか，それとも軽工業であったのかという問題に回答するため，ここでは農業と非農業（工業）の相対価格内外格差（農業に対する課税率）と，軽工業と非軽工業（重工業＋農業）の相対価格内外格差（軽工業部門に対する課税率）を直接比較してみる．

　図 3-15 によると，軽工業部門は 1952，1954〜55，1959〜64 年と 1973〜91 年，96 年以降の期間は課税されていたが，その他の期間においては保護されていたことが分かる．とくに改革開放以降から，1994 年の元が大幅に切り下げられるまでの期間においては，軽工業部門は間接的に大きな補助を受けている．また，軽工業部門が課税されている時期においても，その課税率は農業部門よりかなり低い．つまり，中国の場合は，工業化の資金調達における農業の貢献

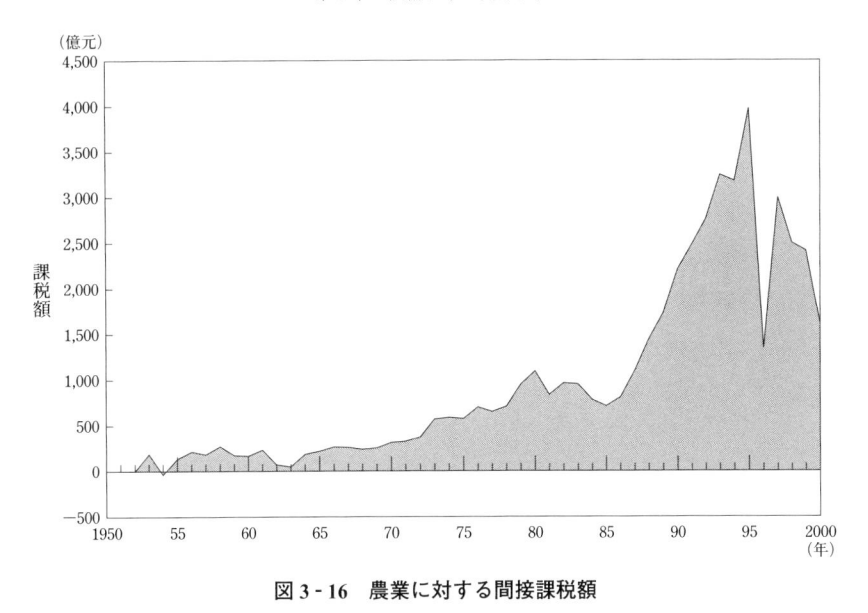

第3章　価格政策と資源移転　　　　　　　　　　　　　　　123

図3-16　農業に対する間接課税額

注：計算式：$T = Y_A \times t$　ただし，T，Y_A，tはそれぞれ間接課税額，農業産出額，(3-2)式で定義される間接課税率である．
出所：農業産出額は『中国統計年鑑』各年版．

度は軽工業部門と比較すると，長期的に見ても非常に高く，とくに計画経済期において，その貢献度が高かった．

近年，工業部門自体の成長や農村工業部門の拡大によって，労働集約的な産業からの資本形成原資の調達が重要になりつつあるが，農産品に関する国内価格と国際価格の乖離に起因する農業部門に対する課税は改革開放後もなくなってはおらず，1990年代に入っても課税率は平均で30％以上となっている．中国政府は直接農業税を廃止することを公式に宣言したが，これまでの分析から分かるように，直接的課税は内外価格の乖離による間接的な課税と比べて無視できるほどに小さいものである（図3-13, 16を参照）．

おわりに

本章では，政府の介入により国内農工間交易条件（相対価格）が国際価格で

のそれよりも悪化すると，農業部門からの所得移転が発生し，農業部門に対する課税と同じ効果が生じることを説明した．さらに，1950年代から最近までの時期において，160品目におよぶ貿易財の国内生産者価格と国境価格の推計データを用いて農工間相対価格の内外格差を測り，長期にわたる部門間資源移転の方向や程度について実証をおこなった．結果としては，多少なりとも市場経済が機能していた1950年代と改革開放直後の市場経済への移行期においては農工間相対価格の内外格差が縮小したのに対して，1960年代半ばから改革開放までの計画経済期にはそれが拡大したことが明らかになった．この結果は，国内価格に基づいた先行研究（石川 1966, 1990，中兼 1982, 1992，山本 1999）とは異なる含意を持つ．その含意とは，計画経済期における重工業化を中心とする開発政策は農業そして軽工業部門に大きな課税効果を与え，Schiff and Valdes (1992) が示した他の途上国と同様に，経済成長の初期段階における中国の資本形成は農業の犠牲の上に成立していたのであり，その度合いは他の国より大きかった，というものである．

　最近中国の政府当局や経済学者の間では，農村・農業問題，とくに農村の貧困問題についての議論が盛んにおこなわれている．政府は直接的な農業税を廃止する政策を打ち出し，それにより農村の貧困問題を解消しようとする姿勢を見せている．しかし，本章の分析により，改革開放以前の時期における重工業化政策によって農業に巨大な負担をかけていたのは，直接的な農業税ではなく，農工間相対価格に対する政府の介入であったことが分かった．また労働市場の二重構造は，部門間賃金格差の原因となり，農工間交易条件の国際市場水準からの乖離・悪化をもたらし，農業部門に大きな犠牲を強いていた．改革開放以後の中国では農村における所得や賃金水準が都市に比べて著しく低く，農村から都市への労働移動圧力が常に存在していたにもかかわらず，労働移動はきわめて限定的にしか許されてこなかった．このような都市と農村の間の労働移動に対する政策的・非政策的な妨害は，工業発展の農村の賃金率上昇を促す効果を減じることになり，国際基準と比べた農工間相対価格を悪化させる可能性がある．言い換えると，労働市場の不完備や，労働力の自由移動に対する政府の介入などは農業部門を犠牲にし，農村貧困問題の根源となっていると考えられる．図3-16で示されているように，改革開放以後の時期においても毎年農業

から工業への間接的な所得移転量が非常に大である．この意味では，農業に対する負担を軽減するために，直接的な農業税を軽減・廃止するだけではなく，農工間相対価格の内外格差を温存する政策を放棄し，産業構造の歪みを生み出す原因を追究・是正しなければならないのである．

第 4 章　要素市場の分断と物価水準の長期推移（1952～2000 年）
―― 2 部門（貿易財・非貿易財）モデルによる分析 ――

はじめに

　1980 年代半ば以降の約 30 年間における経済成長に伴って，中国の対外貿易は急速に拡大してきた．しかし，2000 年以後の経常収支の不均衡などを契機に，日米を中心に人民元の切り上げをめぐって激しい論争が起こっている．たとえば，財務省の元財務官である黒田東彦は，過去 10 年間為替レートが固定されている間に中国経済は年平均 9％ の高成長を遂げたことから，その間の物価動向を考慮しても人民元はかなり過小評価されているはずだと指摘している（Kuroda and Kawai 2002, Kuroda 2003, 黒田 2004）．この主張の根拠は，バラッサ＝サミュエルソン効果に基づいていると思われる[1]．

　バラッサ＝サミュエルソン効果の基本的な考えは以下の通りである．まず，一国の物価水準は，消費支出に占める貿易財と非貿易財の支出シェアをウェイトとした両財の価格の加重平均であると定義する．貿易財価格が，国際商品取引を通じて内外均等化するため，物価水準の内外比は，非貿易財価格の内外格差によって説明できる．非貿易財が資本と労働を用いて生産され，その価格は生産要素の価格によって決定される．さらに，資本は国内外・産業間の移動が

---

[1]　人民元を切り上げるべきと主張する根拠としては，他にも 1) 貿易収支黒字の対 GDP 比率が大きい，2) 外貨準備率の急増，3) ドルペッグ通貨制度などがある．これらの根拠に対して，伊藤 (2003) や白井 (2004) らは，中国の経常収支の黒字が目立って上昇しておらず，また外貨準備率の急増の原因は FDI などの資本流入によるものであるなどの理由から，人民元を切り上げるべきではないと反論している．また，Eichengreen (2003) は，人民元のドルペッグを放棄し変動相場制を採用すべきだと主張したが，Krugman (2003) は，人民元の切り上げは経済学的な意味がなく，ドルペッグ制を放棄することはアメリカ自身の国益にならないと主張している．Rogoff (2003) は，中国や貿易相手国の輸出構造に着目し，中国がデフレを輸出しているとの主張が，経済学的な根拠を欠いていると議論している．

自由であるが，労働は国内産業間においてのみ自由に移動できると仮定する．一般に貿易財は工業製品，非貿易財はサービスであるとすれば，非貿易財と比べて貿易財の方がより資本集約的であり，労働分配率は低いと考えられる．貿易財生産部門の技術進歩は資本の限界生産性の上昇をもたらすため，自国が小国開放経済である場合，国外から資本が流入し，国内の資本装備率は上昇する．その結果，相対的に稀少となる労働の価格（つまり賃金）が上昇し，労働力をより集約的に用いる非貿易財の価格が高くなる．仮に，外国の状況が一定であり，貿易財産業における技術進歩が非貿易財産業の技術進歩を上回っているとすると，自国の非貿易財の貿易財に対する相対価格は上昇し，貿易財の内外価格差がさほど大きくなければ，自国の物価水準は外国と比較して高くなる．換言すると，貿易財産業における生産性上昇の内外格差が非貿易財産業における生産性上昇の内外格差よりも大きいならば，市場為替レートで計算した絶対物価の内外比は上昇することになる．

　注意すべきなのは，バラッサ＝サミュエルソン効果が成り立つ重要な前提条件としては，生産要素が少なくとも国内産業間を自由に移動できるということが必要だということである．結論を先取りしていえば，もし労働市場が分断され，部門間労働移動が不完全であると，たとえ貿易財部門の生産性上昇に伴い賃金が上昇しても，その効果は非貿易財部門の賃金へはおよばない可能性がある．たとえば，中国政府は長期にわたって労働力の自由移動を厳しく規制していた．現在でもなお，農村労働力の都市部門への移動が完全に自由ではないので，従来のバラッサ＝サミュエルソン効果における労働市場に関する仮定が中国において成立しないことは明らかである．このような「特殊な」制度や事情を考慮すれば，バラッサ＝サミュエルソン効果を中国あるいは生産要素市場が不完備である途上国へ適用する際には，何らかの修正が必要であろう．

　本章の構成は以下の通りである．第1節では非貿易財の内外価格差の決定要因に関する先行研究を紹介し，中国に応用する際の問題点を指摘する．第2節では，労働移動制約を考慮した2財2部門モデルを構築し，物価水準の内外格差の変化が部門間生産性の内外格差，国際貿易に対する政府の介入，そして部門間労働移動の制限から影響を受けることを理論的に分析する．第3節では中国のサービス業の成長を概観する．とくに，制度変遷に伴う労働力の部門間配

分の変化について明らかにする．第4節では，中国と世界平均の年次データを用いて実証分析をおこなう．最後には結論を述べる．

1 先行研究の問題点——理論と現実との乖離

本節では，非貿易財の内外価格差の決定に関する先行研究を紹介し，中国に応用する際の問題点を指摘する．

1.1 絶対購買力平価と貿易財の内外格差

ミクロ的な概念である「一物一価」の法則を，二国間の物価水準と為替レートが満たすべき裁定条件として一般化したものを「購買力平価」(purchasing power parity——本章ではPPPと略す）の理論という．物価水準を構成する財のバスケットが自国と外国において共通であるとし，輸送費・関税などを無視すれば，裁定取引を通じて，自国と外国の絶対物価水準と為替レートの間に次の関係が成立する．

$$P = EP^*$$
$$P = \sum_i^n w_i P_i \qquad P^* = \sum_i^n w_i P_i^* \tag{4-1}$$

ただし，P, P^*は自国と外国の各国通貨建ての絶対物価水準，w_iはi財のウェイト，Eは自国通貨建て名目為替レートである．

このような，自国と外国の絶対物価水準が（同一通貨で評価して）等しくなるように為替レートが決まるとする考え方は，絶対購買力平価理論と呼ばれる．仮に自国を中国，外国をアメリカとすると，左辺は1ドルで購買可能な財のバスケット，右辺は1ドルをE元に交換した後に中国で購買可能な財のバスケットであると解釈できる．

(4-1) 式で示されているように，絶対PPP理論は単純明快であるが，実際にその値を算出しようとすると大きな壁にぶつかる．前述したように，絶対PPPが厳密に成立するには財のバスケットを構成するすべての商品について「一物一価」法則が成立する必要がある．しかし現実には，市場での裁定が起こらない非貿易財が存在したり，輸送費・関税などを無視し得ない．つまりす

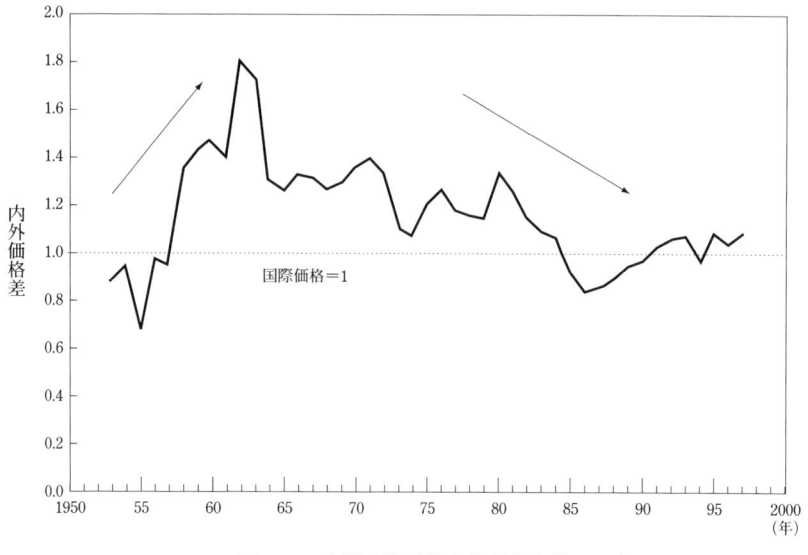

図4-1 中国の貿易財の内外価格差

注:貿易財は農産物と工業製品である.
出所:第3章図3-6と同じ,筆者作成.

べての商品で必ずしも一物一価は成立しない.また,仮に非貿易財の存在や輸送費・関税の問題が解消されたとしても,市場未発達の途上国や旧計画経済の諸国においては,経済発展政策に応じてさまざまな産業保護,ならびに国境措置が設けられており,貿易財に限定しても内外価格が必ずしも一致するとは限らない.これは図4-1で示している中国における貿易財の内外価格差の推移を見ても明らかである.

第3章で分析したように,計画経済期における輸入代替工業化政策の下では,おもに高価な設備や素材などの購入に使われていた外貨を獲得するため,農産物や軽工業品の消費が抑制され,節約された部分を輸出したと考えられる.しかし,比較優位のない重工業部門を保護・拡大したことは,工業製品の製造コストが高くなる原因となり,国内価格が国際市場価格を大幅に上回る可能性を内包していた.一方,改革開放後,労働集約的な部門を中心として製造業が急成長し,豊富な労働力という中国の比較優位を背景にして貿易財の国内価格が低下しつつある.今なお中国が世界へデフレを輸出していると言われているこ

とからも，中国の内外価格差が大きく変化していることが分かる．

1.2 非貿易財相対価格と内外物価比

貿易財については商品裁定が起こるため，貿易財の内外価格差は関税や輸入数量制限のような国境措置と，輸送費等の裁定に伴うコストで説明することができる．一方，非貿易財については商品裁定が起きないから，非貿易財の内外価格差は非貿易財部門の生産性や部門間での生産要素移動などさまざまな要因に依存すると考えられる．前述の通りに，物価水準を貿易財と非貿易財の消費バスケットによる加重平均で表す．

$$P = P_T^{1-\delta} P_N^{\delta}$$
$$P^* = (P_T^*)^{1-\delta} (P_N^*)^{\delta}$$

また，自国と外国の物価水準比率（S）は次の式で表せる．

$$S = \frac{P}{EP^*} = \left(\frac{P_T}{EP_T^*}\right)^{1-\delta} \left(\frac{P_N}{EP_N^*}\right)^{\delta} = \left(\frac{P_N}{P_N^*} \bigg/ \frac{P_T}{P_T^*}\right)^{\delta} \frac{P_T}{EP_T^*}$$
$$= \left(\frac{p}{p^*}\right)^{\delta} \frac{P_T}{EP_T^*} \tag{4-2}$$

ただし，δは非貿易財の支出シェア，下付のTとNはそれぞれ貿易財セクター，非貿易財セクターを表す．また，小文字のpは貿易財で測った非貿易財の相対価格（以下では非貿易財相対価格）である．

(4-2) 式に従うと，貿易財について一物一価が成立する場合 $(P_T = EP_T^*)$ には，内外物価比が非貿易財相対価格 (p) の内外格差によって決定されることになる．一般に，急速な成長を遂げた国ではそうでない国と比較して，市場為替レートで換算した（非貿易財まで含めた）内外物価比が上昇していく（自国財高に変化していく）が，それは多くの場合，非貿易財相対価格の上昇を伴っている．

1.3 非貿易財相対価格の決定

非貿易財相対価格の決定について，代表的な理論として以下の二つが挙げられる．ひとつは，Balassa (1964), Samuelson (1964) が提示した「比較生産性格差理論」(Technological Differential) であり，もうひとつは Bhagwati (1984), Kravis and Lipsey (1987, 1988) などが提出した「要素賦存理論」(Factor

Endowment）である．前者は相対生産性と相対価格の関係を示したが，後者は相対生産性の決定について検討していることから，前者を拡張したものとして考えられる．

（1） 比較生産性格差理論

まず，バラッサ＝サミュエルソンが提示した「比較生産性格差」理論の基本的な考えを，以下のモデルによって説明する[2]．

自国と外国は，貿易財と非貿易財を労働と資本を用いて生産する．貿易財は資本財として利用可能（つまり，資本財は貿易財から作られている）である．二国間における資本の貸借（国際貸借）は完全に自由であり，かつ労働と資本は国内の部門間で自由に移動できるとする．自国は小国であり，貿易財の国際価格と資本のレンタル・プライスの国際水準が自国にとって所与であることを仮定する．

以下では説明を単純にするため，各産業の生産関数を次のような一次同次のコブ＝ダグラス型と仮定する．

$$Y_T = A_T K_T^{\alpha} L_T^{1-\alpha}$$
$$Y_N = A_N K_N^{\beta} L_N^{1-\beta}$$

ただし，Y, A, K, L はそれぞれ生産量，生産性，資本，労働を表す．N は非貿易セクター，T は貿易セクターを表す添え字である．一次同次性より一人当たりの形に書き換えると

$$y_T = A_T k^{\alpha}$$
$$y_N = A_T k^{\beta}$$
(4-3)

となる．各変数の小文字は一人当たりを意味する．

企業の利潤最大化のための条件より，資本の限界生産性は利子率と等しくなる．また，資本は国内外・部門間を自由に移動することが可能であり，資本財は貿易財から作られているとの仮定から，貿易財をニューメレールとした資本のレンタル・プライスは外生的に決まり，国際資本市場の利子率に等しくなる．

---

[2] 伝統的なバラッサ＝サミュエルソン・モデル（Balassa 1964）では，要素投入は労働のみを考えている．本章では，後で議論する「要素賦存」モデルと比較するために，資本を明示的に考慮した．

第 4 章　要素市場の分断と物価水準の長期推移

$$r = r^* = \alpha A_T k_T^{\alpha-1} = p\beta A_N k_N^{\beta-1} \quad (4\text{-}4)$$

ここで，r^* は，それぞれ国内・国際市場のは利子率，p は非貿易財相対価格である．

一方，労働力の国際間移動はできないため，貿易財単位で測った賃金率（w）は国内の部門間でのみ均等化する．賃金率は完全競争，生産関数の一次同次性より次のように表せる．

$$w = (1-\alpha) A_T k_T^{\alpha} = p(1-\beta) A_N k_N^{\beta} \quad (4\text{-}5)$$

生産関数をコブ＝ダグラス型で特定化しているため労働分配率は一定であり，貿易財，非貿易財各産業でそれぞれ $(1-\alpha)$，$(1-\beta)$ になる．

利子率の国際的な均等化を通じて，貿易財産業における一人当たり資本，つまり資本労働比率（資本装備率）が決定される．資本装備率が決定されれば，(4-5) 式より賃金率が決定する．一方，非貿易財の相対価格と非貿易財産業の資本労働比率は，国際市場で決まる資本のレンタル・プライスと貿易財産業の生産関数より決まる賃金率によって決定される．非貿易財相対価格は

$$p = \Psi A_T^{\gamma} A_N^{-1} \quad (4\text{-}6)$$

となる．ただし，

$$\Psi = \Psi(\alpha, \beta, r^*), \quad \gamma = \frac{1-\beta}{1-\alpha}$$

という定数である．

以上の議論を外国についても同様に考えると，外国の非貿易財相対価格は

$$p^* = \Psi^* A_T^{*\gamma^*} A_N^{*-1}$$

で示される．

(4-2) 式に代入すると，自国と外国の物価比率は

$$S = \left(\frac{p}{p^*}\right)^{\delta} \frac{P_T}{EP_T^*} = \left(\frac{\Psi A_T^{\gamma} A_N^{-1}}{\Psi^* A_T^{*\gamma^*} A_N^{*-1}}\right)^{\delta} \frac{P_T}{EP_T^*} \quad (4\text{-}7)$$

と表される．また，貿易財価格は国際的な商品裁定によって均等化すると仮定すると，この式を対数微分することにより，次の関係式が導ける．

$$\hat{s} = \delta\{(\gamma \hat{A}_T - \gamma^* \hat{A}_T^*) - (\hat{A}_N - \hat{A}_N^*)\} \quad (4\text{-}8)$$

この式が，資本投入を考慮に入れたバラッサ＝サミュエルソン・モデルの骨子である．これに従えば，自国の非貿易財相対価格は自国各部門の生産性の変

化によって規定される．貿易財を工業製品，非貿易財をサービスと考えると，一般的に貿易財の方が資本集約的であり労働分配率は低く，$(1-\alpha)<(1-\beta)$ となる．貿易財部門の技術進歩は資本の限界生産性を上昇させるが，自国は小国であり，かつ資本市場の完全性を仮定しているため，資本の流入がもたらされる．これは，国内の資本装備率を上昇させ，相対的に稀少となる労働の価格を上昇させる．その結果，賃金の上昇は労働力をより集約的に用いる非貿易財相対価格を上昇させるのである．

このことより，貿易財部門における技術進歩が非貿易財部門のそれを上回れば，自国の非貿易財相対価格は上昇するといえる．これは，外国の状況を一定とすれば，自国と外国の物価比率を上昇させ，実質為替レートを増価させる圧力となる．また，貿易財部門の生産性上昇の内外格差が，非貿易財部門の生産性上昇の内外格差よりも大きいならば，実質為替レートの増価をもたらすこと

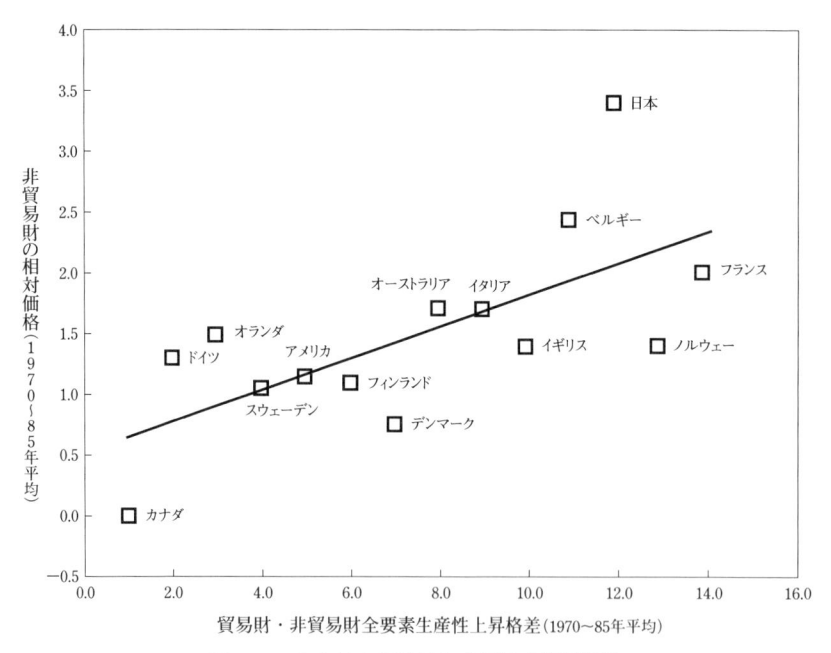

図 4-2　生産性上昇格差と非貿易財相対価格

出所：De Gregorio and Wolf (1994).

が分かる．この点は，De Gregorio and Wolf (1994) によって，実際のデータからも確認される（図4-2）．

（2） 要素賦存モデル

上述した「生産性格差」モデルでは，完全な国際資本市場の存在を前提とし，資本の移動による国際間の利子の均等化が大きな役割を果たした．しかし，資本市場の不完全性を前提とすると，一国の資本の賦存状況が重要な意味を持つ．Bhagwati (1984), Kravis and Lipsey (1987, 1988) らは要素賦存モデルを提示し，技術の違いに加え，資本の賦存量により物価水準の内外格差を説明できると指摘している[3]．

ここでは単純化のために，国際資本市場が完全に分断され，国際貸借が全くおこなわれないケースを考える．モデルの枠組みは基本的にバラッサ＝サミュエルソン・モデルと同じであるが，二国間の資本移動がないために資本のレンタル・プライス均等化の条件が異なる．バラッサ＝サミュエルソン・モデルでは，均衡において外生的な国際資本市場でのレンタル・プライスと均等化していたが，資本移動による裁定が起こらないため，自国の資本のレンタル・プライス（r）が外生変数ではなく内生変数となる．

生産性格差モデルでは，自由な資本移動を通じて，労働に関する線形の生産関数を仮定しているのと同様の結果となっていたため，需要が非貿易財価格の内外格差に影響を与えなかった．しかし，資本の二国間移動が不可能な場合，非貿易財価格の内外格差は国内需要の関数となる．ここでは，投資と貯蓄はなく，需要は消費需要のみとする．自国の代表的消費者の瞬時効用関数を次のように仮定する．

$$U(C_T, C_N) = C_T^{1-\delta} C_N^{\delta} \qquad (4\text{-}9)$$

ただし，C は消費量である．また資源制約は，以下のようになる．

$$K_N + K_T = K$$
$$L_N + L_T = L$$

---

[3] 生産性格差理論を中心としたバラッサ＝サミュエルソン・モデルは貿易理論におけるリカード・モデルと対応していると考えるが，要素賦存モデルはヘクシャー＝オリーン・モデルに対応しているといえる．

消費者の総支出 Z は

$$Z = pC_N + C_T$$

とすると，貿易財と非貿易財に対する需要は

$$C_N = \delta \frac{Z}{p} \qquad C_T = (1-\delta)Z$$

財政支出のない場合，非貿易相対価格は，

$$p = \frac{\delta}{1-\delta} \cdot \frac{C_T}{C_N}$$

つまり，非貿易財相対価格は2財間の限界消費代替率に等しくなる．同時に，国際資本移動がないケースでは，2財2要素の閉鎖経済モデルと全く同様に非貿易財相対価格が決定するのである．つまり，2財間の限界消費代替率はその限界生産代替率に等しいことから

$$p = \frac{\delta}{1-\delta} \cdot \frac{C_T}{C_N} = \frac{(1-\alpha)A_T k_T^{\alpha}}{(1-\beta)A_N k_N^{\beta}} \qquad (4\text{-}10)$$

となる．

この体系から導かれる非貿易財相対価格を，自国と外国について考え，次のような関係を導くことができる．

$$\hat{S} = \delta(\hat{p} - \hat{p}^*) = \delta[(\hat{A}_N^* - \hat{A}_T^*) - (\alpha - \beta)\hat{k}^*] - \delta[(\hat{A}_N - \hat{A}_T) - (\alpha - \beta)\hat{k}] \qquad (4\text{-}11)$$

ただし，k は資本労働比率である．

この式より，$(\alpha - \beta) > 0$ を仮定すると，自国における資本蓄積が自国の物価水準を上昇させ，つまり実質為替レートを増価させることが分かる．資本の蓄積は相対的に労働を稀少にし，賃金を上昇させる．非貿易財部門は相対的に労働集約的であると考えているので，賃金上昇の影響が大きく，相対価格が上昇するのである．

（3）　中国物価水準の長期推移

以上のように，バラッサ＝サミュエルソン効果は，経済成長と内外物価比（実質為替レート）の変化との関係について重要なインプリケーションを持つ．つまり，経済成長のおもな部分が工業部門，つまり貿易財部門の生産性の上昇

第4章　要素市場の分断と物価水準の長期推移　　137

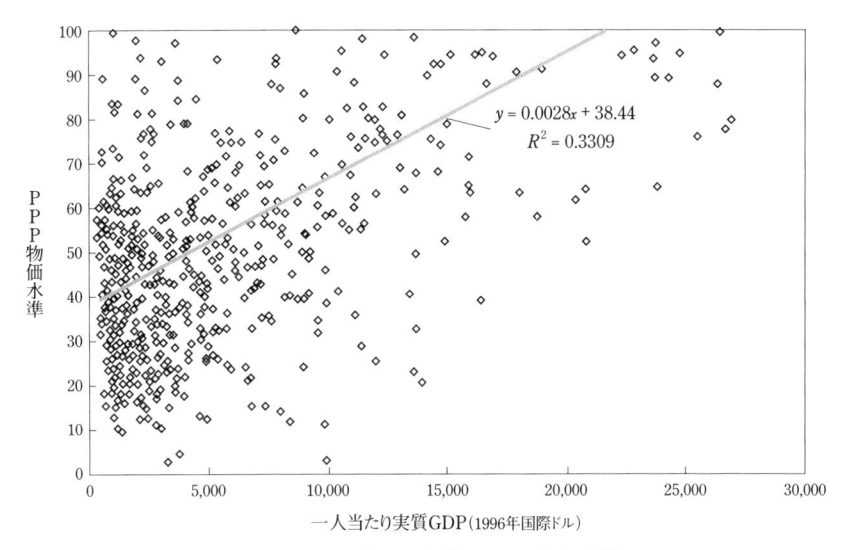

$y = 0.0028x + 38.44$
$R^2 = 0.3309$

図4-3　一人当たり実質 GDP と物価水準

出所：PWT 6.1により，筆者作成．

によってもたらされるなら，貿易財部門の生産性が急速に上昇する国ほど経済成長率も高くなる．非貿易財部門における生産性上昇率の国際格差が大きくないとすれば，貿易財部門の生産性上昇率が高い国ほど，実質為替レートが増価する．結局，経済成長率の高い国は実質為替レートが増価するというインプリケーションが導けるのである．また，このインプリケーションを率（経済成長率や実質為替レート上昇率）ではなく水準（GDPや物価水準）で捉えると，高い実質所得を持つ国の相対物価水準は高いという関係が説明できるのである[4]．

図4-3は，PWT 6.1により世界168ヵ国の消費者物価水準（縦軸）と一人当たり実質GDP（横軸，1996年国際ドル——以下同じ）の関係をプロットしたものである．これによると，実質所得の高い国の物価水準が高い，バラッサ＝サミュエルソン効果は一般論として有効であることが分かる．しかし，図4-4で示されているように，中国の場合は明らかにバラッサ＝サミュエルソン効果に反している．具体的にいえば，計画経済期においては，一人当たり実質GDPが

---

[4]　吉川（1999）は，戦後日本の製造業の著しい労働生産性上昇が日本の実質為替レートの上昇につながっていることを示し，この理論の妥当性について説明している．

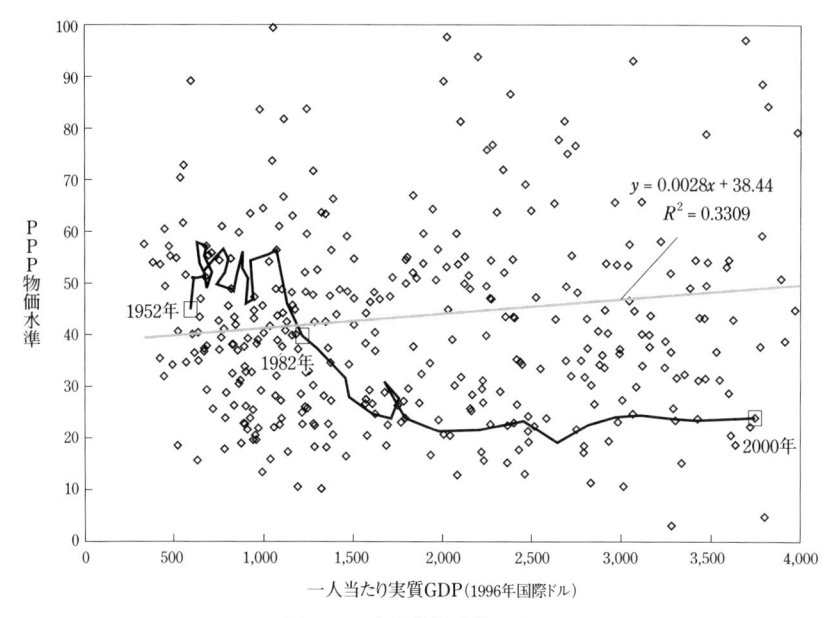

図 4-4　中国物価水準の動き

注：図4-3の一部を拡大．

同水準の他国より物価水準は遥かに高く，経済自由化以降，とくに価格改革が始まった1980年代以降においては物価水準が他の諸国より長期的に低くなっていることが観察されているのである．改革開放以後の物価水準が経済の高成長に伴ってあまり上昇しなかったことに対しては，「想定外の事態」であると指摘されている（伊藤 2003，関 2004）．

（4） 市場為替レートとPPPの乖離

市場為替レートで換算した物価水準の内外比率の変動メカニズムをまとめると，以下のようになる．ある国の貿易財部門（製造業，農業など）で生産性上昇に伴い賃金が上昇すると，労働市場の供給変化を通じて非貿易財部門（サービス業）の賃金も上昇する．ただし，労働集約的な非貿易財部門の生産性上昇は限られているので，賃金上昇は生産物の価格に転嫁される．その結果，当該国の物価水準は上昇するが，市場為替レートがタイミング的に増価（Eが低下）

第4章 要素市場の分断と物価水準の長期推移

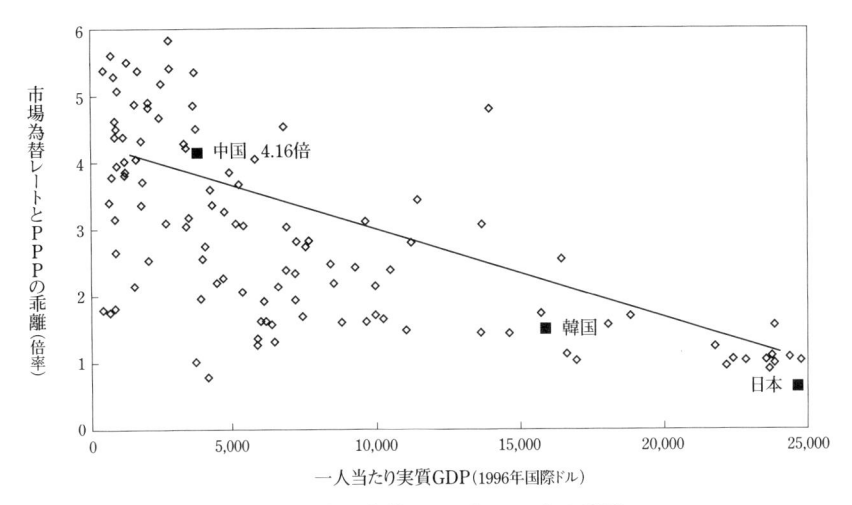

図 4-5 市場為替レートと PPP との乖離

出所：PWT 6.1により，筆者作成．

しないと，PPP から乖離する．しかし，現実の世界では市場為替レートが必ずしも物価水準に連動するとは限らない．図4-5で示しているように，とくに途上国（所得の低い諸国）の場合，市場為替レートは購買力平価から大きく乖離しているのである．中国の場合も例外ではなく，市場為替レートが PPP の4.16倍であり，乖離する度合いは同所得水準の国々と比較しても大きいといえる．

しかし従来のバラッサ＝サミュエルソン効果は，このような乖離を説明するには適していない．なぜならば，前述したように，労働市場が不完全な場合，部門間の賃金は均等化しない．この場合，部門間における労働賦存量の変化が内外物価比に影響すると考えられる．次節では，労働市場において政府の介入が存在していることを明示した簡単な理論モデルを構築して分析をおこなう．

2 労働市場の分断と物価水準に関する理論分析

本節は，労働市場における政府の介入によって部門間労働移動が自由におこなわれない場合を想定し，産業構造の変化と内外相対物価水準との関係を，簡

単なモデルにより理論的に分析する．単純化のために，以下のようにモデルを設定する．まず，自国は小国であることを仮定する．労働のみを生産要素とし[5]，貿易財と非貿易財の2財を生産する．労働は国際間の移動が不可能であり，また部門間においても完全に自由な移動はできないと仮定する．

貿易財，非貿易財の生産関数を，それぞれ以下のように表す．

$$Q_T = \frac{N_T}{\alpha_T}$$
$$Q_N = \frac{N_N}{\alpha_N} \quad (4\text{-}12)$$

また，労働の賦存量は一定であると仮定する．つまり，

$$N_T + N_N = \overline{N}$$

である．ただし，Q, Nはそれぞれ生産量，労働であり，αは一単位の産出に必要な労働投入量（労働投入係数）を表す．非貿易財部門の労働が経済全体の労働に占める割合をnとすると，

$$n = \frac{N_N}{N}$$

貿易財部門の労働の占める割合は

$$n_T = 1 - n$$

となる．

上述の定義から，両部門の生産比率は次の式で表される．

$$\frac{Q_N}{Q_T} = \frac{N_N}{\alpha_N} \cdot \frac{\alpha_T}{N_T} = \frac{n}{1-n} \cdot \frac{\alpha_T}{\alpha_N} \quad (4\text{-}13)$$

単純化のため，投資や貯蓄はおこなわないものとする．

消費者の効用関数は同一で，コブ＝ダグラス型を仮定する．非貿易財の支出シェアをδ，貿易財の支出シェアを$1-\delta$とすると，両財の最適消費比率は非貿易財と貿易財の相対価格の関数として，以下のように表される．

---

[5] 生産要素として資本を考慮する場合，資本の分配率両部門間において大小関係が逆転しない限り，つまり，貿易財の資本分配率が非貿易財の資本分配率より大きいという関係が不変であれば，ここでの結論は変わらない．

第4章　要素市場の分断と物価水準の長期推移　　　　　　　　　　141

$$\frac{D_N}{D_T}=\frac{\delta}{1-\delta}\cdot\frac{1}{p} \quad (4\text{-}14)$$

ただし，D は消費量，$p=p_N/p_T$ は貿易財を数量単位とした非貿易財価格，つまり相対価格である．投資・貯蓄はおこなわないとの仮定より，生産されたものはすべて消費されるため，(4-13) 式と (4-14) 式から以下の式を得る．

$$\frac{\alpha_T}{\alpha_N}\cdot\frac{n}{1-n}=\frac{\delta}{1-\delta}\cdot\frac{1}{p}$$

したがって，非貿易財貿易財の相対価格は次のように書ける．

$$p=\frac{\delta}{1-\delta}\cdot\frac{1-n}{n}\cdot\frac{\alpha_N}{\alpha_T} \quad (4\text{-}15)$$

2.1　労働移動の規制下での非貿易財相対価格

費用最小化原理に従うと，財の価格は1単位の財を生産するための要素費用に等しいので，以下の関係が成立する．

$$p=\alpha_N w_N$$
$$1=\alpha_T w_T$$

したがって，非貿易財相対価格は，

$$p=\frac{\alpha_N w_N}{\alpha_T w_T} \quad (4\text{-}16)$$

になる．また，(4-15) 式と (4-16) 式により，

$$\gamma=\eta\frac{w_N}{w_T} \quad (4\text{-}17)$$

が得られる．ここで，

$$\gamma=\frac{1-n}{n}, \quad \eta=\frac{1-\delta}{\delta}$$

とする．前者は貿易財部門と非貿易財部門の労働投入比率であり，後者は貿易財と非貿易財に対する支出比率を表す．

(4-17) 式により，投入要素が労働のみの場合，雇用構造は消費支出比率と部門間賃金格差の関数として表される．これは次の二つの意味を持っている．

第一に，生産要素市場に対する規制がない場合は，労働は限界生産性が部門

間で等しくなるまで自由に移動する．この場合は，両部門間における賃金格差が解消する．

$$\frac{w_N}{w_T}=1 \qquad \gamma=\eta$$

また，非貿易財の貿易財に対する相対価格は，両部門の労働生産性格差のみによって決まる．

$$p=\frac{\alpha_N}{\alpha_T} \qquad (4\text{-}18)^{6)}$$

第二に，労働市場に対して規制が存在する，あるいは，政府が計画的に労働を両部門に配分する場合では，両部門間において賃金格差が生じる．賃金格差は次の式で表せる．

$$\frac{w_N}{w_T}=\frac{n}{1-n}\cdot\frac{(1-\delta)}{\delta} \qquad \gamma\neq\eta$$

このとき，非貿易財の貿易財に対する相対価格は，部門間の労働生産性格差に加えて，雇用構造や消費者の選好に影響される．

$$p=\frac{\delta}{1-\delta}\cdot\frac{1-n}{n}\cdot\frac{\alpha_N}{\alpha_T} \qquad (4\text{-}19)$$

外国の消費者の瞬時効用関数は自国と同一，すなわち貿易財と非貿易財の支出シェアが自国と外国で同じであると仮定する．または，外国の労働市場には政府の介入がなく，労働の部門間移動は自由であり，部門間賃金格差が存在しないと仮定すると，(4-18) 式により，外国における非貿易財と貿易財部門の就業者比率と，非貿易財と貿易財に対する支出比率は等しくなる．

$$\frac{n^*}{1-n^*}=\frac{\delta}{1-\delta}$$

外国の非貿易財相対価格は

$$p^*=\frac{\alpha_N^*}{\alpha_T^*}$$

となる．

---

6) この場合，同式は Balassa (1964) で示しているモデルと同じである．

したがって貿易財の相対価格の内外比は次の式で表される．

$$\frac{p}{p^*}=\frac{\delta}{1-\delta}\cdot\frac{1-n}{n}\cdot\frac{a_N}{a_T}\cdot\frac{a_T^*}{a_N^*}=\left[\left(\frac{n^*}{1-n^*}\right)\bigg/\left(\frac{n}{1-n}\right)\right]\left[\left(\frac{a_N}{a_T}\right)\bigg/\left(\frac{a_N^*}{a_T^*}\right)\right]$$

(4-20)

(4-20) 式で示されているように，非貿易財の相対価格の内外格差は，非貿易財の相対生産性の内外格差に加えて，非貿易財部門の相対雇用ウェイトの内外格差にも影響される．

2.2　市場為替レートで換算した内外物価水準比

既に説明したように，国内貿易財に対する価格規制が存在する場合には，自国と外国の貿易財の絶対価格の間に購買力平価が成立しなくなる．いま，貿易財価格に対する政策干渉の指標 β を以下のように導入する．

$$P_T = \beta E P_T^*$$

ただし，E は前述と同様に市場為替レートである．

前述したように，自国の物価水準を P，外国の物価水準を P^* とする．両国の消費者の瞬時効用関数が同一である，すなわち貿易財と非貿易財の支出シェアは自国と外国で同じであると仮定すると，両国の物価水準は次のように表される．

$$P = (P_T)^{1-\delta}(P_N)^{\delta}$$
$$P^* = (P_T^*)^{1-\delta}(P_N^*)^{\delta}$$

これを (4-20) 式に代入すると，内外物価水準比率（実質為替レート）S は以下のように表される．

$$S=\frac{P}{EP^*}=\frac{\left(\frac{1}{E}P_N\right)^{\delta}\left(\frac{1}{E}P_T\right)^{1-\delta}}{(P_N^*)^{\delta}(P_T^*)^{1-\delta}}=\frac{\left(\frac{P_N}{P_T}\right)^{\delta}\left(\frac{1}{E}P_T\right)}{\left(\frac{P_N^*}{P_T^*}\right)^{\delta}(P_T^*)}=\beta\left(\frac{p}{p^*}\right)^{\delta}$$

(4-21)

自国の非貿易財と貿易財の相対価格を表す (4-9) 式を (4-11) 式に代入すれば，内外物価水準比率は次の式によって決まる．

$$S=\beta\frac{\left(\dfrac{\alpha_N}{\alpha_T}\right)^{\delta}}{\left(\dfrac{\alpha_N{}^*}{\alpha_T{}^*}\right)^{\delta}}\left(\dfrac{\dfrac{\delta}{1-\delta}}{\dfrac{n}{1-n}}\right)^{\delta}$$

これを対数微分の形で書き換えると

$$\hat{S}=\hat{\beta}+\delta\left[\left(\dfrac{\hat{\alpha}_N}{\alpha_T}\right)-\left(\dfrac{\hat{\alpha_N{}^*}}{\alpha_T{}^*}\right)\right]-\delta\left[\left(\dfrac{\hat{n}}{1-n}\right)-\left(\dfrac{\hat{\delta}}{1-\delta}\right)\right] \quad (4\text{-}22)$$

となる.

(4-22) 式右辺の第1項は貿易財価格に対する政策介入の度合い, 第2項は非貿易財生産性の内外格差, そして第3項は労働市場に対する規制を表す指標である. つまり, 内外物価水準比 (実質為替レート) は相対生産性の内外格差だけではなく, 貿易財の内外価格差や労働市場に対する政策介入の度合いにも依存することが分かる.

(4-22) 式より, 以下のような仮説が考えられる.

①貿易財の国内価格が国際価格に対して相対的に下落 (上昇) する場合, 内外物価水準比を低下 (上昇) させる.
②伝統的なバラッサ＝サミュエルソン・モデルと同じく, 非貿易財・貿易財部門の相対労働生産性が上昇 (下落) すれば, 内外物価水準比を低下 (上昇) させる.
③非貿易財生産部門への労働投入を制限することは, 非貿易財部門の賃金を上昇させると同時に非貿易財価格を上昇させる. 逆に, 非貿易財部門への労働投入が貿易財部門より増加する場合には, 非貿易財部門の賃金上昇圧力を解消する効果を持ち, 非貿易財・貿易財の相対価格が下落することになり, 物価水準は低下する.

3　非貿易財部門相対生産性の推移

前節での理論分析が, 中国の現実を説明できるか否かについて, 本節では中国の経済成長の特徴を, 労働市場の分断, 貿易財部門の要素集約度, および産

業構造の変化の順に具体的に検討し，中国の非貿易財部門の就業者割合，非貿易財と貿易財部門の相対労働生産性が，外国（世界平均）水準からどの程度乖離（内外格差）しているかを確認する．

3.1 労働市場の分断と所得格差の拡大

計画経済期においては，戸籍政策によって農村から都市，また都市間においても人口移動がほとんどできなかったが，改革開放以後は地域間や都市・農村間をまたいだ労働移動が次第に増えてきている．たとえば，外資系工場が集中する沿海部への労働移動は80年代および90年代前半において活発であった．袁（2002）が指摘しているように，内陸部で生産性の低い農業に従事していた労働者が，生産性の高い沿海部の近代工業部門へ移動することによる資源再配分効果が経済成長に大きく貢献し，地域間所得格差の解消にも寄与した．しかし1990年代後半に入ると，工業部門の労働就業弾力性は次第に低下し，農業から転出した労働者はおもにサービス業へと参入するようになった．だが，現在もなお，労働の完全移動は政策的に認められていない．また，戸籍政策による労働移動の直接規制がなくなっても，教育機会の不平等，雇用保障制度の不備などの理由で，間接的に産業間における労働移動が制約されているといえよう．長期にわたって，中国労働市場の分断が，地域間のみではなく，産業間においても根強く存在していると指摘できる．

まず地域間の所得格差を考察してみよう．図4-6 A は1952〜2000年における一人当たり総生産および一人当たり所得の地域間格差の変動係数を示している．長期的に見ても中国の場合，変動係数で見た地域間格差が，アメリカや日本が過去に経験した格差より，格段に大きいことが分かる．興味深いのは，まず1967年から1978年の文化大革命期において，一人当たり省内総生産の変動係数が0.69から0.98に急上昇するという変則的な時期があったことである．改革開放後の1978年から1992年までの間には，格差は大幅に縮小し，変動係数（一人当たり県内総生産に関する）が戦後の最小値0.60を記録したが，1990年以降，地域間格差は拡大する傾向が見られた．『中国統計年鑑』で公表している数字から見れば，2000年において最も所得が高いのは上海市であり，最も所得が低い貴州省との格差は10倍を超えている．地域全体から見れば，所得

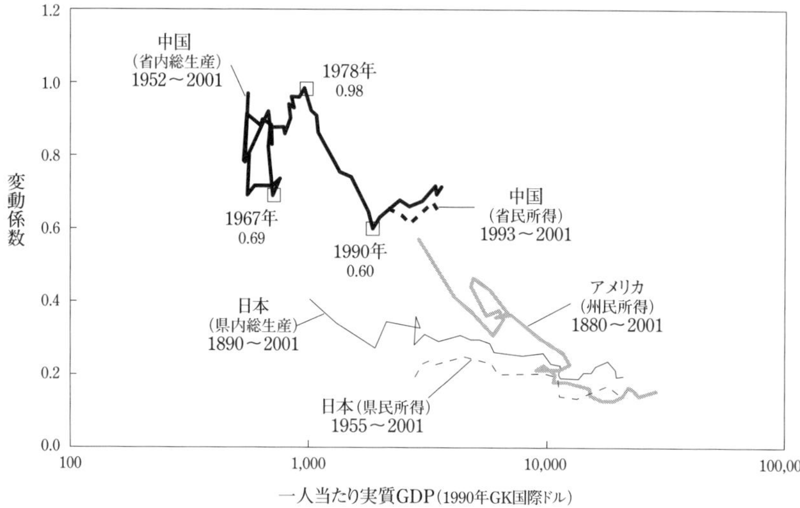
A 地域間所得格差
変動係数
中国
（省内総生産）
1952～2001
1978年
0.98
1967年
0.69
1990年
0.60
中国
（省民所得）
1993～2001
アメリカ
（州民所得）
1880～2001
日本
（県内総生産）
1890～2001
日本（県民所得）
1955～2001
1.2
1.0
0.8
0.6
0.4
0.2
0.0
100
1,000
10,000
100,000
一人当たり実質GDP（1990年GK国際ドル）

注：中国の「省民所得」は，「省内総生産」から純生産税および資本減耗を除いて計算した．
出所：袁ほか（2009）による．オリジナル資料は，中国のうち，1993年より前は中国国家統計局国民経済総合統計司編（1999），1993年以降は中国国家統計局国民経済核算司編（2007）．アメリカのうち1929年より前は，Hope and Thomas（1964），1929年以降は，U.S. Department of Commerce, Bureau of Economic Analysis の Webpage;http://www.bea.gov/regional/index.htm から得た．国全体の人口一人当たり実質GDP（1990年GK国際ドル）は Maddison（2003）から得た．

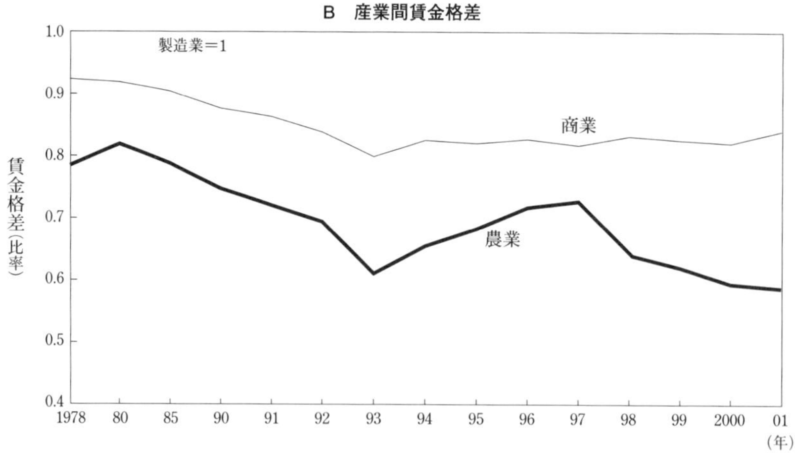
B 産業間賃金格差
製造業＝1
商業
農業
賃金格差（比率）
1.0
0.9
0.8
0.7
0.6
0.5
0.4
1978
80
85
90
91
92
93
94
95
96
97
98
99
2000
01
（年）

図4-6 地域間・産業間における所得格差

出所：『中国統計年鑑』各年版より．

が高い地域はおもに沿海部あるいは開放地域に集中している．

上述したように，このような中国における大きな地域間格差の源泉としては，農村人口の都市への移動が長く規制されてきたこと，最近この規制は緩和されたが，子弟の教育を中心に，農村人口の都市への移動を妨げる要因が残存していること，が指摘できよう[7]．

次に，産業間においては，もともと製造業と非製造業の間，都市部と農村部の間の賃金格差は大きかったが，近年，その格差がさらに拡大している．都市部内部における労働市場の分断は，貿易財部門と非貿易財部門の間にも存在する．そのため，都市部を中心とした貿易財部門の生産性の上昇に伴い，賃金の上昇も著しかったが，貿易財部門と非貿易財部門間における労働移動が非弾力的であったため，非貿易財部門の賃金が比例的に上昇するに至らず，両部門の賃金格差は拡大している．膨大な余剰労働力の存在を考慮すると，非貿易部門の賃金上昇は抑えられ，賃金格差がさらに拡大する可能性がある．図4-6Bで示されているように，1993～97年を除いて，農業および商業サービス業の賃金は製造業との格差も急速に拡大している[8]．

3.2 貿易財部門の要素集約度と生産性成長

成長パターンの違いは生産性成長に影響する．Kim and Lau（1994）とYoung（1992, 1994, 1995）は，アジア諸国の高度経済成長は資本・労働といった物的な要素投入量の一時的な拡大に帰する部分がほとんどであり，先進国で見られるような技術進歩による生産性向上の貢献度はほとんど無視できるものであると指摘している．Collins and Bosworth（1996）の世界88ヵ国のTFP成長に関する研究でも，アジア諸国の経済成長におけるTFPの貢献度は小さいことを示している．これらのアジア諸国の分析と同様に，中国の製造業に関

---

7) 各国の経験を比較する際には，変動係数やそれを規定している地域間経済格差が，地域区分の方法や国土の大きさに依存している点に注意が必要である．
8) 他には，同じ都市の中でも富裕化する階層（企業経営者，弁護士，進学校の教師）と貧困化する階層（国有企業の一般労働者，とくに失業した者）への二極分化が進んでいる．また農村では，村の幹部が農村企業のオーナーをも兼職し，農村社会の政治力と経済力を一手に握る例も増えている．なお，地域間所得格差に関しては林（2001），農工間所得格差および貧困問題に関しては佐藤（1990, 2003）が詳細な分析をおこなっている．

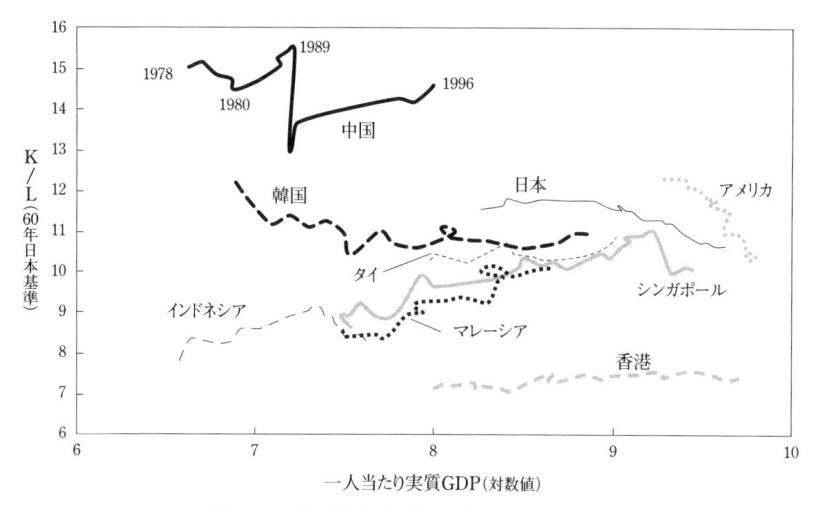

図4-7　資本集約産業特化指標の国際比較

出所：深尾（2004）により加筆修正．

する袁（2002）の分析でも，改革開放後の工業部門における生産性の上昇は確認されていない．その原因として，生産要素の投入増加率が産出増加率より上回っていることを挙げ，いわゆる増加投入型の成長パターンであることを指摘している．

中国改革開放後の経済成長を牽引したのは，おもに労働集約的な産業である．資本集約的な産業と比べて，労働集約的な産業の一人当たり生産（労働生産性）は低い特徴を持つ．貿易財部門にせよ非貿易財部門にせよ，労働集約的な産業がより拡大すれば，該当部門の資本装備率が下がり，平均労働生産性の上昇は労働集約的部門での雇用拡大によって相殺される可能性が高く，場合においては低下することもあり得る．

図4-7は，改革開放前後にわたって，貿易財部門の生産活動における技術（生産要素の集約度）の変化を描いている．横軸は，購買力平価で換算した一人当たりGDP（対数値）であり，各国の経済発展の程度を示している．また縦軸は，仮に日本の1960年における資本係数を前提として，各国の産業構造（各産業の生産シェアに関するデータを使用）で生産をおこなったとすると，製造業全体の資本係数がいくらになるか（以下では資本集約産業特化指標と呼ぶ）を示して

いる[9]．

　これによると，とくに改革開放以前では，一人当たり GDP が同水準の他国と比較して資本集約産業特化指標が非常に高かった．このような特徴を生み出した原因としては，深尾（2004）が指摘しているように，タイやインドネシアのようにほとんど農村工業しかない状況から戦後に近代工業を興した諸国とは異なり，戦前期の上海・武漢・旧満州地域における近代工業集積に代表されるように中国は製造業の長い伝統を持っていること，また旧ソ連やインド等と同じく冷戦対立時期の計画経済の下でフルセットの工業化を目指したこと等の，歴史的要因が重要であると考えられる．

　改革開放以降も，他国と比較すると特化指標が非常に高いという特殊な産業構造を中国は持っているが，計画経済期と比べて著しく下落した．これは，一般に，経済が成長するにつれ，資本装備率が時間を通じて増加する方向にあるのとは違って，中国の場合には，労働集約的な産業の急成長は，製造業全体の資本装備率を低下させる効果が大きかったことを示している．

3.3　非貿易財部門の相対労働生産性

　第 1 章で見てきたように，改革開放後の 1979～92 年の間，サービス業の就業者割合の増加は工業部門の就業者割合の増加とほぼ同じであるが，産出から見ると，サービス業の成長が遥かに速い．改革開放後，とくに 1985 年からサービス業の産出シェアが大幅に拡大してきた．1994 年の人民元の切り下げ以降はしばらく低迷したが，1997 年からふたたび拡大する傾向を示している．許（2000）は，1995 年以降においては統計制度の調整などの理由で，第三次産業の産出が過小評価されている可能性が高いと指摘している[10]．この指摘が正

---

[9]　資本集約産業特化指標は，各国の現実の資本係数を表しているわけではない点に注意されたい．現実の資本係数を使ったのでは，各国における資本賦存量の多寡を測ることになり，産業構造の特徴を知ることはできない．産業構造の比較のみをおこなうため，この図では同一の国（日本の 1960 年）の技術を基準としているわけである．なお先進国と比べて途上国では，同じ産業でもより労働集約的な財の生産や労働集約的な生産技術が選択される場合が多い．したがって資本集約産業特化指標が高いからといって，現実に製造業全体で見た資本係数が高いとは限らないことに留意すべきである．この点については深尾（2004）を参照．

[10]　許（2000）は以下のように述べている．①当年価格に基づく統計は工業製品および農産物の付加価値を過大評価していること，②固定価格指数を計算するとき，サービス業については前年価

表 4 - 1 非貿易財部門の構造変化[11]

(単位：％)

	産出構造			雇用構造		
	1991	2001	変化	1991	2001	変化
水　利	1.1	1.0	-0.1	1.8	0.6	-1.2
交通・通信	19.5	18.0	-1.5	14.7	11.7	-3.0
商　業	28.9	23.9	-5.0	27.3	27.1	-0.2
金融・保険	17.8	16.8	-1.0	2.1	1.9	-0.2
不動産	5.1	5.7	0.6	0.4	0.6	0.2
社会サービス	6.2	11.6	5.4	5.5	5.6	0.1
衛生・体育・福祉	3.0	3.0	0.0	5.0	2.8	-2.2
教育・文化・メディア	6.3	8.4	2.1	13.6	9.0	-4.6
科学研究	1.3	2.1	0.8	1.6	0.9	-0.7
国家機関・社会団体	9.2	7.8	-1.4	10.4	6.3	-4.1
その他	0.9	0.9	0.0	17.4	33.5	16.1

出所：『中国統計年鑑』各年版．

しいとすれば，90年代後半以降のサービス業の産出増加率は，公式データに基づいて計算されたものを大幅に上方修正すべきである．換言すれば，この時期においてサービス業の平均労働生産性の上昇率は工業部門のそれより高く，つまりサービス業の相対労働生産性は上昇していると考えられる．

また，表4-1は，90年代におけるサービス業の各産業の産出・雇用構造の変化を示している．これによると，交通通信，商業の衰退とは対照的に，不動産，社会サービス業が急速に成長している．これを反映して，90年代において非貿易財の相対生産性が緩やかに上昇している傾向が見られている．図4-8は非貿易財部門の貿易財部門に対する相対労働生産性を示している．なお，すでに議論したように，90年代後半から，サービス業の就業者比重が大きくなりつつあるが，国際比較してみれば，図4-9で示しているように，同じ所得水準の他国と比べて中国のサービス業の就業者割合が小さいことは明らかである．

格に基づく調整をおこなっているのに対し，工業と農業は固定ウェイトに基づいており，価格変化の影響が十分に考慮されていない．③1995年にサービス業センサス調査がおこなわれ，その結果を用いて1993年以前の統計データを上方修正したが，その後の統計調査は1993年以前の方法を援用しているため，1993年以降の結果は，調整した1993年以前と比べて過小評価されている可能性がある．

11) 改革開放後における貿易財（製造業）の構造変化については第5章を参照．

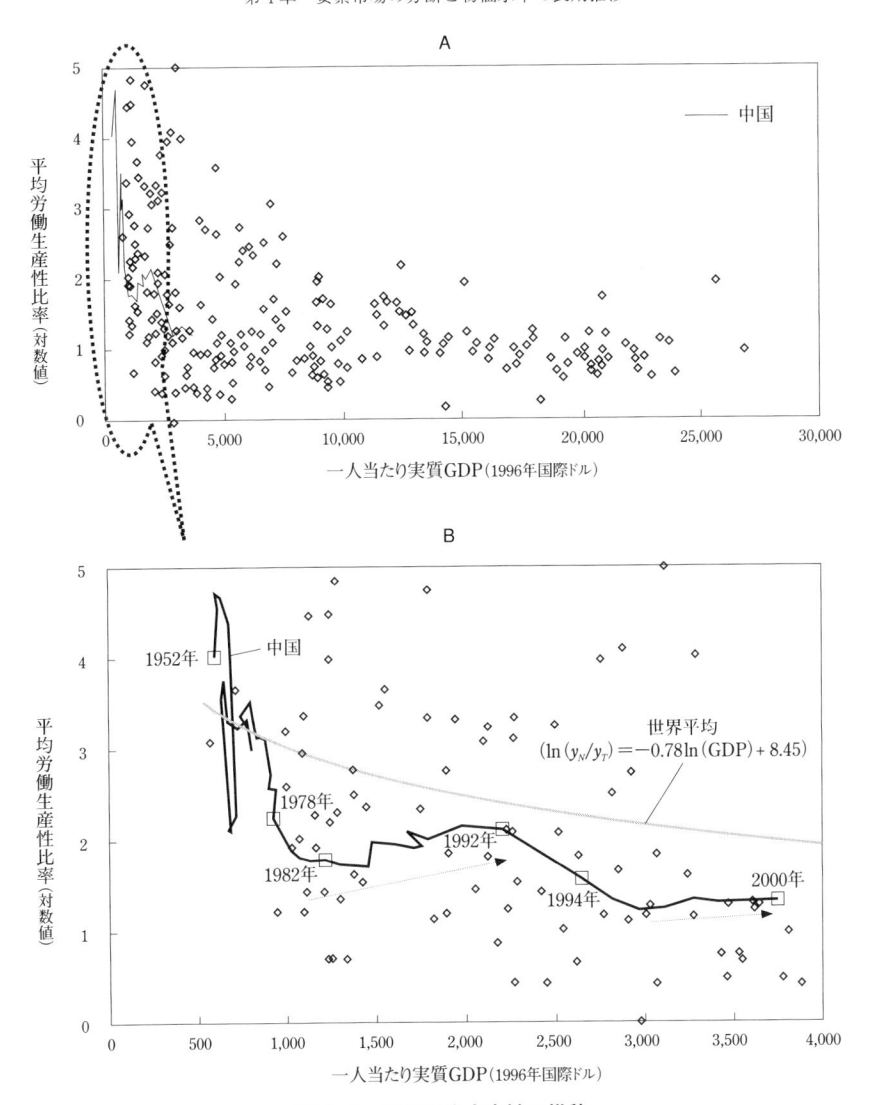

第4章　要素市場の分断と物価水準の長期推移　　151

図4-8　相対労働生産性の推移

注：縦軸は非貿易財部門対貿易財部門の平均労働生産性比率であり，横軸は一人当たり実質GDP（1996国際ドル）である．B図はA図の一部（点線で囲んだ部分）を拡大．
出所：中国の就業者割合は『中国統計年鑑』各年版，その他諸国の就業者割合は世界銀行の報告（WDI）による．一人当たりGDPはPWT 6.1による．

世界平均 $(\ln(y_N/y_T) = -0.78\ln(\text{GDP}) + 8.45)$

第 II 部　部門間資源配分

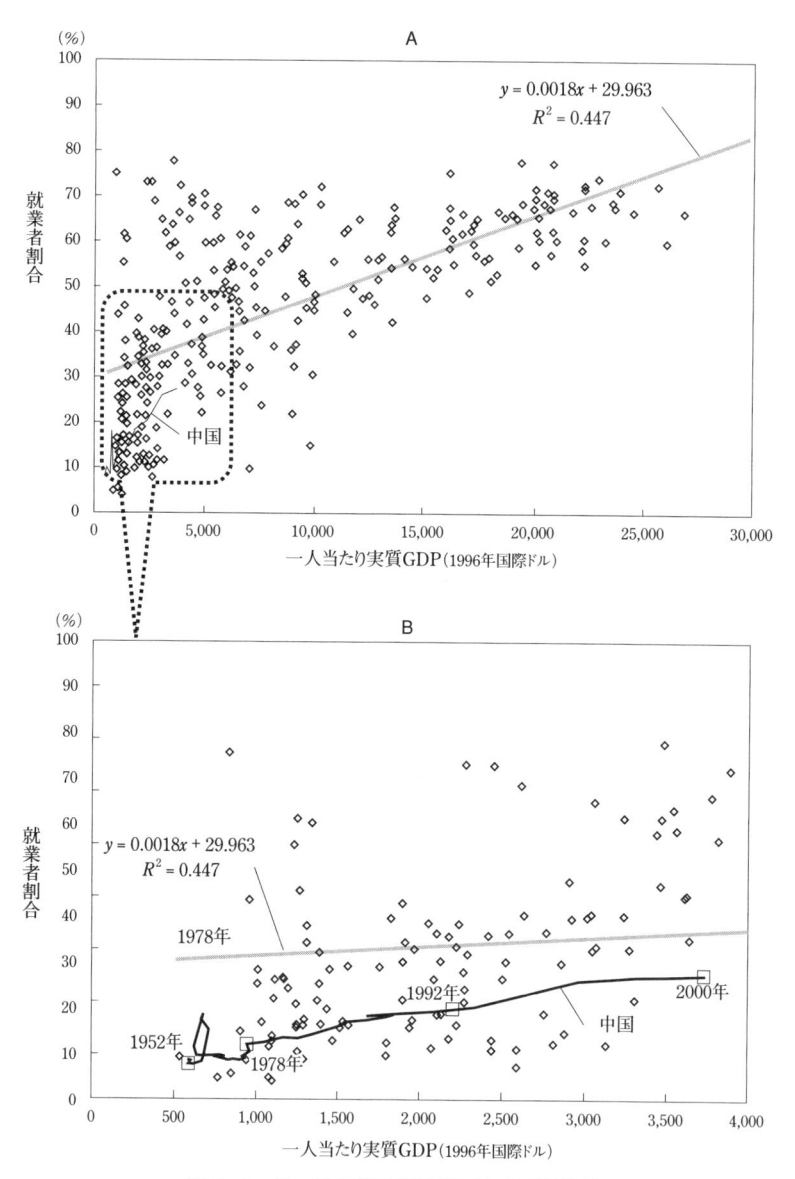

図 4-9　サービス部門就業者割合の国際比較

出所：図 4-8 と同じ.

4 実証分析

　第2節での理論分析と，第3節で示した中国経済の現実が合致しているか否かについて，1952～2000年の年次データを用いて検証するために，(4-22) 式に基づき，回帰式を次のように改める．

$$\hat{s}=b_0+b_1\hat{\beta}-b_2\hat{\alpha}-b_3\hat{\lambda}+b_4 D_{1984}+\varepsilon \qquad (4\text{-}23)$$

ただし，

$$\hat{\alpha}=\varPhi\left[\ln\left(\frac{y_N}{y_T}\right)-\ln\left(\frac{y_N{}^*}{y_T{}^*}\right)\right]$$

$$\hat{\lambda}=\varPhi\left[\ln\left(\frac{n}{1-n}\right)-\ln\left(\frac{n^*}{1-n^*}\right)\right]$$

とする．ここで，$\varPhi$ は非貿易財の産出が GDP に占める割合であり，$y_i=1/\alpha_i$ は平均労働生産性である．＾は世界平均からの乖離度合い（比率の対数値）を表す．

　中国の経済改革が全面的に始まったのは1984年からである．したがって，1984年を境にして前後両期間に分ける必要があると考え，ダミー変数 D_{1984} を導入することにする．

　第2節における仮説から，各係数の符号は次のように推定されることが期待できる．

　　　　　　　　b1：+　　　b2：+　　　b3：+

また，1951～1961年においては「大飢饉」という非常事態が生じていたので，この期間は異常値として推定から除くことにする．

4.1　データソース

　各変数の内外格差の算出に当たって，世界平均については ICP プロジェクト（PWT 6.1）で報告されている168ヵ国の一人当たり実質 GDP, PPP 物価水準，およびそれらの国に対応した世銀報告書（WDI 2002）による産業別の産出，就業者数を使う．具体的にいうと，たとえば，世界平均の非貿易財部門の雇用割合を算出する場合，まず1980, 1985, 1990, 1995年における各国の一人当たり実質 GDP と非貿易財部門の雇用割合をプールして，一人当たり実質 GDP

154　第Ⅱ部　部門間資源配分

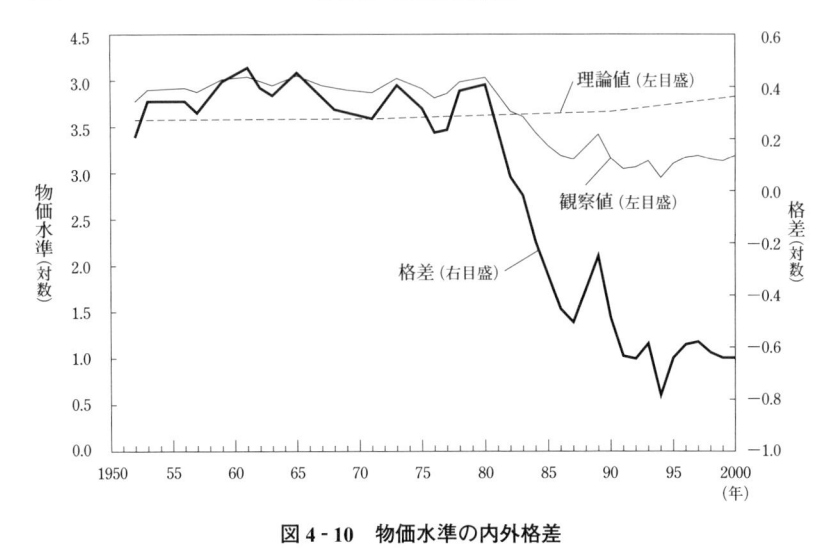

図 4-10　物価水準の内外格差

出所：PWT 6.1, World Bank, WDI 2002 より，筆者計算．

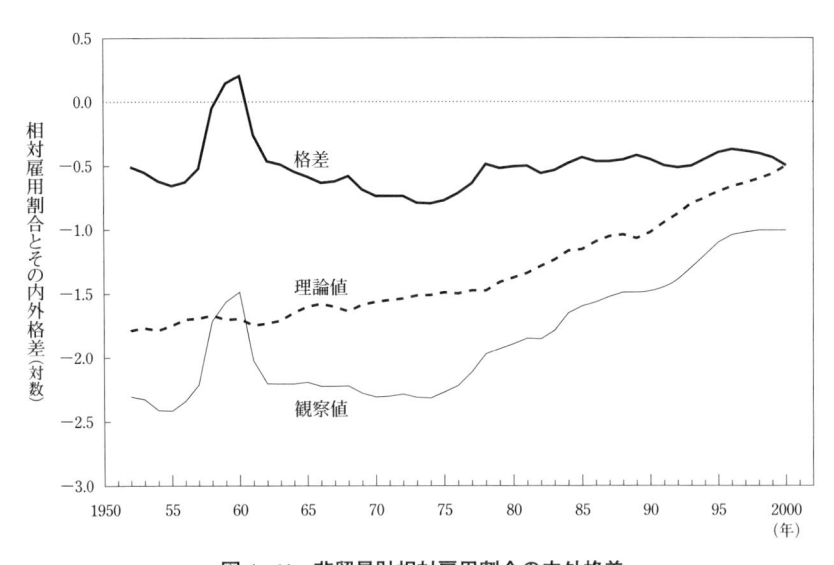

図 4-11　非貿易財相対雇用割合の内外格差

出所：中国は『中国統計年鑑』各年版，ほかは WDI 2002 より，筆者計算．

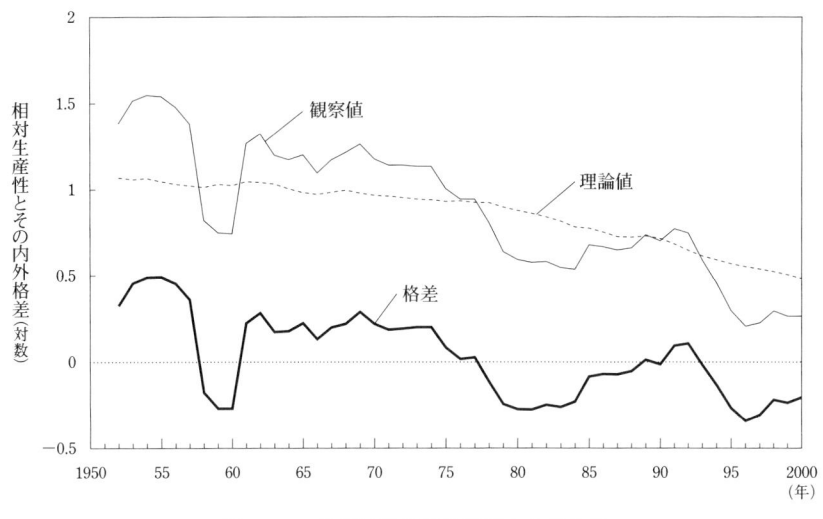

第4章　要素市場の分断と物価水準の長期推移　　155

図4-12　非貿易財相対生産性の内外格差

出所：図4-11と同じ．

水準に対して回帰する．次に，得られた係数と各年次における中国の一人当たり実質GDPを用いて，中国の理論値を算出する．最後に中国の観察値とここで得られた理論値との格差を計算する．相対平均労働生産性および内外物価比についても，同じ方法で計算する．なお，貿易財の内外価格比については第3章を参照．図4-10～12は各変数の計算結果を報告している．

4.2　回帰結果

回帰分析する前に，上述の時系列データが定常であるか，非定常であるかについて，各系列の1回ラグを取って自己回帰してみた．結果は各係数の絶対値は1より小さい，つまり定常であることがわかった．

表4-2は，(4-23) 式による推定結果である．

また，推定された各係数が0であるという帰無仮説について（つまり，$b_i=0$），F検定を行った．検定結果は以下の通りである．

表 4-2　内外物価水準比の決定要因

	A	B
b 1 貿易財内外価格差	0.137 (1.09)	
b 2 相対雇用割合の内外格差	0.266 (2.36)	0.279 (2.59)
b 3 相対生産性の内外格差	0.333 (3.32)	0.299 (3.17)
b 4 D_{1984} ダミー	-0.768 (-13.73)	-0.821 (-19.07)
定数項	0.405 (5.71)	0.437 (7.49)
Number of obs	45	45
F 値	$F(4, 40) = 99.72$	$F(3, 45) = 164.95$
R-squared	0.909	0.917

注：(4-23) 式による計算．括弧内は t 値である．
出所：実証データは本文参照．筆者計算．

推計式 A

$b1=0$　　$F(1, 40) = 1.19$　　Prob$>F=0.282$
$b2=0$　　$F(1, 40) = 5.59$　　Prob$>F=0.023$
$b3=0$　　$F(1, 40) = 10.99$　　Prob$>F=0.002$

推計式 B

$b2=0$　　$F(1, 45) = 6.72$　　Prob$>F=0.013$
$b3=0$　　$F(1, 45) = 10.07$　　Prob$>F=0.003$

このように，推計式 A の場合は，b1 は 30% で有意でも棄却されず，他の場合は 1～3% 有意で棄却されないことが分かった．

4.3　実証結果の解釈

以上の実証分析結果は，第 3 節での理論仮説と一致しており，以下のように解釈することが可能である．

まず，計画経済期における要素賦存状況を無視した重工業優遇政策は，工業

製品の製造コストを高め，製品価格が国際市場価格より高くなる原因となり，貿易財の内外価格差を温存させる環境を作り上げた．同時に，輸入代替政策が実施され，人民元を実質的に過大評価していたため，国内物価水準は高い水準に維持されていたと考えられる．改革開放以降については，豊富な労働力という中国の比較優位を背景にした労働集約的な製造業部門の急成長に伴い，貿易財の内外価格差が低下しつつ，物価は低水準へ転換したと理解できる．

次に，計画経済期における都市部門への労働力の流入に対する規制は，非貿易財・貿易財の相対生産性を国際水準より遥かに低位で推移させることになった．改革開放以降の第一段階（1978～90年）においては，労働集約的な産業が急成長した結果，資本装備率が低下し，非貿易財・貿易財部門の相対生産性は大幅に上昇した．また，第二段階（1990年以後）において，通信業や不動産業などの資本・知識集約的な非貿易財部門がより成長したため，1994年の人民元切り下げ前後の1，2年を除けば，非貿易財・貿易財部門の相対生産性が上昇した．このような相対生産性の変化が，計画経済期の「高」物価水準から，改革開放後の「低」物価水準へ転換したもうひとつの原因として考えられる．

また，一般的には，相対生産性の上昇に伴って賃金が上昇し，それを反映して非貿易財の価格が上昇すると考えられる．しかし，労働供給が拡大すれば，賃金の上昇圧力は解消され得る．これを裏づけるように，改革開放以降，とくに1990年代に入ると，大量の農村労働力が労働集約的なサービス業へ参入している．つまり，サービス業への労働力の移動による賃金上昇圧力の解消とサービス供給の拡大は，国内物価水準を上昇させなかった重要な原因であると考えられる．

おわりに

物価水準と経済成長の関係は，一般に「経済成長率の高い国は物価水準が上昇する，逆に低い国では物価水準が下落する」というバラッサ＝サミュエルソン効果によって解釈される．物価の持続的下落現象（デフレーション）は，ほとんどの場合は経済不況の進行を反映する．しかし，中国の場合は長期的にこの「標準的な」コースから外れている．つまり，改革開放後の時期だけではなく

計画経済期においても，バラッサ＝サミュエルソン効果は観測されていない．それは，計画経済期，そして市場経済への移行期においては，中国の生産要素市場がバラッサ＝サミュエルソン効果における諸仮定を満たしていないからである．

　本章では，従来のバラッサ＝サミュエルソン・モデルを拡張して，中国の物価水準の内外格差の決定要因について，2部門2財2国モデルを構築して分析した．理論分析の結果は，要素市場が分断されている場合，物価水準内外格差が，相対生産性だけではなく，貿易財に対する価格介入や，雇用構造の変化にも強い影響を受けることを明らかにした．また，年次データを用いた実証分析結果は我々の理論分析に合致していることが分かる．なお本章の理論と実証分析結果は改革開放後の中国物価水準が低くなった理由について，次のことを示唆している．

　その第一は，計画経済期における重工業優遇を含む開発政策は，貿易財部門での資本装備率を高め，一人当たり実質GDP水準が国際的に見て低位であるにもかかわらず，高水準の物価が維持される原因となった．

　第二は，改革開放以後，労働集約的な産業の急成長に伴って貿易財部門の資本装備率が低下し，非貿易財部門の相対生産性が上昇した．これは，経済成長に伴い貿易財部門の資本装備率が単調に増加する，という一般的に観察される状況とはむしろ逆の動きを示している．言い換えると，経済改革と対外開放が，歪んでいた産業構造を是正しつつ，物価を低水準へ転換させたと理解できる．

　なお，改革開放以降，労働集約的な財の輸出増加，輸入財の機械・設備価格に対する規制緩和などに伴う貿易財の国内価格の低下とともに，労働集約的な産業の生産拡大に伴う機械設備の需要増加が交易条件を悪化させたことも，中国の物価水準を低位に維持しているひとつの原因として考えられる．

第 III 部

市場化と生産性

第5章 市場化と資源再配分（1978～97年）
―― 生産要素の部門間移転と経済成長 ――

はじめに

　新古典派の経済成長理論における総生産関数は，均衡の存在を前提としている．つまり，生産要素の限界生産性が各生産部門において同じであると仮定している．しかしながら，この仮定は現実には成立せず，Chenery（1979）が指摘したように，財市場と生産要素市場における不均衡や，過剰労働力あるいは労働力不足，取引に対する制限などの原因により，部門間における動学的な不均衡が存在している[1]．とくに市場経済が未発達な途上国においては，財市場と生産要素市場に対するさまざまな規制が存在するため，生産要素は自由に移動できず，生産要素の限界生産性が各生産部門において同一であるとは考えられない．たとえば，途上国では部門間の大きな賃金格差が一般的に観察されている．

　経済成長のパフォーマンスを表す指標のひとつとして，全要素生産性（TFP）がある．1997年の経済危機以後，アジアの経済成長要因に関するTFPの議論は多い．これまでアジア諸国の経済成長を促進してきた要因として，需給両面からのアプローチを考えることができる．需要面では，国内需要（消費・投資）と海外需要（輸出）の顕著な伸びが生産活動の成長を下支えしてきたことと，供給面では，安価で良質な生産要素（資本・労働）の豊富な投入とともに，先進国からの生産技術の導入や教育の普及が生産性を高める上で重要な役割を果たしたことが指摘されている．たとえば高中（1999）はアジアの成長における国際貿易の役割に着目し，同地域の対外開放政策が成長にプラスの影

---

[1] Massell（1961）の研究も，経済成長における不均衡が動学的に存在するため，経済構造は持続的に変化していることを示した．

響をもたらしたと論じている．また World Bank (1993) は，アジアの高度成長について各国の公共政策の視点から詳細な分析をおこなった．そこでは，アジア経済高成長の要因として，高い輸出比率と貯蓄（投資率），そして人口成長などを挙げると同時に，人的資本や生産性の急速な向上が果たした役割を高く評価している．

これに対して，Kim and Lau (1994) と Young (1992, 1994, 1995) の研究は，アジアの成長はもっぱら資本・労働の要素投入量の一時的な拡大に起因し，先進国で一般に見られるような技術進歩の貢献度はほとんど無視できるものであるという分析結果を提示した．この結果は，これまでの World Bank などの実証結果を覆すものであった．彼らの分析によれば，今後のアジア経済の発展において，農村部からの労働移動は一段落し，国内投資率の頭打ちとともに海外からの直接投資などが一巡するようになると，生産性を改善できる技術を持たないアジア諸国の発展余力がなくなり，経済成長を損なうおそれがある．この結果に基づいて書かれた「幻のアジア奇跡」(Krugman 1994) をきっかけに，政策関係者を含む多くの研究者が TFP の論争に巻き込まれた．その後，Collins and Bosworth (1996) は，88ヵ国のデータを使って，世界規模で TFP 成長について研究した．彼等の結果は，アジアの経済成長では TFP の貢献度が小さいこと，つまり Krugman (1994) の結論を支持していた．

しかし，Chen (1997) は，今までの TFP の推定には，データの信頼性や集計に関する問題があると指摘した．ここでは，その詳細を繰り返すことは避け，次の点だけを指摘しておきたい．それは，総生産関数に基づいて推定した TFP には，生産能率の向上，資源再配分効果，生産要素の質の変化，規模の経済性および制度の要因が含まれている，ということである (Jorgenson 1988)．生産要素の限界生産性は産業間において格差があるため，生産要素の部門間における再配分は，経済全体の TFP に影響する．具体的にいうと，平均限界生産性より限界生産性の高い生産部門への資源移動は，経済全体の TFP に貢献するが，限界生産性が平均限界生産性より低い生産部門への資源投入は，TFP にマイナスな影響を与える．言い換えると，生産要素の過剰投入，あるいは投入不足により，その生産要素の限界生産性が下がったり（たとえば資本深化の場合），上がったりする．つまり，生産要素の産業部門間における再配分は，生

産要素の限界生産性を変化させることによって，経済全体の TFP に影響をおよぼす．とくに，産業部門間における生産要素の限界生産性の格差が大きい場合，その影響も大きくなる．本章第 2 節で示しているように，マクロ生産関数に基づいて推定した TFP は，各生産部門の生産関数に基づいて推定した TFP の加重平均とは等しくない（ウェイトは産出シェア）．この差は，生産要素の生産部門における投入シェアの変化による資源再配分効果である．つまり，マクロ的生産関数で推定した TFP と部門別の生産関数に基づいて推定した TFP_i の加重平均との差が資源再配分効果として求められるのである．

資源の再配分効果については，データの利用可能性から日本などの先進国や市場経済に関する研究が多いが[2]，移行経済[3]の国，とくに中国のような利用できるデータの少ない途上国についての研究は，これまでほとんどおこなわれていない．しかし現実には，改革開放以後，中国の産業構造が大きく変化する中で，資源の産業間における再配分は盛んにおこなわれていたことが観察されている．したがって，中国の高度成長期における資源再配分効果についての実証研究は，途上国の成長パターンの解明や，持続可能な経済成長などの課題にとって，一般化が可能な事例として意義のあるテーマだと考えられる．本章の目的は，改革開放以降に生じた生産要素の部門間再配分に伴って，資源配分の効率性がどのように変化したかを検証することである．そのために，Syrquin (1984) が提示した TRE（Total Reallocation Effect）モデルを採用し，恒久棚卸法（Perpetual Inventory）で推定した資本ストック，下方修正した実質産出と質を調整済みの労働投入データを用いる．これにより，計画経済から市場経済へ

---

2) 資源再配分効果についての実証研究は，Massell (1961)，Williamson (1969)，Sakong and Narasimham (1974) の研究がある．Massell (1961) はアメリカ製造業における 1949〜57 年の間に成長に貢献した TFP のうち，3 分の 1 は資本と労働の部門間移動によるものであったことを示した．対照的に，Johansen モデルを用いて 1957〜65 年のフィリピン製造業の発展について分析した Williamson (1969) では，要素相対価格の変化と労働生産性の成長率で表された製造業全体の TFP が，各生産部門の TFP の加重平均より低いという結果となった．したがって，彼は，この時期における資源再配分が製造業全体の生産性を低下させたことを指摘した．Sakong and Narasimham (1974) は同じ方法で，1949〜58 年の間における非効率的な資源再配分は，インド政府の重工業化政策によるものであると指摘した．また，Timmer (1999) がこの方法を利用して，インド，インドネシア，韓国，台湾について比較研究をおこなっている．その結果によると，インド，インドネシアの経済成長では資源再配分効果があまり現れておらず，韓国と台湾の場合でも低い．

3) 計画経済から市場経済への移行を指す．

の移行期にある中国製造業の成長における資源再配分効果を明らかにする．

本章の構成は次の通りである．第1節では，中国製造業15部門の成長を概観し，産出シェアと雇用シェアの変化から改革開放以降の三つの段階における製造業の構造変化を明らかにする．第2節は，TFPの推定方法と資源再配分効果の測定モデルを説明し，データソースについて議論する．第3節では，三つの段階における製造業の構造変化に伴う資源再配分効果を実証分析する．

1 製造業の成長と構造変化

1.1 製造業の成長

中国製造業は1978年以前において，すでに国内需要に対応できる生産能力を持つようなレベルまで発展していた[4]．製造業の中では，一般機械・運輸機械業の産出シェアが一番高く，二番目は繊維産業であった．この時期には，製造業の発展を促進するために，重工業優遇，輸入代替工業化戦略が採用されていた．さらに，高い関税率や非関税障壁によって，閉鎖的な製造業構造を作り出していた．しかし，中国の豊富な労働力という比較優位に基づいていないため，資源の有効利用ができず，技術レベルの低い製品は国際市場においても競争力が低かった．一方，1978年からの経済改革は計画経済体制に市場メカニズムを徐々に導入して，労働への意欲を高めさせるとともに，経済発展の戦略も輸出志向に変更し，閉鎖的であった経済を国際市場へ開放した．その上で，非国有企業を中心とする労働集約的な産業は，豊富な労働力という中国の比較優位を利用したため，資源配分の効率性は大きく改善され，製造業の規模も急速に拡大してきた．

表5-1で示されているように，1978年から1995年まで，製造業全体における実質付加価値の年平均成長率は10％である．しかも1980年代の8.74％から90年代の12.86％までに大幅に上昇してきた．また，部門別で見ると，木製品を除いたすべての部門における実質付加価値の成長率は，6％以上に達し

---

[4] 一人当たりGDP水準に対応する需要水準を考えている．

表 5-1 製造業部門別の実質付加価値の成長率

単位：%

	1978～84	1984～90	1990～95	1978～95
食 品	13.47	9.00	8.43	11.44
飲 料	19.37	12.94	12.19	14.96
タバコ	10.41	7.94	1.47	6.68
繊 維	6.13	5.47	6.24	6.66
縫 製	6.13	5.47	6.21	6.65
皮革・靴	10.81	11.10	15.16	12.33
木製品	5.60	−0.78	9.85	5.08
製紙・印刷	9.57	11.14	13.59	11.74
化 学	5.68	7.63	10.22	8.02
ゴム・プラスチック	12.19	11.28	19.78	14.73
非金属	9.53	9.68	13.33	11.50
金 属	4.58	7.21	9.30	6.97
一般機械・運輸機械	7.76	10.80	17.85	12.63
電子機械	14.10	18.51	22.80	18.39
他の製造業	4.24	4.57	15.82	8.61
製造業全体	7.50	8.74	12.86	10.08

出所：Wu (1999) より，筆者作成．

ていたことが分かる．

さらに，改革開放以降の時期を三段階に分けて，部門別に実質付加価値の成長率を見てみると，第一段階 (1978～84 年) では，飲料，電子機械，食品はそれぞれ 19.37%，14.10% と 13.47% であり，この時期において最も成長した産業といえる．第二段階 (1984～90 年) において，ゴム・プラスチックの成長率は 11.28% であり，電子機械，飲料業についで第 3 位になった．一般機械・運輸機械業の成長率は 10.80% で第 6 位，資本集約的な重工業である化学，金属業の成長率はそれぞれ 7.63%，7.21% で，第 10，第 11 位である．第一段階で成長率の高かった食品業は 9.00% であり，第 8 位に落ちた．そして，第三段階の 1990 年代になると，資本・技術集約的産業である第 1 位の電子機械業の年平均成長率は 22% を上回っている．第 2 位の素材産業であるゴム・プラスチック業は 19.78%，一般機械・運輸機械業は 17.85% で，第 3 位にまで上昇した．第一，二段階において第 1 位と第 2 位であった飲料業の成長率は，12.19% と第 8 位に落ちた．このように三つの段階において，かなりの変動が見られた．

1.2 製造業成長における構造変化

(1) 産出シェアとその変化

表5-2は，1978～95年間における中国製造業部門別の産出シェア（実質付加価値ベース）を示している．実質付加価値で測った産出シェアが持続的に拡大していた産業は，一般機械・運輸機械，ゴム・プラスチック，製紙・印刷，電子機械ならびに非金属業であるが，持続的に縮小した産業は，化学，金属，繊維，縫製と木製品業である．飲料，皮革・靴業の産出シェアは第二段階までは拡大してきたが，第三段階で縮小した．食品とタバコ産業の産出シェアは第二段階から縮小しつつある．そして第三段階においては，一般機械・運輸機械，ゴム・プラスチック，製紙・印刷，電子機械，非金属業の産出シェアは拡大したが，他の部門の産出シェアは縮小した．

(2) 労働投入シェアの変化

構造変化を表すもうひとつの指標は，各生産部門における労働投入シェアの

表 5-2 製造業の産出構造とその変化

単位：%

	1978	1984	1990	1995	1978～84(Ⅰ)	1984～90(Ⅱ)	1990～95(Ⅲ)
一般機械・運輸機械	15.30	15.32	16.51	21.31	+	+	+
飲　料	1.19	2.23	2.66	2.46	+	+	−
化　学	18.46	16.65	16.00	13.46	−	−	−
金　属	16.41	13.75	12.66	10.08	−	−	−
ゴム・プラスチック	2.68	3.43	3.77	5.30	+	+	+
食　品	3.35	4.61	4.20	3.84	+	−	−
製紙・印刷	2.98	3.33	3.71	3.80	+	+	+
繊　維	12.12	11.17	9.95	7.01	−	−	−
他の製造業	5.42	4.50	3.62	4.01	−	−	+
タバコ	4.32	5.06	4.80	2.54	+	−	−
電子機械	4.38	6.10	9.08	13.91	+	+	+
皮革・靴	0.91	1.03	1.23	0.81	+	+	−
非金属	7.14	7.99	8.39	8.88	+	+	+
縫　製	2.60	2.39	2.13	1.50	−	−	−
木製品	2.75	2.45	1.30	1.10	−	−	−

注：+，−はそれぞれシェアの増加と減少を示す．
出所：Wu (1999) より，筆者作成．

変化である．労働生産性が各生産部門において同じであれば，産出シェアが拡大する部門の労働投入シェアも上昇すべきである．つまり，均衡状態では産出構造の変化が雇用構造の変化と一致する．

表5-3で示されているように，改革開放以後の全期間において，労働投入シェアが持続的に拡大してきた産業は，飲料，化学，ゴム・プラスチック，製紙・印刷，電子機械業であるが，木製品業は縮小しつつある．繊維産業は第一，第二段階で拡大したが，第三段階で縮小した．

また，第一段階で縮小し，第二段階で拡大した産業は，タバコ，皮革・靴業と他の製造業である．一般機械・運輸機械と非金属業は第一段階で拡大したが，第二段階で縮小した．そして第三段階において，一般機械・運輸機械，繊維，他の製造業，木製品の労働投入シェアは縮小したが，他の部門での労働投入シェアは拡大した．

このような労働投入シェアの変化が，上述した産出シェアの変化と必ずしも一致していないことは明らかである．とくに注目したいのは，まず，第二段階で，労働集約的な産業である繊維と他の製造業の産出シェアが縮小しているに

表5-3 製造業の労働投入構造とその変化

単位：％

	1978	1984	1990	1995	1978～84(Ⅰ)	1985～90(Ⅱ)	1990～95(Ⅲ)
一般機械・運輸機械	18.55	22.02	19.70	17.74	+	−	−
飲　料	1.62	1.64	1.98	2.14	+	+	+
化　学	7.98	8.60	9.47	10.39	+	+	+
金　属	12.64	11.02	10.87	11.14	−	−	+
ゴム・プラスチック	2.65	3.45	3.61	3.65	+	+	+
食　品	5.81	5.72	5.69	5.80	−	−	+
製紙・印刷	3.81	3.95	4.09	4.13	+	+	+
繊　維	12.13	12.75	14.37	12.32	+	+	−
他の製造業	6.31	4.46	4.85	4.27	−	+	−
タバコ	0.59	0.42	0.46	0.46	−	+	+
電子機械	5.01	6.50	6.64	8.47	+	+	+
皮革・靴	1.51	1.49	1.58	2.16	−	+	+
非金属	11.03	11.58	10.81	11.26	+	−	+
縫　製	4.84	3.63	3.52	3.83	−	−	+
木製品	5.52	2.78	2.37	2.23	−	−	−

注：＋，−はそれぞれシェアの増加と減少を示す．
出所：Wu（2000）より，筆者作成．

もかかわらず，その労働投入シェアが拡大したことである．次に，資本・知識技術集約的な産業である電子機械，ゴム・プラスチックにおける労働投入シェアはその産出シェアとともに拡大したが，一般機械・運輸機械，非金属業においては，産出シェアが拡大しているにもかかわらず，その労働投入シェアが縮小したことである．第三段階においても，飲料，化学，金属，食品，皮革・靴と縫製業の労働投入シェアは拡大したが，産出シェアは縮小した．このような産出と労働構造の変動方向の違いは，生産技術（生産要素の組合せ）の選択に決定される問題であるが，市場がどの程度機能しているかにもかかわることによる．

1.3 要素市場の形成と資源再配分

戦後の長い期間において，中国の資源賦存は資本が相対的に希少であり，労働力が豊富である．この点を背景にした改革開放後の経済成長は，旧計画体制下での資本集約的重工業を優先させる経済発展パターンから労働集約的な産業を中心とする成長パターンへ転換し，労働集約産業の比較優位を発揮したと高らかに謳い上げられている．この主張に従えば，統制経済から市場経済へ向かう局面において，産出シェアと労働投入シェアの正の相関性は徐々に高まることが予想される．しかし，前節で労働投入と産出（実質付加価値）の構造に関する一致性を考察してきた結果，表5-2および表5-3で示されているように，改革開放以後の三段階において，産出シェアと労働投入シェアの正の相関性が高まっているとはいえない．とくに，90年代に入るとむしろ両者の動きの非整合性が高まっているように観察される．なぜこのような不釣合が生じたかについて，その理由は以下のように考えられる．

まず，1978年から始まった農村改革の成功は，農業の生産性を上昇させただけではなく，郷鎮企業の急速な成長をもたらした．また，1970年代末のアジアNIEs諸国は，経済発展により物的資本，人的資本や知識・技術などを蓄積し，労働集約的な産業から資本および技術集約的な産業中心の産業構造へと変化していた．同時期に，中国では改革開放の幕が開かれ，香港，台湾などアジアNIEs諸国が労働集約的な産業を次々に中国へ移動させた．このような非国有部門の成長に伴って，中国は比較優位を持つ労働集約的な産業に，より多

くの労働力を投入するようになったのである．この点は，1980年代の雇用の弾力性によって確認できる．胡（2002）によれば，1978～89年において中国のGDPの年平均成長率，雇用成長率はそれぞれ9.5%，3%となり，雇用のGDPに対する弾力性は0.31であった．つまり，この時期においては年平均1400万人の新規雇用を創出し，基本的に完全雇用の目標を達成していた．1990年代後半に入って，中国の経済成長は「資本深化」の過程を経験している．とくに工業部門における国有企業の資本集約度が大幅に上昇し，新たに増加した失業者を吸収するどころか，大量の余剰人員を生み出してしまった．その結果，高度経済成長を実現したが，それに対応した雇用の増大はもたらされず，労働投入の経済成長への貢献度は小さくなった．GDPは年率10%という高成長を遂げたが，雇用の成長率は1.1%へと鈍化し，雇用弾力性は0.10に低下した．

仮に生産要素が労働のみである場合，比較優位に基づいた労働集約的な産業の成長により，産出と労働投入シェアの変化の方向が一致すると予想される．しかし，資本投入も考慮に入れる場合，産出シェアの変化は資本投入シェアの変化にも大きく影響される．一般的に途上国においては，競争的労働市場の形成と比較すると，金融市場での取引の自由化に関しては，さまざまな困難を伴う．とくに中国の場合，計画経済期に破壊された（もしくは，そもそも存在していなかった）金融市場そのものを，いかに作り直すかということが問題になる．計画経済から市場経済への移行過程で，まず大きく変化したのは資金循環の方向である．石川（1993）が指摘しているように，従来，政府の財政収支に集中していた資金の流れは，家計から企業へという形に変化した．これに伴い，銀行による金融仲介が中心となる間接金融システムの形成が要請される．しかし，未熟な金融市場では，金融調節システムが十分に機能せず，資本の産業間における効率的な再配分は必ずしも保証されないだろう．たとえば90年代における「三角債」[5]問題は，国有企業が銀行融資など外部資金へ過度に依存していることを表している．改革開放以降は，郷鎮企業や外資企業の発展に伴い，非

---

5) 三角債とは，企業相互間で商品の代金回収が延滞している状況の俗称である．コストの高い外部資金に頼ることは国有企業の経営を圧迫し，1990年代半ばには，銀行債権の劣化，そして銀行の資本不足が進み，銀行危機の可能性が高まった．不良債権などが問題として取り上げられ，金融システムの改革が本格的に始まったのは，1998年以降のことである．

国有部門の資金調達・運用が市場メカニズムに従うようになってきたとはいえ，後掲の表 5-4 で示しているように，1990～95 年の時期においても，化学・金属・一般機械といった重化学工業部門の資本ストックの大部分は依然として国有企業に占められている．国有部門の資本再配分の非効率性は，経済全体の生産性に対して大きな影響を与えると考えられる．

以上の分析から見れば，労働市場と比べて資本市場の自由化は相対的に遅れており，途上国や移行経済の自由化過程で一般的に観察されている共通現象（桜井 2000）が，中国経済の自由化過程にも適用できる．これが，表 5-2，5-3 で示されている労働投入シェアと産出シェアの変化が合致しないことの原因になっているのだろうか．この問いに回答するために，部門間における労働と資本の再配分，およびそれが経済全体の生産性に与える影響について検討し，各要素市場における資源配分の効率性を定量的な分析により明らかにする必要がある．既に述べたように，生産要素の部門間における再配分とマクロ的全要素生産性との間に，次のような関連性が存在する．つまり，限界生産性が低い産業から高い産業に生産要素が移動すれば，マクロ的全要素生産性は上昇し，逆方向に移動すると生産性が低下してしまう，というものである．次節では，この関連性を計測する資源再配分効果——TRE モデルを中国製造業に適用し，経済自由化開始以降の各段階における労働と資本の再配分効果を推計する．

2　資源再配分効果の推定方法とデータソース

中国の改革はいわゆる漸進的な市場化を推進する改革である．すでに投入された資源についてはその配分を維持する一方で，新たに増加した資源は市場メカニズムに従って配分する．前節で見てきた構造変化に伴う労働や資本などの生産要素の再配分が，TFP にどのような影響を与えたのかは，市場経済への移行期における中国経済の成長パターンを解明する際のひとつのポイントになる．本節では，それを分析するために用いる資源再配分効果の推定モデルとデータソースについて説明する．

2.1　TFP 推定のアプローチ

TFP を推定するには，成長会計手法を採用する．生産関数は次のように仮定する．

$$Y = F(K, L, t) \tag{5-1}$$

Y, K と L はそれぞれ産出（付加価値），資本投入，労働投入であり，t は時間である．

(5-1) 式を時間に対して微分した後，両辺を Y で除すと (5-2) 式になる．

$$\frac{\frac{dY}{dt}}{Y} = \frac{\frac{dF}{dK}K}{Y} \cdot \frac{\frac{dK}{dt}}{K} + \frac{\frac{dF}{dL}L}{Y} \cdot \frac{\frac{dL}{dt}}{L} + \frac{\frac{\partial F}{\partial t}}{Y} \tag{5-2}$$

$(\partial F/\partial t)/Y$ は技術進歩（TFP）を表す項であり，体化されていないヒックス中立性を満たす技術進歩を表していると仮定する．完全競争の仮定が満たされるとき，生産関数により決定される産出の生産要素弾力性は，生産要素の所得分配シェアに一致する．$(dF/dK)K/Y$, $(dF/dL)L/Y$ はそれぞれ，産出の資本弾力性と労働弾力性である．$\lambda=(\partial F/\partial t)/Y$, $\alpha=(dF/dK)K/Y$, $\beta=(dF/dL)L/Y$ を用いて書き直すと，(5-2) 式は次のようになる．

$$\lambda = g_Y - \alpha g_K - \beta g_L \tag{5-3}$$

ここでの g_Y, g_K と g_L は，それぞれ，実質付加価値，資本投入，労働投入の成長率である．

λ は，投入要素の成長では説明できない経済成長を変化させるすべての要因を含んでいる．したがって，技術進歩と呼ぶよりは，資本と労働の投入量で説明できる部分以外の「残差」と呼ぶほうが適当であろう．その中には，投入要素の質の改善（たとえば，労働力の教育水準，年齢性別の組合せ，新技術を取り込んだ新資本財），経済の規模，資源再配分，経営組織などの変化が含まれている．Jorgenson (1988) が指摘したように，各投入要素を正確に測れる場合，その残差は小さくなる．

2.2　資源再配分効果の推定モデル

資源再配分効果を明確に示すため，Syrquin (1984) が提示した TRE モデル

を利用できる．それによると，総生産関数で推定した TFP と部門別の生産関数に基づいて推定した TFP_i の加重平均との差を，資源再配分効果として求めることができる．

各部門は (5-1) 式と関数型は同じであるが，パラメータの異なる生産関数をもつと仮定する．

$$Y_i = f^i(K_i, L_i, t) \tag{5-4}$$

Y_i, K_i と L_i はそれぞれ，部門別における実質付加価値，資本と質を調整した労働投入である．t は時間，$i = 1, \cdots, n$ は生産部門である．

(5-3) 式と同じように，(5-4) 式から，各部門の成長会計式が得られる．

$$g_{Y_i} = \alpha_i g_{K_i} + \beta_i g_{L_i} + \lambda_i \tag{5-5}$$

ここで，λ_i は，各部門の技術進歩率（TFP 成長率）であり，g_X は，X の成長率である．$\alpha_i = f_{K_i} K_i / Y_i$, $\beta_i = f_{L_i} L_i / Y_i$ は，それぞれ資本と労働の分配シェアである．また，$f.$ は，生産要素の限界生産性である．規模に関して収穫一定と仮定すると，$\alpha_i + \beta_i = 1$ である．

総産出の成長率は各部門産出の成長率の加重平均であるため，(5-5) 式から総産出の成長は次の式のように書くことができる．

$$g_Y = \sum \rho_i \alpha_i g_{K_i} + \sum \rho_i \beta_i g_{L_i} + \sum \rho_i \lambda_i \tag{5-6}$$

g_Y：製造業全体の付加価値の成長率

i：各生産部門

$\rho_i : \dfrac{Y_i}{Y}$ 部門別の産出シェア

λ_i：各生産部門における TFP 成長率

また，総生産関数による成長会計式は

$$g_Y = \bar{\alpha} g_K + \bar{\beta} g_L + \bar{\lambda} \tag{5-7}$$

である．

Y, K, L はそれぞれ製造業全体における産出，資本と労働の総投入であり，$\bar{\alpha} = \sum \rho_i \alpha_i$, $\bar{\beta} = \sum \rho_i \beta_i$, は製造業全体における資本と労働の分配シェアである．$\bar{\lambda}$ はマクロ生産関数に基づいて計算した TFP 成長率である．

$\mu_i = \dfrac{K_i}{K}$, $\upsilon_i = \dfrac{L_i}{L}$ は，それぞれ部門の資本と労働投入シェアを表している．したがって

第5章 市場化と資源再配分

$$g_K = g_{K_i} - g_{\mu_i}$$
$$g_L = g_{L_i} - g_{v_i} \quad (5\text{-}8)$$

前と同じように，g_X は，X 要素の成長率である．

ここでの g_K, g_L は製造業全体の資本と労働の増加率であり，すべての部門において同じであるため，総生産関数に基づく成長会計式は次のように書き換えられる．

$$\begin{aligned}g_Y &= \bar{\alpha} g_K + \bar{\beta} g_L + \bar{\lambda} \\ &= (\sum \rho_i \alpha_i) g_K + (\sum \rho_i \beta_i) g_L + \bar{\lambda} \\ &= \sum \rho_i \alpha_i g_K + \sum \rho_i \beta_i g_L + \bar{\lambda}\end{aligned}$$

(5-8) 式を代入すると

$$\begin{aligned}g_Y &= \sum \rho_i \alpha_i (g_{K_i} - g_{\mu_i}) + \sum \rho_i \beta_i (g_{L_i} - g_{v_i}) + \bar{\lambda} \\ &= \sum \rho_i \alpha_i g_{K_i} + \sum \rho_i \beta_i g_{L_i} + \bar{\lambda} - (\sum \rho_i \alpha_i g_{\mu_i} + \sum \rho_i \beta_i g_{v_i}) \quad (5\text{-}9)\end{aligned}$$

である．(5-6) 式と (5-9) 式を比較してみると，マクロ生産関数に基づいて推定した TFP ((5-9) 式の $\bar{\lambda}$) は部門別に推定した TFP の加重平均 ((5-6) 式の $\sum \rho_i \lambda_i$) に等しくないことが分かる．前者の中には，生産要素の投入シェアの変化による構造変化効果が含まれている．つまり，総生産関数に基づいて計算した TFP は，部門別の TFP_i の加重平均に，資本と労働の移動による資源再分配効果を加えた結果と等しい[6]．ここで TRE を次のように定義する．

$$\text{TRE} = \bar{\lambda} - \sum \rho_i \lambda_i = \sum \rho_i g_{\mu_i} \alpha_i + \sum \rho_i g_{v_i} \beta_i \quad (5\text{-}10)$$

この指標には，労働と資本両方の影響が含まれているため，全要素再配分効果 TRE と呼ばれている．

また，(5-10) 式は次のように書き直される．

$$\begin{aligned}\text{TRE} &= \sum \rho_i g_{\mu_i} \alpha_i + \sum \rho_i g_{v_i} \beta_i = \frac{1}{Y} \sum \dot{K}_i (f_{K_i} - f_K) + \frac{1}{Y} \sum \dot{L}_i (f_{L_i} - f_L) \\ &= A(f_K) + A(f_L) \quad (5\text{-}10)'\end{aligned}$$

f_L, f_{L_i} は，それぞれ経済全体と各部門に関する労働の限界生産性である．同様に，f_K と f_{K_i} は資本の限界生産性である．$A(f_K)$ および $A(f_L)$ は，部門間における労働と資本の限界生産性の違いによって生じた資本と労働の再配分効

---

[6] Massell (1961) は，前者を部門内の技術進歩，後者を部門間の技術進歩と定義している．

果である.このようにして測った資源再配分効果(TRE)が,非均衡状況の下でのみ生じることは明らかである.なぜならば,労働と資本の限界生産性が,部門間において等しい(均衡の状態)場合には,$A(f_K)$と$A(f_L)$がともにゼロになるからである.

2.3 データソース

これまでに行われた中国の工業に関するTFPの推定には,いくつかの問題点がある.その第一は,使われているデータに関する問題である.Chen(1997)が指摘しているように,工業センサスの資本ストックデータを使うか,それとも恒久棚卸法で推定した資本ストックデータを使うかによって,推定結果がかなり異なる.また生産要素の質について調整するか,しないかによっても,TFPを過大に評価したり,過小に評価したりしてしまう[7].さらに,中国の統計制度と社会制度などの原因による実質産出の過大評価の問題も指摘されている.

(1) 実質付加価値

中国政府が公表した実質GDPデータは,過大評価の傾向がみられるとしばしば指摘されている.公式統計の上方バイアスを導くおもな原因は,Wu(1999)が指摘しているように,まず「可比価格」制度にあるといわれている.

---

[7] Chen et al. (1988) は中国国有工業部門1953~85年の間におけるTFPの推定を試みた.彼らが改革開放以前の時期を二段階に分けて,また生産要素の質を若干調整して推定した結果によれば,1953~57年と1957~78年の間におけるTFPは,経済成長への貢献度がそれぞれ27.5%と14.2%である.一方,改革開放後(1978~85年)において,それは68.6%であるという結果を出している.つまり,改革開放前の経済成長は,資本の蓄積と労働投入の増加による結果であった.改革開放以後の時期においては,TFPによる経済成長への貢献がかなり大きいことを指摘した.また,Borensztein and Ostry (1996) の研究によると,1953~78年の間のTFP年平均増加率は -0.7% であるが,1978~94年においてその年平均増加率は3.8%(産出成長率の41.3%)と高くなったという.Chen(1997)と同じ結果を得た.しかし,それとは対照的に,Chow(1993)とWoo(1996)の研究では,中国経済発展過程におけるTFP成長率はそれほど高くないと指摘している.彼らは1953~80年の間において技術進歩が停滞していると主張している.またWoo(1996)は,1978~93年の間におけるTFPの成長率は0.3~0.6%(経済成長率は9.7%)とかなり低いレベルであると結論を下しているが,Chen(1997)は,その結果を導いたのは中国の経済指導者が第一次5ヵ年計画以後,資本財に低価額,低減耗率の政策を採用したため,国家統計データを調整していない資本投入データを使ったことによるものであると批判した.

第5章　市場化と資源再配分　　175

「可比価格」を使ってGDPデフレーターを作成すると，価格の上昇が適切に反映されないため，インフレを過小評価することになり，その結果，成長率が過大評価されると多くの研究者が指摘している（Maddison 1998, Wu 1999）[8]．その上，中国の社会体制にも問題がある．たとえば企業が主管部門に対して，産出額を過大に報告する傾向が見られる．企業の産出額の高成長は主管部門から管理能力が高いと評価されるからである．

以上の問題を解決するため，Wu（1999）では，1987年版の『中国投入産出表』の実物の産出データを利用し，ラスパイレス数量指数（Laspeyres Quantity Index）を計算した上で，基準年価格で同じ商品グループの総付加価値（Gross Value Added：GVA）を他の年次まで伸ばすことにより，製造業15部門の実質付加価値を推計している[9]．

Wuの推定結果によると，中国公式統計が中国工業成長のパフォーマンスを過大評価する度合いは，1978〜97年の間に年率3.5%であることが分かる．

（2）資本ストック

中国の統計制度の不備により，公表されている資本ストックデータの信頼性

---

[8]　「可比価格」（comparable price）に基づくGDPデフレーターは，現在，5つの公定「不変価格」（constant price）（すなわち1952, 1957, 1970, 1980および1990年の5つ）により求められる．この「不変価格」は各産業の代表的商品の特定期間における平均価格として設定されたものといわれるが，代表的商品がいかに選ばれているか，期間ごとの代表的商品の平均価格がいかにして計算されるかについての詳細な情報は一切ない現況である．基本統計単位にあたる企業は，名目価格表示の産出のみならず，「不変価格」表示の実質産出を報告しなければならないこととなっているが，このやり方は，西側諸国で使われる「不変価格」とは異なる．

[9]　Wu（1999）は推計する際に，GVA対GVO（Gross Value of Output）比率が一定であると仮定している．また，価格情報のない商品に対して，同産業中でのすべての同種商品の価格は同じであると仮定している．

$$p_{ij,87} \cong \bar{p}_{\text{for}\, i=1,2,\cdots,n}$$

インデックスの計算式は次のとおりである．

$$Q_{j,t}^{\text{Index}\,87} = \frac{\sum_{i=1}^{n} p_{ij,87} \cdot q_{ij,t}}{\sum_{i=1}^{n} p_{ij,87} \cdot q_{ij,87}} = \frac{\sum_{i=1}^{n} q_{ij,t}}{\sum_{i=1}^{n} q_{ij,87}}$$

$Q_{j,t}^{\text{Index}\,87}$は1987年を基準年として，$j$産業の$t$年度における産出インデックスである．$p_{ij,x}, q_{ij,x}$はそれぞれ$j$産業の$x$年度における生産者物価と生産数量である．

$$\text{GVA}_{j,t} = \text{GVA}_{j,87} \times Q_{j,t}^{\text{Index}\,87}$$

$\text{GVA}_{j,t}$は，j産業におけるt年度の実質付加価値である．

が低いということは，中国経済研究者の間で認識されていた．このようなデータの問題に対し，近年においては，黄・任・劉 (2002) の研究結果を利用できるようになった．彼らは，恒久棚卸法を用いて，1978年から1995年までの中国製造業における国有部門 (15 部門) の資本ストックを推計している．

恒久棚卸法は資本ストックを推計する方法のひとつである．具体的にいうと，耐用年数中資本ストックとして存在するものが，投資された資本とされ，耐用年数内における毎年の投資額の合計が粗資本ストックとされる．そして，耐用年数内における資本減耗累計額控除後の投資額の合計が純資本ストックである．

$$K_t = \sum_{\tau=0}^{\infty} d_\tau I_{t-\tau} \qquad (5\text{-}11)$$

K_t は純資本ストックである．t，τ は時間（投資年度）を表す．d_τ は τ 時点での資本の残存率である．$1-d_\tau$ は減耗率となる．$I_{t-\tau}$ は固定価格で示している τ 時点までの投資額である．

恒久棚卸法で資本ストックを推定する際，減耗率の推定は最も重要である．各種の資本財（とくに設備と建築）の耐用年数は同じではないが，中国政府が公表している資本財の減耗率は設備と建築を区別していない．それに減耗率がかなり低く設定されていることも研究者に認識されている．Maddison (1995b) の長期にわたる様々な国の資本財の耐用年数についての研究結果によると，建築物と設備の耐用年数はそれぞれ39年と14年である．黄・任・劉 (2002) は，この結果を参考にし，1978年の資本ストックを推計した上，1978~95年間における各種資本財の減耗率を推計した．彼らの推計結果によれば，建築，設備の減耗率はそれぞれ8%，17% であり，中国政府が公表した資本財（建築と設備を区別せず）の減耗率より4.1~4.6% 高くなっている．もちろん彼らの推定についてはデータの問題や仮定の強さに若干疑問もあるものの，今までの中国の資本ストック推計データの中ではたいへん利用価値のあるものとして評価される．

一方，非国有部門の資本ストックに関する情報はあまりにも少ないため，直接推計は難しい．本章は，『中国統計年鑑』各年版を利用して，黄・任・劉 (2002) の推計結果から製造業全体の資本ストックを再推計した．1985年以後の『中国統計年鑑』では，国有部門と製造業全体における部門別の固定資本原

第5章　市場化と資源再配分　　　　　　　　　177

表5-4　国有部門の資本ストックシェア

	1978〜84	1984〜90	1990〜95
食　品	0.84	0.82	0.67
飲　料	0.86	0.79	0.68
タバコ	0.97	0.97	0.96
繊　維	0.79	0.71	0.56
縫　製	0.21	0.19	0.14
皮革・靴	0.49	0.43	0.27
木　材	0.50	0.47	0.39
製　紙	0.83	0.77	0.60
化　学	0.93	0.89	0.78
ゴム・プラスチック	0.48	0.45	0.35
非金属	0.67	0.64	0.56
金　属	0.88	0.86	0.80
一般機械・運輸機械	0.86	0.82	0.69
電子工業	0.85	0.79	0.55
その他製造業	0.59	0.48	0.24

注：製造業全体の資本ストックは1とする．
出所：中国国家統計局『中国統計年鑑』各年版．

価を公表している．これにより，国有部門の製造業全体の固定資本に占める比率が分かる（表5-4）．1985年以前においては，情報が不完全であるため，85年と同じ比率であると仮定する．この時期，中国の改革開放は農業を中心としている段階であり，工業改革は1984年以後となっているため，この仮定は妥当であると考えられる．

(3) 労働投入

中国国家統計局は，おもに二つの労働者数指標を公表している．そのひとつはDPES (Department of Population and Employment Statistics) による「職工」数である．それは，おもに計画体制下における都市部に立地する国有企業と，集団企業に就職していた労働者数（非農業人口）を示している．もうひとつはDITS (Department of Industrial and Transportation Statistics) による「従業人員」である．それは都市部と農村地域の両方を含む，すべての企業の労働者数（郷鎮企業，社隊企業に就職している労働者数も含む）を公表している．したがって，製造業全体を分析する際には，DITSのデータを利用できる．

中国労働統計に関するもうひとつの問題点は，中国企業が給料以外にさまざまな福利とサービスを従業員に提供していることである．たとえば，住宅，医療施設，保育院，学校，映画館などは，中国の大企業でよく見られる福利・サービスである．公表されている製造業の労働者数には，上述のようなサービス部門での従業員も含まれているため，それを排除しないと労働投入は過大評価されてしまう．中国工業センサスのデータは，製造業における全体の従業員数と上述のようなサービス部門での従業員数データを公表している．それによると，サービス部門の従業員数が全体の従業員数に占めるシェアは平均で9.8%である（Szirmai and Ren 1995）．Wu（2000）は，このような情報を利用して，DITS労働者数データを下方修正した．

また，教育水準の上昇などに伴って，人的資本が蓄積され，労働力の質が上昇したことを無視すると，労働投入も過小評価してしまうことになる．とくに中国では文化大革命などの大規模な社会運動によって，学校教育が一時的に破壊されたことがあった．1970年代からは，学校教育は全面的に回復し，各レベルの学校教育を受けた卒業生数が年々大幅に増加してきた．したがって，中国工業に関するTFPを推定する際，労働の質についての調整が必要とされる．

本章での労働の質に関する指標は，Collins and Bosworth（1996）を参照した．労働の質のインデックスの推定方法は，次のようである．

$$H = \sum \omega_j P_j \qquad (5\text{-}12)$$

Hは労働の質を表す指標である．jは学校教育レベルである．教育レベルは小学校未満，小学校，中学校，高校，大学学部，修士課程と修士課程以上の7つに分けられている．Pは各レベルの教育を受けた人口の全人口に占めるシェアであり，ωは各レベルの教育を受けた人に対する報酬の指標である．したがって，

$$L = H\hat{L} \qquad (5\text{-}13)$$

である．Lは労働投入であり，$\hat{L}$は質調整前の労働者数である[10]．

---

10) 労働の質のインデックスについては，Bosworth氏のご好意で，利用させていただいた．

(4) 資本と労働の分配シェア

中国製造業に関する TFP を推定する際の第二の問題点は,資本と労働の分配シェアである.これまでの中国経済の生産性に関する研究は,産出の資本,労働の分配シェアを,それぞれ経験的に 0.4, 0.6 (改革開放以後) あるいは 0.6, 0.4 (改革以前) としている (郭 1993) が,計画経済体制に漸進的に市場経済を導入することによって,生産部門間における効率性はかなり異なるようになったため,これらの推計は経験的なものにすぎず,あらためて信頼性のあるデータから推計する必要があると思われる.1987 年から,中国国家統計局は『中国投入産出表』を作り始めた.その結果,5 年ごと (1987, 1992, 1997 年) に 100 部門以上の産業連関表を利用することが可能となった.本章では,1987 年と 1997 年の『中国投入産出表』を利用して,労働者収入(労働者収入+福利基金)と付加価値の比率を労働の分配シェアとして採用する[11].

表 5-5 資本と労働の分配シェア

	α	β
食　品	0.690	0.310
飲　料	0.736	0.264
タバコ	0.951	0.049
紡　績	0.652	0.348
縫　製	0.534	0.466
皮　革	0.558	0.442
木材製品	0.577	0.423
製　紙	0.612	0.388
化　学	0.727	0.273
ゴム・プラスチック	0.660	0.340
非金属	0.596	0.404
金　属	0.631	0.369
一般機械・運輸機械	0.607	0.393
電子機械	0.672	0.328
その他製造業	0.632	0.368
製造業全体	0.656	0.344

出所:中国国家統計局『中国投入産出表』各年版より計算.
注:α, β はそれぞれ資本と労働の分配シェアである.規模に関する収穫一定の場合,$\alpha + \beta = 1$.

---

11) ここでは,ヒックス中立的技術進歩が仮定されているため,分配率は 1987 年と 1997 年の平均を使っている.分配率が時間を通じて変化する場合を考慮した結果は本章の補論を参照.

3 推定結果

表5-5では,部門別の資本,労働の分配シェアが示されている.そのバラツキから,中国製造業各部門における生産要素の限界生産性はさまざまであることが分かる.

3.1 部門別 TFP 成長

(5-5) 式と (5-7) 式についての推定結果は,表5-6と図5-1,図5-2に示されている.全体から見ると,第二段階におけるTFP成長率はマイナスになっている.第一段階,第三段階と比べて明らかに低い.また,第三段階での上昇にも注目したい.

部門別で見ると,第一段階では,タバコ,繊維,化学産業のTFP成長率はマイナスになっており,第二段階においては,食品,飲料,タバコ,繊維,縫製,木材,化学,金属とその他の製造業部門のTFPはマイナスになっている.

表5-6 各時期における部門別TFPの成長と変化

	1979〜84	1984〜90	1990〜95
食 品	7.99	-1.27	-3.22
飲 料	2.86	-1.83	4.73
タバコ	-9.49	-17.42	-14.53
繊 維	-1.96	-5.55	2.57
縫 製	9.74	-1.49	-4.93
皮 革	8.28	1.64	3.26
木材製品	6.75	-6.45	1.23
製 紙	6.55	1.37	3.64
化 学	-0.59	-4.24	0.32
ゴム・プラスチック	7.63	1.56	9.66
非金属	4.57	2.78	4.42
金 属	2.48	-0.36	1.54
一般機械・運輸機械	6.30	5.62	9.67
電子機械	6.67	8.91	7.35
その他製造業	4.68	-6.73	1.73
製造業全体	3.87	-0.23	3.74

注:部門別のTFPは (5-5) 式に,製造業全体のTFPは (5-7) 式により計算.
出所:データソースは本文を参照.

明らかに非効率的なものであるといえる．とくに第二段階では，産出の増加は，主に資本の投入に頼る資本蓄積的な成長パターンである．また，国有企業の経済パフォーマンスが低いことが，製造業全体のTFP成長率に影響を与えたともいえよう．第三段階においては，食品，タバコと縫製業を除いて，すべての産業におけるTFPはプラスに転じた．電子機械，ゴム・プラスチック，一般機械・運輸機械業のTFP成長率はそれぞれ7.35％，9.66％，9.67％であり，製造業全体においてトップ3位を占めている．そして，縫製業のTFP成長率は第三段階において大幅に落ちた．図5-1に示しているように第三段階において，労働投入の産出成長に対する貢献度は，第一段階と第二段階より低くなっている．

さらに，部門別のTFP成長率が製造業全体のTFP成長率に与える影響については，図5-2を見ると分かる．縦軸は，部門別のTFP成長率に産出シェアのウェイトをつけた結果であり，製造業全体のTFPの構造を表している．全期間において，一般機械・運輸機械業の高いTFP成長率は，全体に大きく

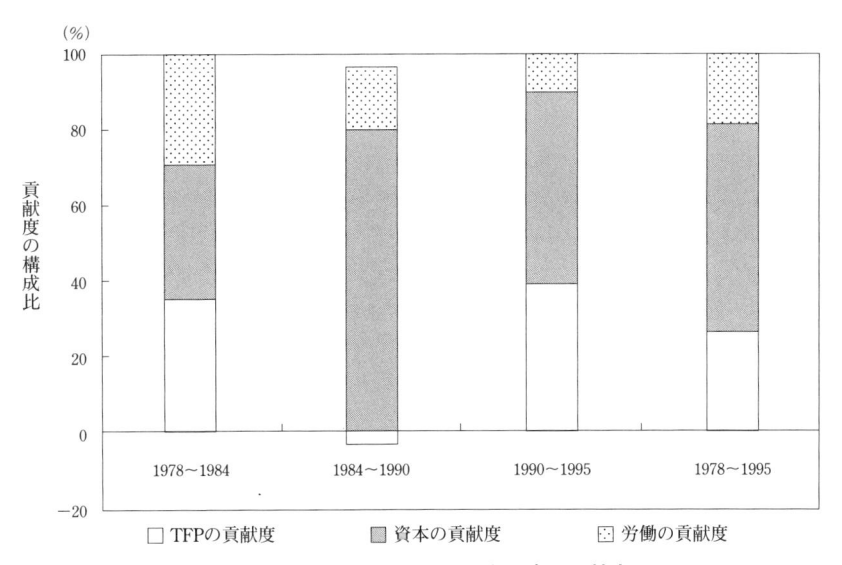

図5-1　製造業成長における各要素の貢献度

注：(5-7) 式の計算結果により作成．
出所：第2節本文を参照．

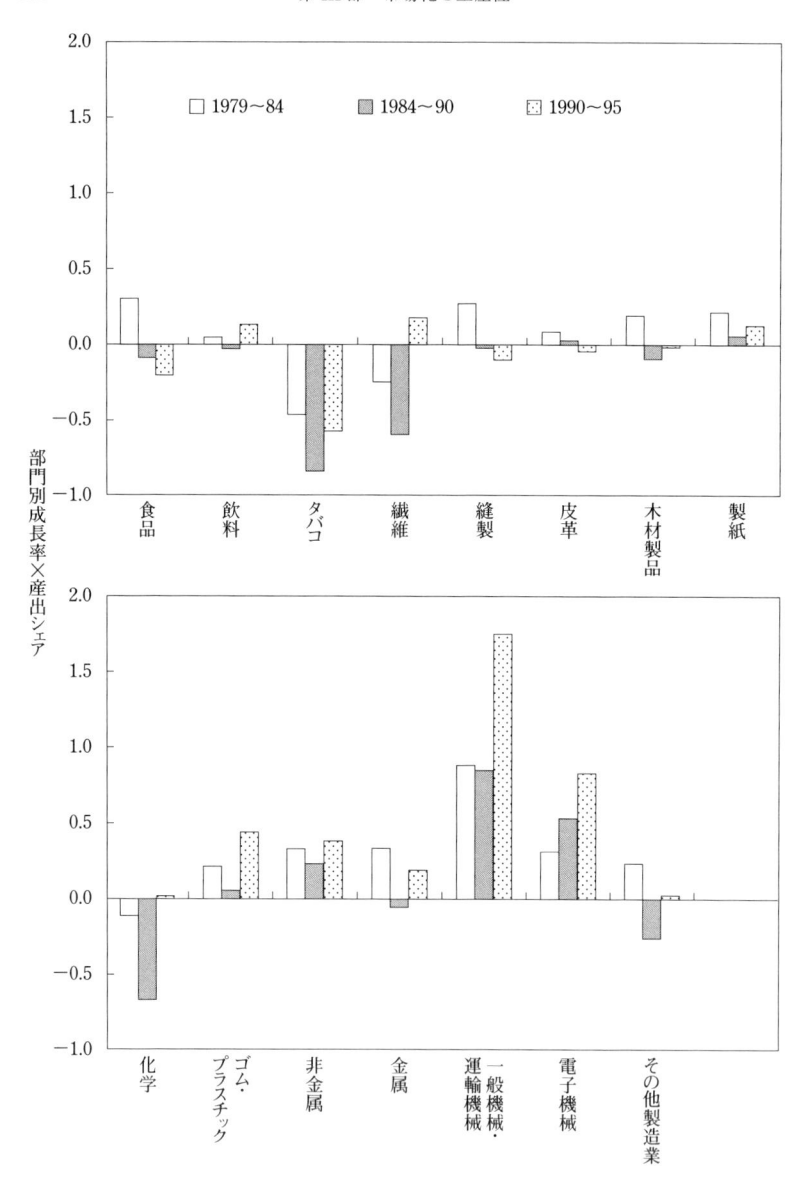

182　第 III 部　市場化と生産性

図 5-2　製造業全体の TFP 成長率と各部門の寄与

注：縦軸は製造業部門別 TFP 成長×部門別の産出シェアを表す．
出所：表 5-2 に同じ．

貢献した．とくに第三段階での成長は製造業全体の高いTFP成長率の牽引力となっている．一方，タバコ産業のTFP成長率は全期間においても，マイナスになっている．そして，繊維，化学，縫製業のTFP成長率が低いことも全体のTFP成長率にマイナスの影響を与えた．

3.2 TREの推定結果

表5-7，図5-3，図5-4は製造業全体における資源再配分効果を推定した結果を示している．

第一段階（1978～84年）において，総生産関数（5-7）式に基づいて推定したTFP成長率は，各生産部門の生産関数（5-6）式に基づいて推定したTFPの加重平均より高い．その差（資源再配分効果）は1.30であり，TFPと産出成長に対する貢献度はそれぞれ33.65％と17.36％である．とくに資本の再配分効果は1.21であり，TFPに対する貢献は31.20％である．労働の再配分効果は正であるが，0.09の低い値しか見られない．第二段階においても，TRE効果は正であるが，資本の再配分効果は第一段階と同じように労働再配分効果より

表5-7 中国製造業成長における資源再配分効果

再配分効果　　　　　　　　　　　　　　　　　　　　　単位：％

	1979～84	1984～90	1990～95	1979～95
$A(f_K)$	1.21	0.67	0.42	0.79
$A(f_L)$	0.09	0.02	0.14	0.09
TRE	1.30	0.70	0.55	0.88
TFP	3.87	−0.23	3.74	2.38
GV	7.50	8.74	12.86	10.08

貢献度　　　　　　　　　　　　　　　　　　　　　　　単位：％

	1979～84	1984～90	1990～95	1979～95
$A(f_K)/GV$	16.10	7.70	3.24	7.89
$A(f_L)/GV$	1.26	0.26	1.06	0.87
TRE/GV	17.36	7.96	4.30	8.76
$A(f_K)/TFP$	31.20	287.10	11.12	33.45
$A(f_L)/TFP$	2.45	9.79	3.66	3.71
TRE/TFP	33.65	296.88	14.78	37.16

注：$A(f_K)$，$A(f_L)$ はそれぞれ資本と労働の再配分効果．GVは実質産出成長率．
出所：(5-7) 式と (5-10) 式に基づき計算（データソースは第3節本文を参照）．

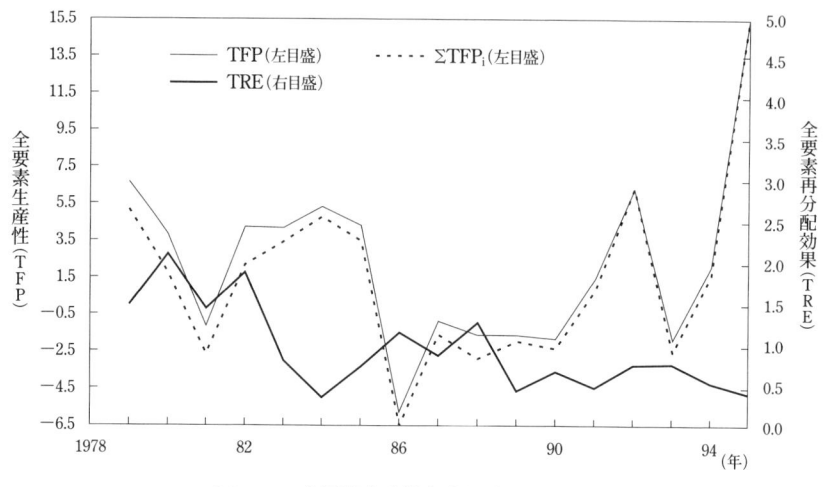

図 5-3　全要素生産性と全要素再配分効果

注：(5-6) 式と (5-7) 式に基づき計算（データソースは本章の第2節本文を参照）．

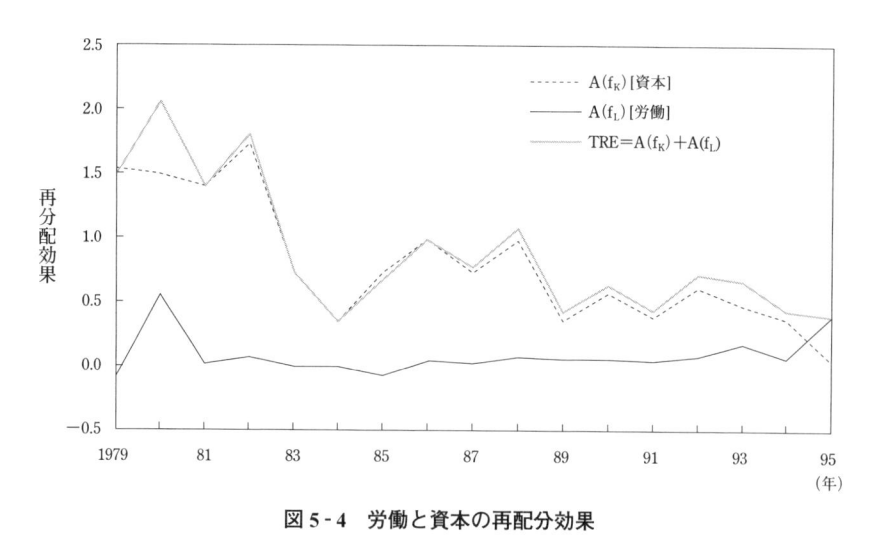

図 5-4　労働と資本の再配分効果

注：(5-10) 式の計算結果により作成．$A(f_K)$，$A(f_L)$ はそれぞれ資本と労働の再配分効果である．
出所：本章第2節本文を参照．

はるかに大きく，全体の資源再配分効果を左右している．また，第三段階では，資本の再配分効果は大幅に低下し，労働の再配分効果は上昇したことも表5-7と図5-4から分かる．全期間において，資源再配分効果は次第に低下していると見られる．

　市場経済の場合は，生産要素はその限界生産性の高い生産部門へ移動する．つまり，経済が均衡へ向けて動く．前節の分析から分かるように，限界生産性の部門間における格差が小さい場合には，資源の再配分効果も小さくなる．しかし，このことは，必ずしも限界生産性の部門間における格差が小さいことを意味しない．たとえば，非効率的な資源配分によるマイナスの影響と効率的な資源再配分効果が相殺されてしまうときも，経済全体の資源再配分効果は小さくなる．したがって，製造業全体の資源再配分効果を明らかにするため，各生産部門の資源再配分効果を見る必要がある．図5-5と図5-6は部門別の資本再配分効果と労働再配分効果を示している．横軸は各部門における資本と労働の限界生産性と平均限界生産性との差（標準化のため平均限界生産性で割った結果）である．つまり，原点は平均限界生産性，縦軸の右側は平均限界生産性より限界生産性の高い部門，左側は平均限界生産性より限界生産性の低い部門を示している．縦軸は製造業全体における増加投入した資本と労働に占める部門別への増加投入のシェアである．また数字は再配分効果を表す．

3.3　部門別資本の再配分効果

　第一段階において，タバコ，繊維，化学産業への資本投入は，プラス的な再配分効果を表している．タバコ産業の限界生産性は，他の産業より格段に大きいので，資本の増加投入シェアは低いにもかかわらず，資本再配分効果が0.86であり，この時期における全体の資本再配分効果に大きく貢献している．非金属，金属，電子機械業での資本限界生産性は平均限界生産性より低いので，全体の資本再配分効果にマイナスの影響をおよぼした（図5-5 (1) を参照).

　第二段階における部門別の資本再配分効果は，図5-5 (2) で示している．タバコ産業への資本増加投入は第一段階と同じように，全体の資本再配分効果に対するプラスの貢献が大きい．右から左へ見てみると，資本の限界生産性が低くなるにしたがって，資本増加投入シェアは大きくなる傾向が見られ，資本の

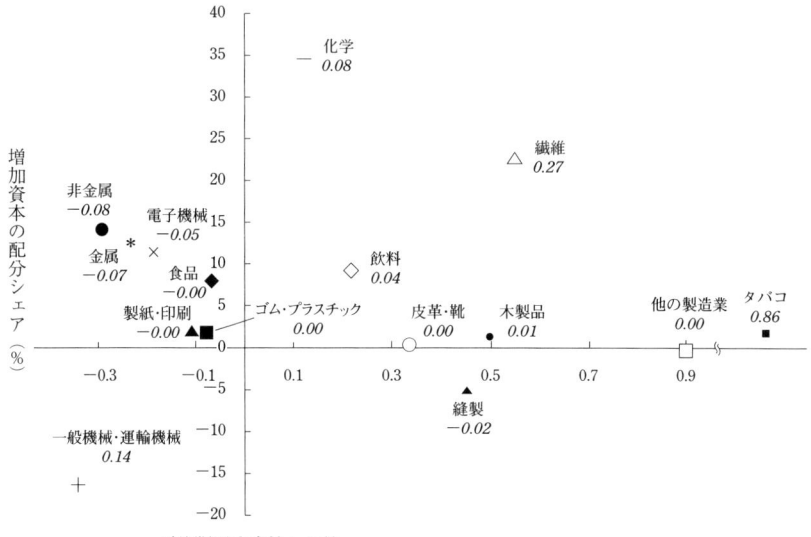

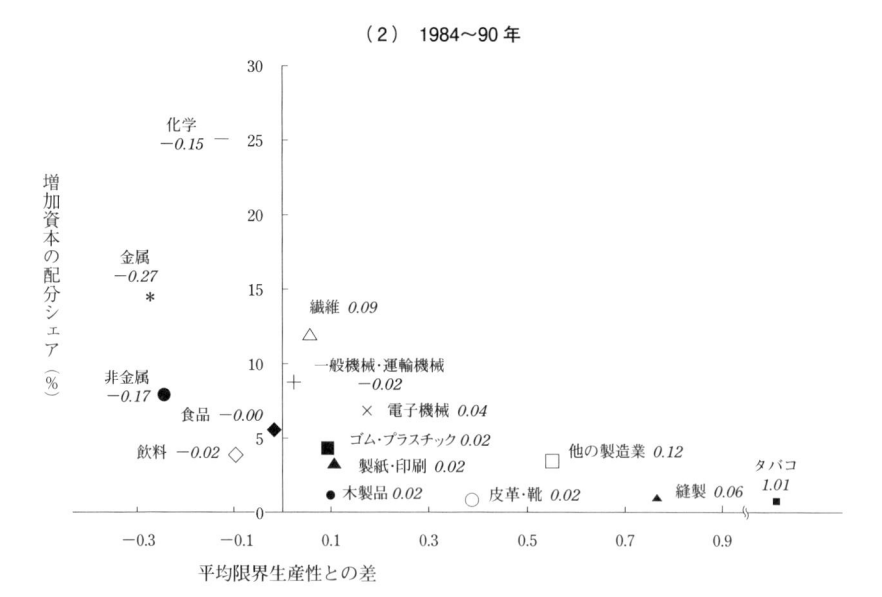

第 III 部　市場化と生産性

(1)　1978〜84 年

増加資本の配分シェア（％）

化学　0.08
非金属　−0.08
電子機械　−0.05
金属　−0.07
食品　−0.00
製紙・印刷　−0.00
ゴム・プラスチック　0.00
飲料　0.04
皮革・靴　0.00
木製品　0.01
繊維　0.27
縫製　−0.02
他の製造業　0.00
タバコ　0.86
一般機械・運輸機械　0.14

平均限界生産性との差

(2)　1984〜90 年

増加資本の配分シェア（％）

化学　−0.15
金属　−0.27
非金属　−0.17
食品　−0.00
飲料　−0.02
繊維　0.09
一般機械・運輸機械　−0.02
電子機械　0.04
ゴム・プラスチック　0.02
製紙・印刷　0.02
木製品　0.02
皮革・靴　0.02
他の製造業　0.12
縫製　0.06
タバコ　1.01

平均限界生産性との差

図 5-5　各時期における資本の再配分効果

出所：本文を参照.

第5章　市場化と資源再配分

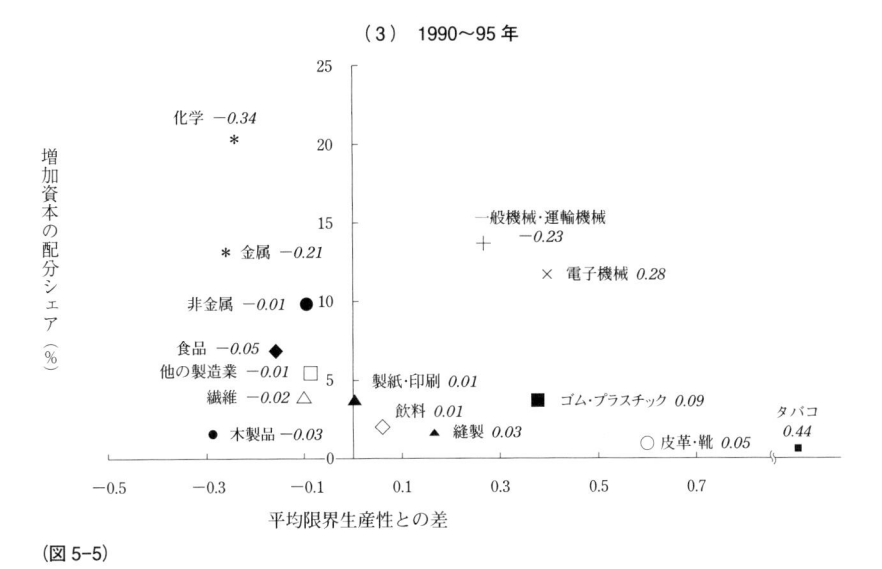

(3) 1990〜95年

(図5-5)

　再配分は非効率的であることが分かる．つまり，資本の平均限界生産性より低い部門への資本増加投入シェアは大きい．とくに化学，金属業への資本増加投入は全体の資本再配分効果に対するマイナスの影響を与えた．タバコ産業を除けば，この時期の資本再配分効果は低い．

　図5-5 (3) で示しているように，第三段階では，化学，金属，非金属，食品と木製品業における資本の限界生産性は平均より低いので，これらの部門への資本増加投入はマイナスの再配分効果を表している．とくに化学産業への資本投入はその資本の限界生産性を低下させ，平均限界生産性との格差がさらに拡大することにより，全体の資本再配分効果に大きくマイナスの影響を与えた．さらに，この時期においては，タバコ産業の資本限界生産性が大幅に落ちたことによって，平均限界生産性との格差は大幅に縮小し，第一，第二段階と比べて，タバコ産業の製造業全体の資本再配分効果における影響も小さくなった．このため，全体の資本再配分効果はかなり低くなった．表5-4を見ると，この時期，非国有部門は電子機械と一般機械・運輸機械業へより積極的に参入してきたことが分かる．

　ここで注目したいのは，タバコ産業を除けば，全期間において，資本再配分

表5-8 製造業部門別固定資本投資額と構成

	投資額(億元)				構成(%)			
	1986	1990	1995	1999	1986	1990	1995	1999
食　品	38	43	94	72	6.0	4.8	3.0	2.5
飲　料	29	19	79	107	4.6	2.1	2.5	3.8
タバコ	9	23	94	72	1.4	2.6	3.0	2.5
紡　織	59	72	134	88	9.3	8.1	4.2	3.1
アパレル	1	2	11	22	0.2	0.2	0.3	0.8
皮　革	2	2	8	10	0.3	0.2	0.3	0.4
木　材	5	7	30	19	0.8	0.8	0.9	0.7
製　紙	14	25	71	128	2.2	2.8	2.2	4.5
石油加工	18	51	192	178	2.8	5.7	6.1	6.3
化　学	92	166	643	468	14.6	18.7	20.3	16.4
医薬品	9	22	78	104	1.4	2.5	2.5	3.7
化学繊維	20	31	78	45	3.2	3.5	2.5	1.6
ゴ　ム	8	10	26	31	1.3	1.1	0.8	1.1
プラスチック	7	6	21	47	1.1	0.7	0.7	1.7
非金属鉱物	61	49	268	161	9.7	5.5	8.4	5.7
黒色金属	77	110	531	309	12.2	12.4	16.7	10.9
非鉄金属	31	39	112	88	4.9	4.4	3.5	3.1
金属製品	7	9	40	44	1.1	1.0	1.3	1.5
機　械	60	72	188	172	9.5	8.1	5.9	6.0
交通設備	27	49	255	289	4.3	5.5	8.0	10.2
電気機器	22	19	74	125	3.5	2.1	2.3	4.4
電子通信設備	26	49	136	253	4.1	5.5	4.3	8.9
精密機械	10	12	12	13	1.6	1.4	0.4	0.5
製造業合計	632	887	3,175	2,845	100.0	100.0	100.0	100.0

出所：『中国固定資産投資統計年鑑』各年版．

効果が低いことである．その原因としては，中国政府はキャッチアップの観点から，重工業あるいは資本・技術集約的な産業を優先発展させる政策を基本的に維持したままであり，資本の限界生産性の低い部門（たとえば，金属，化学）へ資本を過剰投入したことによるものと考えられる（表5-8）．

　計画経済時代の資本の調達と配分は，ほとんど国の計画によっておこなわれていたため，金融市場は存在しなかった．しかし改革開放政策の下で，経済自由化が急速に進み，計画による資本の調達と配分の非効率性が顕在化してきた．1979年以後には，市場経済への移行に応じて，金融制度に対する一連の改革がおこなわれ，計画期の財政中心の（資本蓄積のための）資本フローは，相当程

度銀行中心にシフトしたが，石川（1999）が指摘しているように，金融システムはいまだに不完備であるため，高率の国内貯蓄は，有効に使用されていない．たとえば債権市場，株式市場も初期的発展段階にあり，十分に機能していないのである．これに対して，資本勘定の取引が大幅に自由化された外国直接投資は，効率的に利用されているように見えるものの，その使途は外資企業に限られているのである．

図5-1から分かるように，中国製造業の成長パターンはいわゆる増加投入型である．とくに第二段階において，要素投入の産出成長に対する貢献度は100％を上回り，TFP成長はマイナスになっている．

3.4 部門別労働の再配分効果

図5-6（1）で示しているように，第一段階において，化学，タバコ，金属と繊維業の労働限界生産性は，製造業全体の平均限界生産性より高いので，労働の投入で正の再配分効果が現れている．とくに化学の労働限界生産性が最も高く，その結果，全体の労働再配分効果に大きく貢献した．一方，食品，非金属，電子と一般機械・運輸機械業の労働限界生産性は，平均労働限界生産性より低いので，これらの部門への労働投入は，マイナスの再配分効果につながっている．一般機械・運輸機械業と非金属業への増加投入は全体における増加労働投入に占める割合が最も高いため，労働再配分効果は合わせて－0.07であり，全体の労働再配分効果に大きくマイナスの影響を与えた．

図5-6（2）は，第二段階における各部門の労働再配分効果を表している．化学，金属業への労働投入は，全体の労働再配分効果に貢献した．しかし，繊維と一般機械・運輸機械業への増加労働の投入シェアは第1位，第2位を占めているが，労働の限界生産性は平均労働限界生産性より低いので，再配分効果は大きくマイナスになっている．全体から見ると，製造業全体において，平均労働限界生産性より生産性の低い部門への労働投入シェアが拡大したため，全体の労働再配分効果は低いのである．

第三段階における各部門の労働再配分効果は，図5-6（3）で表している．前の2段階と比べて，大幅に上昇した．左から右へ見てみると，労働限界生産性が大きくなるにつれて増加労働の投入シェアも拡大する傾向が見られる．電子

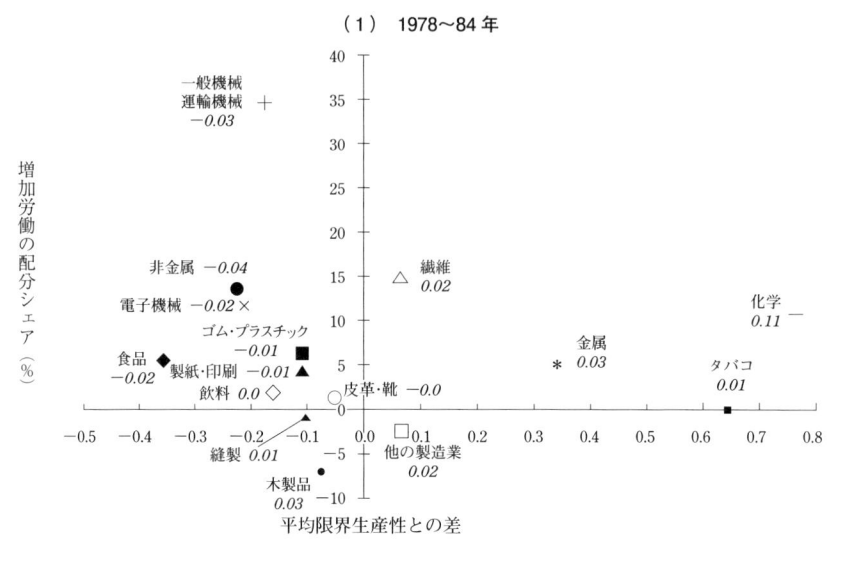

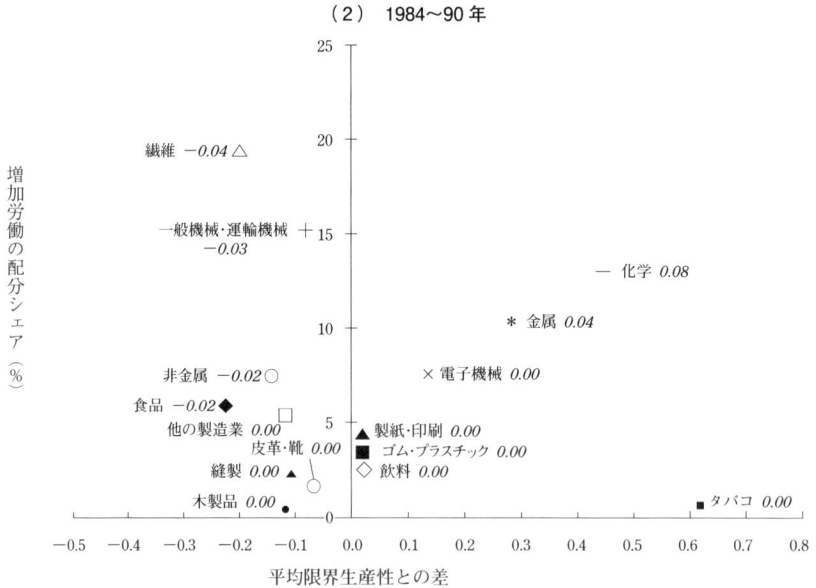

190　第Ⅲ部　市場化と生産性

(1) 1978〜84年

縦軸：増加労働の配分シェア（%）
横軸：平均限界生産性との差

- 一般機械・運輸機械 ＋ −0.03
- 非金属 −0.04 ●
- 繊維 △ 0.02
- 化学 ― 0.11
- 電子機械 −0.02 ×
- ゴム・プラスチック ■ −0.01
- 金属 ＊ 0.03
- 食品 ◆ −0.02
- 製紙・印刷 ▲ −0.01
- タバコ ■ 0.01
- 飲料 ◇ 0.0
- 皮革・靴 ○ −0.0
- 縫製 ▲ 0.01
- 他の製造業 □ 0.02
- 木製品 ● 0.03

(2) 1984〜90年

縦軸：増加労働の配分シェア（%）
横軸：平均限界生産性との差

- 繊維 −0.04 △
- 一般機械・運輸機械 ＋ −0.03
- 化学 ― 0.08
- 金属 ＊ 0.04
- 非金属 −0.02 ○
- 電子機械 × 0.00
- 食品 −0.02 ◆
- 製紙・印刷 ▲ 0.00
- 他の製造業 □ 0.00
- ゴム・プラスチック ■ 0.00
- 皮革・靴 ○ 0.00
- 飲料 ◇ 0.00
- 縫製 ▲ 0.00
- 木製品 ● 0.00
- タバコ ■ 0.00

図5-6　各時期における労働の再配分効果

出所：本文を参照．

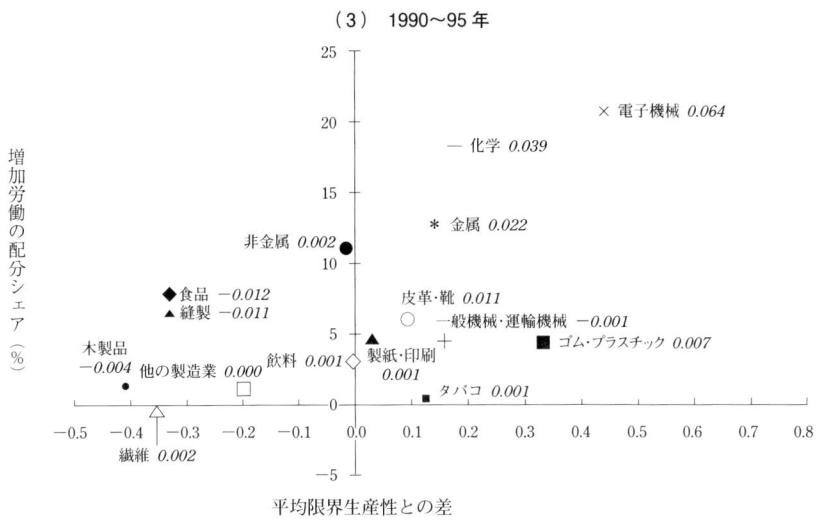

第5章　市場化と資源再配分　　　　　　　　　　　　　　　　191

(3) 1990～95年

(図5-6)

機械，化学，金属への労働投入はプラスの再配分効果を表している．また，平均労働限界生産性より限界生産性の低い部門への労働投入も増えたが，その増加投入のシェアは小さいので，全体の労働再配分効果への影響は小さい．したがって，第三段階における製造業全体の労働再配分効果は高くなっている．

　改革開放後のおもな労働移動は，農村余剰労働力の工業部門への参入に見られる．改革の初期段階における農業改革の成功は，農村の過剰労働の存在を顕在化させ，非農業部門への労働供給の増加をもたらすとともに，郷鎮企業の設立や拡張のための資金の供給を可能にした（大塚・劉・村上 1995）．1980年代の「離土不離郷」という農村工業化政策の下で，急速に成長しつつあった郷鎮企業が大量の農村余剰労働力を吸収した．大塚・劉・村上（1995）の研究によると，1980年代における郷鎮企業生産額の製造業全体に占める割合は，非金属 14.8％，繊維 12.6％，一般機械 11.8％，食品 6.4％，その他の製造業が4％で，トップ5位を占めている[12]．図5-6からも分かるように，第二段階においては，これらの産業における労働限界生産性は，いずれも製造業全体の平均労働限界

---

12) 大塚・劉・村上（1995：173表8-1）の1986年と1992年の平均をとった．

表5-9 各段階における労働投入の増加

単位：万人，％

	1978～84		1984～90		1990～95	
	労働投入増加	割合	労働投入増加	割合	労働投入増加	割合
平均より限界生産性の高い部門	276.84	28.54	555.24	42.49	471.96	71.24
平均より限界生産性の低い部門	693.02	71.46	751.52	57.51	190.57	28.76
合　計	969.86	100	1,306.76	100	662.53	100

出所：図5-6とWu (2000) により，筆者計算．

生産性より低いため，経済全体にマイナスの影響を与えた．

一方，表5-9で示しているように1990年代に入ると，農村工業化戦略の行き詰まりが見られた．郷鎮企業間の過当競争によって多くの企業が倒産しただけではなく，そもそも技術レベルの低い郷鎮企業が，市場競争の中で資本集約的な技術革新を目指したこともあって，その余剰労働力の吸収能力は著しく減退することとなった．同時に，労働力の豊富さという中国の比較優位を利用するため，外資は，沿海部を中心に中国へ進出してきた．その業種は電子機械，一般機械・運輸機械などを主としている．このため，90年代前半に出稼ぎ労働者の増大が見られるようになった（南・牧野1999）．この段階における平均労働限界生産性より労働限界生産性の低い生産部門への労働投入シェアは28.76％であり，労働の再配分効果は大幅に上昇したが，表5-9で示しているように，第一，第二段階と比べて労働投入増加数は大幅（第二段階より49％）に落ちた．その原因としては，まず，社会安定維持のため，中国政府が，労働移動とくに農村から都市への移動に対する厳しい制限を設けていることや，そもそも教育レベルの低い労働者が近代工業部門へ参入することの難しさなどが考えられる．

おわりに

中国製造業における資源再配分効果は，資本の再配分効果が中心となっている．労働の再配分効果は全期間において低い．タバコ産業の資本の限界生産性は他の産業部門より格段に高いので，タバコ産業への資本投入は全体の資本再配分効果における重要な要素であった．しかしタバコ産業を除けば，中国製造

業における資本再配分効果は低いといえる．加えて，労働再配分効果も低いことは Timmer (1999) の韓国，フィリピン，インドネシア，台湾の高度成長期における資源再配分効果の推定結果と一致している．

　産業間における生産要素の限界生産性の格差は大きいにもかかわらず，資源再配分効果は低い．そのおもな原因としては次のことが考えられる．第一は，表 5-8 および第 3 章の図 3-11，図 3-12 で示されているように，本章の分析期間においては，中国政府は重工業政策を根本的に放棄していない．資本がおもに限界生産性の低い化学，金属産業などの産業部門に投入されたことである．このような産業保護など，資源配分に対する市場の働きを抑制する政策が依然として多く存在しているため，さまざまな資源配分上の問題が今後も顕在化する可能性がある．この点については，第 6 章で実証分析をおこなう．

　資本の再配分の効率性を改善するために，商業銀行の金融仲介機能の強化，資本の自由化を促進するような金融システムの整備が第一に採られるべき政策であろう．なぜなら，限界生産性の高い部門へ資本が自由移動できるようなマクロ環境を整備することが，中国経済の高成長を維持するために必要な条件であると考えられるからである．

　第二に，改革開放以後の労働移動は，おもに農村余剰労働力の市場化された工業部門への参入として考えられる．しかし都市部への移動に対する制限や，近代部門に参入するために必要な知識・技術を持たないため，労働の限界生産性の相対的に低い部門への労働投入が，より増加したのである．第三段階での労働配分効果は大幅に上昇したが，製造業全体における余剰労働力に対する吸収力は第二段階より大幅に落ちた（表 5-9 参照）．しかし，いまだに大量の余剰労働力が存在している中国経済においては，国民総生産の成長，失業圧力の軽減あるいは国民生活水準を向上させるために，今後，いかに多くの雇用機会を創出できる労働集約的な産業をより発展させるかが，経済成長の重要な課題となるであろう．そのために，労働移動に対する制限をさらに緩和して，限界生産性の高い部門へ自由に移動できるようなマクロ的な環境を作る必要がある．また，教育レベルの低い労働者が近代工業部門に参入することの難しさを考慮し，教育の普及を図り，大量の技術労働者を養成することも，持続可能な経済成長を目指すためには不可欠な要素であると思われる．

補　論　分配率が時間を通じて変化した場合の資源再配分効果

　中立的技術進歩には，ヒックス型，ソロー型およびハロッド型の三つのタイプが考えられる．ヒックス型中立的技術進歩は，投入要素（資本，労働）間の限界代替率が技術進歩前後において変化がないと仮定している．一方，利潤率が一定のとき，資本生産性（資本係数）を変化させない技術進歩はハロッド型であり，賃金率が一定のとき，労働生産性（労働係数）を不変に保つ技術進歩はソロー型である（速水 2000）．市場移行過程の異なる段階，あるいは異なる属性の企業間において，かならずしも同じタイプの技術進歩が存在するとは限らない．たとえば，人的資本の蓄積や労働意欲を刺激するか，余剰労働力を一時休職（下崗）することなどにより，労働生産性の上昇が産出量の増加をもたらすため，ハロッド型の技術進歩が生じる可能性がある．また，中国のような労働力が豊富の国において，雇用拡大のため，労働集約的分野への投資を拡大する必要があるだろう．要するに，労働集約的産業，資本集約的産業を中心にした経済成長はそれぞれ，労働力，資本投入の増加に傾斜する．その上，外資企業，郷鎮企業および国有企業の間の生産技術（生産要素のバスケット）はそれぞれ異なるため，技術進歩のタイプは同じであるとは考えがたい．

　本文で計測した資源再配分効果は，ヒックス中立的技術進歩を仮定した生産関数に基づいているため，全期間において要素分配率を一定としている．また，再配分効果の計測の際に 1987～97 年の労働分配率の平均値を利用したが，これは中国の賃金制度改革を考慮するために行った処理である．改革開放以降の国有部門における賃金は，①基本給，②ボーナス，③手当て，④その他から構成されているが，1993 年までは②と④の一部が企業利潤に含まれている可能性があるため，労働者に対する報酬が過少評価されてしまう可能性がある．1993 年以降は，政府による国有部門の賃金管理の正規化が進み，基本給，ボーナス，諸手当を含んだ賃金総額に対する管理がおこなわれるようになった．また，中国国家統計局は 5 年ごとに産業連関表（『中国投入産出表』）を公表している．それを利用すれば，各時期の労働報酬率を計算することが可能である．付表 5-A には 1987 年，1992 年そして 1997 年の産業連関表に基づいて計算し

付表 5-A　労働分配率の変化

	β 87	β 92	β 97
食　品	0.25	0.28	0.37
飲　料	0.22	0.16	0.31
タバコ	0.02	0.03	0.08
紡　績	0.28	0.34	0.41
縫　製	0.37	0.38	0.56
皮　革	0.34	0.46	0.54
木材製品	0.37	0.33	0.48
製　紙	0.29	0.35	0.48
化　学	0.18	0.21	0.37
ゴム・プラスチック	0.25	0.28	0.43
非金属	0.34	0.30	0.47
金　属	0.24	0.28	0.50
一般機械・運輸機械	0.30	0.32	0.48
電子機械	0.23	0.28	0.42
その他製造業	0.28	0.39	0.45

出所：『中国投入産出表』各年版より，筆者計算．

た労働分配率が示されている．それによると，1987年から1992年までの変化は小さいが，1997年にはそれ以前の時期と比較すると大きな変化を示している．つまり，中国製造業の技術進歩を推計する際に，ヒックス型中立的技術進歩の仮定を緩める必要がある．

　本章での推計結果をチェックする目的で，ここでは，1987，1992，1997年の産業連関表をベンチマークとして，直線補間により計測期間内の各年の労働分配率を推計し，それに基づく労働・資本の再配分効果を推計した．結果は付図 5-A(1)〜A(3) および付図 5-B(1)〜B(3) で示している．これによると，分配率の変化を考慮した場合でも，本章の結論は変わらないことが分かる．

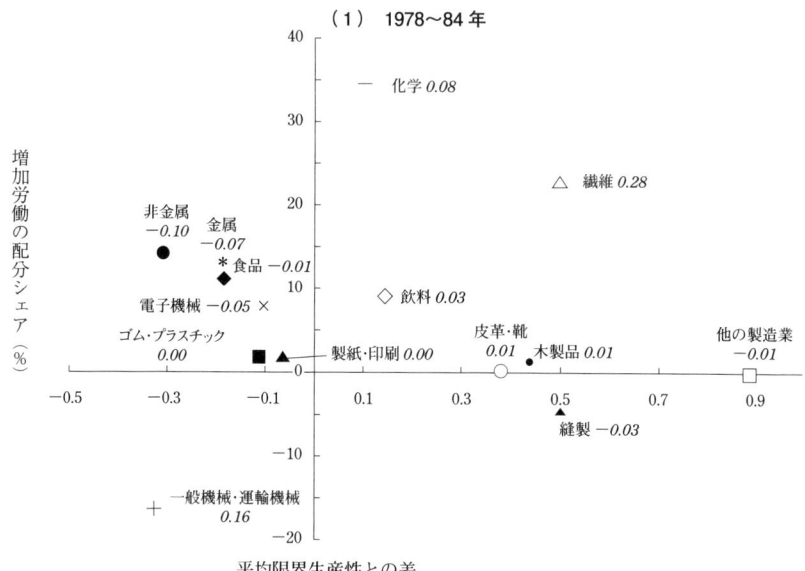

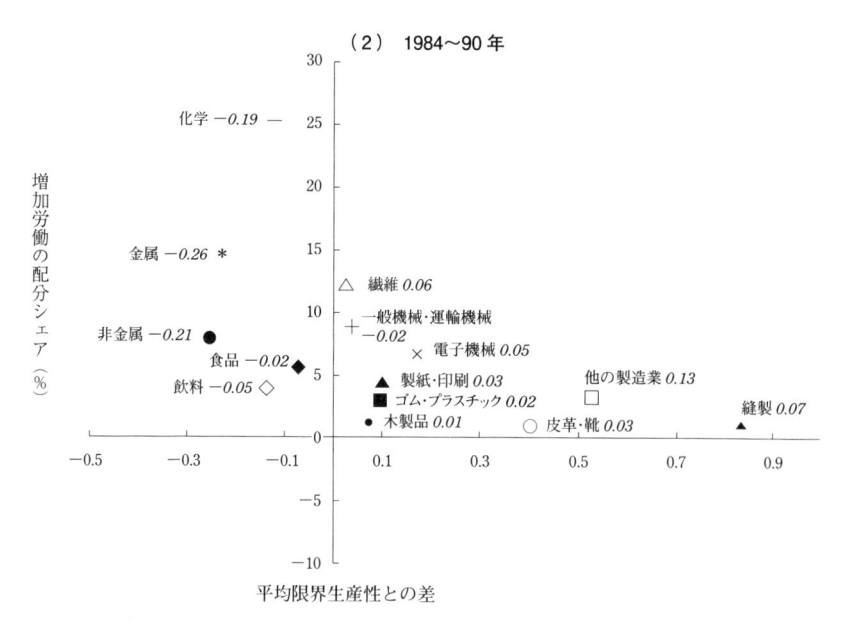

196　第Ⅲ部　市場化と生産性

（1）　1978～84年

縦軸：増加労働の配分シェア（％）
横軸：平均限界生産性との差

- 化学 0.08
- 繊維 0.28
- 非金属 −0.10
- 金属 −0.07
- 食品 −0.01
- 電子機械 −0.05
- 飲料 0.03
- ゴム・プラスチック 0.00
- 製紙・印刷 0.00
- 皮革・靴 0.01
- 木製品 0.01
- 他の製造業 −0.01
- 縫製 −0.03
- 一般機械・運輸機械 0.16

（2）　1984～90年

縦軸：増加労働の配分シェア（％）
横軸：平均限界生産性との差

- 化学 −0.19
- 金属 −0.26
- 非金属 −0.21
- 食品 −0.02
- 飲料 −0.05
- 繊維 0.06
- 一般機械・運輸機械 −0.02
- 電子機械 0.05
- 製紙・印刷 0.03
- ゴム・プラスチック 0.02
- 他の製造業 0.13
- 木製品 0.01
- 皮革・靴 0.03
- 縫製 0.07

付図 5-A　分配率が時間を通じて変化した場合の資本再配分効果

出所：本文を参照．

第 5 章　市場化と資源再配分　　　　　　　　　　197

（3）　1990〜95 年

増加労働の配分シェア（％）

化学 −0.38 ―
金属 −0.20 ＊
食品 −0.07 ◆
他の製造業 −0.06 □
繊維 −0.05 △
木製品 −0.03 ●
非金属 0.03 ●
製紙・印刷 0.00 ▲
飲料 0.02 ◇
縫製 0.04 ▲
皮革・靴 0.04 ○
ゴム・プラスチック 0.09 ■
一般機械・運輸機械 0.27 ＋
電子機械 0.28 ×

平均限界生産性との差

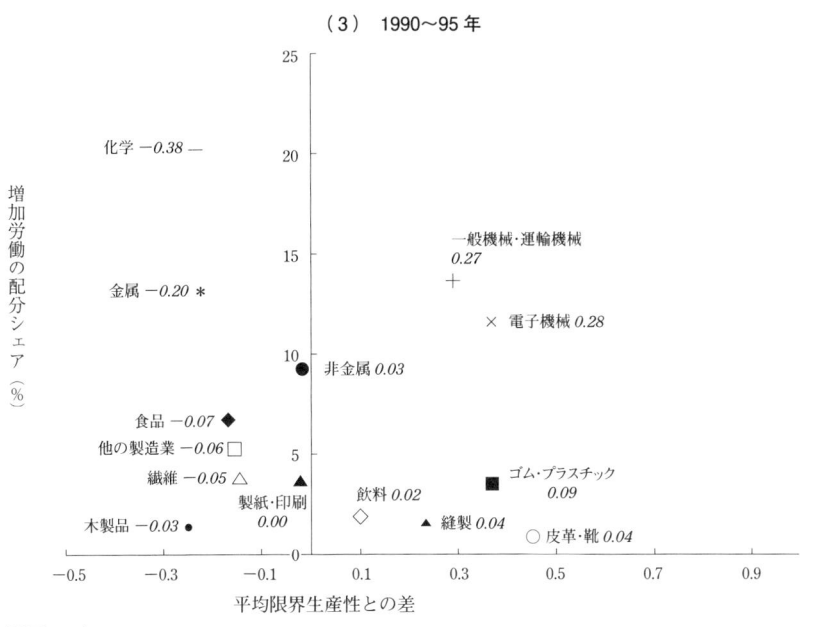

（付図 5-A）

（1） 1978〜84年

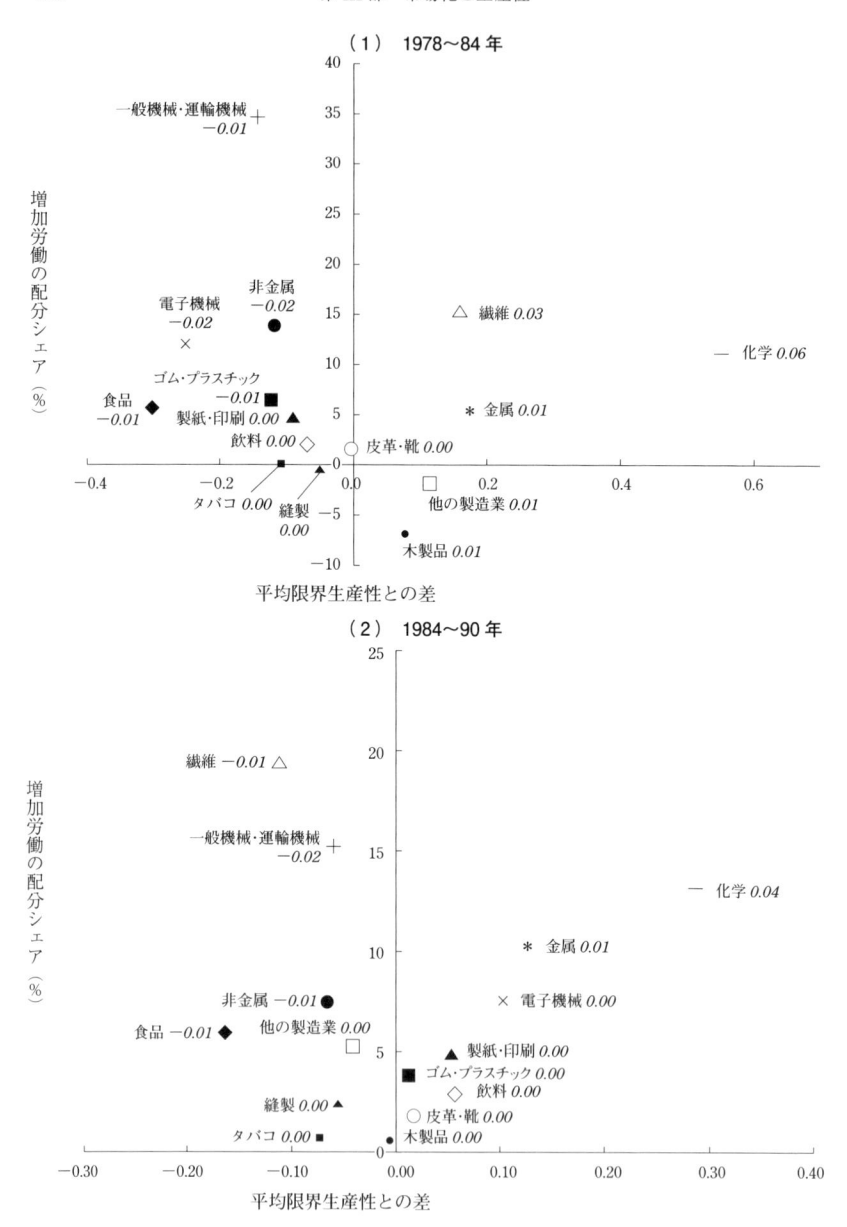

縦軸：増加労働の配分シェア（％）
横軸：平均限界生産性との差

- 一般機械・運輸機械 −0.01
- 電子機械 −0.02
- 非金属 −0.02
- 繊維 0.03
- 化学 0.06
- ゴム・プラスチック −0.01
- 食品 −0.01
- 製紙・印刷 0.00
- 金属 0.01
- 飲料 0.00
- 皮革・靴 0.00
- タバコ 0.00
- 縫製 0.00
- 他の製造業 0.01
- 木製品 0.01

（2） 1984〜90年

縦軸：増加労働の配分シェア（％）
横軸：平均限界生産性との差

- 繊維 −0.01
- 一般機械・運輸機械 −0.02
- 化学 0.04
- 金属 0.01
- 非金属 −0.01
- 電子機械 0.00
- 食品 −0.01
- 他の製造業 0.00
- 製紙・印刷 0.00
- ゴム・プラスチック 0.00
- 縫製 0.00
- 飲料 0.00
- タバコ 0.00
- 皮革・靴 0.00
- 木製品 0.00

付図5-B 分配率が時間を通じて変化した場合の労働再配分効果

出所：本文を参照．

第 5 章　市場化と資源再配分　　　　　　　　　　199

(3)　1990〜95 年

増加労働の配分シェア（％）

平均限界生産性との差

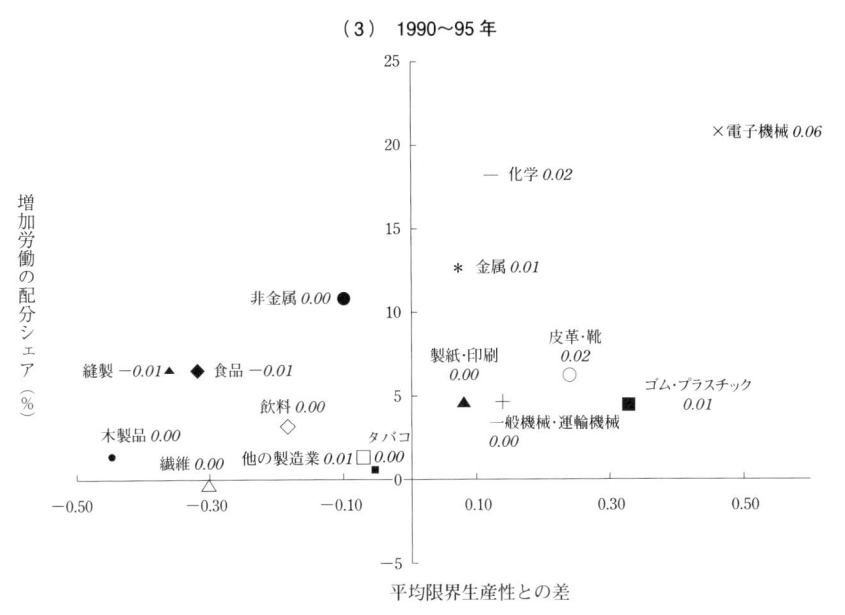

×電子機械 0.06
— 化学 0.02
＊金属 0.01
非金属 0.00 ●
製紙・印刷 0.00
皮革・靴 0.02
ゴム・プラスチック 0.01
縫製 −0.01 ▲　◆食品 −0.01
飲料 0.00
一般機械・運輸機械 0.00
木製品 0.00
繊維 0.00
他の製造業 0.01
タバコ 0.00

(付図 5-B)

第6章　企業生産性と国際競争力（1998～2004年）
―― ミクロ分析による検証 ――

はじめに

　「企業」とは，営利を目的として生産や販売などの経済活動をおこなう組織である．経済学では，さらに，企業が利潤を最大化する経済主体として扱われる．社会主義計画経済の枠組での国営企業および集団所有制企業には，自らは経営に関する決定権を持たず，中央と地方の主管部局からの指導を受け，計画された生産目標を「達成」することが求められていた[1]．「所有権は全国民に」とされているが，実際には，国家が国民の「代理」として企業を支配・統制・管理する．この意味で，ミクロ経済学で考える「企業」と同義ではない．計画経済においては国営企業が支配的であったが，改革開放後，非国有企業の飛躍的な成長によって，その地位が低下しつつある．1978年からの国有企業改革は，「放権譲利」（下級政府や企業に権限を委譲し利益を分ける）から始まり，「経営請負」，「利改税」（利潤上納制から納税制へ），「抜改貸」（財政から銀行貸付への転換）の順で漸進的に展開された．さらに1992年，「経営メカニズムの転換」改革が図られ，建国以来続いてきた中央集権的な国営企業の統制から，社会主義市場経済体制に適応した公有制企業が形作られたのである．しかし，こうした一連の改革は，労働者・経営者に利益追求への一定のインセンティブを与えたものの，所有権を終始明確化しなかったため，大きな成果は挙げられなかった．1993年に「産権清晰」（財産の所有権を明確にする），「権責明確」（権限と責任の範囲を明確にする），「政企分開」（行政と企業の役割を明確にする）という，現代企業制度の改革が始まり，その一環として株式会社制度が導入されるようになった．

---

1) ここでいう国営企業とは，企業所有権と経営権がすべて国に属する企業を指す．また国有企業は，所有権は国家にあるが，国が直接経営しない場合もある企業を指す．

ここに至って，中国の国有企業は，ようやく経済学的意味での「企業」に近づいてきたのである．

近年，中国企業は急成長し，海外進出が急速に展開している．また，1990年代以後，多国籍企業は安価な労働力を狙って，次々に中国へと参入してきた．アジア域内に限定して見ても，二国間・地域間における自由貿易協定（FTA）交渉が積極的におこなわれるようになった．それに伴い，域内の垂直的産業内貿易はさらに拡大し，域内の国際分業は一層進展していくと予想される．中国の企業は，今後さらに厳しい国際競争環境に直面することになり，どのような企業が生き残れるかが注目されている．第3章から第5章までのマクロ的な分析結果は，計画経済期だけではなく，経済自由化過程においても，中国の資源配分の効率性が明確に改善されなかったことを示している．中国が改革開放後に高成長を達成した原因，および今後も経済成長が持続可能か否かについて答えるため，あるいは中国における「ゾンビ企業」[2]問題の分析，そして貿易自由化によりどれほどの企業が退出を余儀なくされるかといった中国企業の国際競争力を明らかにするためにも，ミクロデータに基づいて中国の企業・産業のパフォーマンスを評価する必要があろう．

本章では，中国の企業および産業レベルの全要素生産性を計測し，これを日本および韓国企業と比較することにより，中国企業のパフォーマンスおよび国際競争力を検討する．本章の構成は以下の通りである．第1節では，中国のマクロレベルの生産性に関する先行研究と問題点を要約．第2節では，ミクロ生産性に関する計測方法および各変数の作成方法やデータソースについて説明．第3節では，企業・産業別生産性の計測結果を報告し，資本収益率と生産性の関連性を分析する．第4節では，国際比較により中国企業の競争力を検討し，資源配分上の問題を指摘．最後に結論と，残された課題について議論する．

1　マクロレベルの生産性

中国では2000年前後から全要素生産性の伸びが急激に減速しつつあるとの

---

[2]　ゾンビ企業とは，事実上経営破綻しているが，政府の支援を得て存続している企業を指す．

第6章　企業生産性と国際競争力

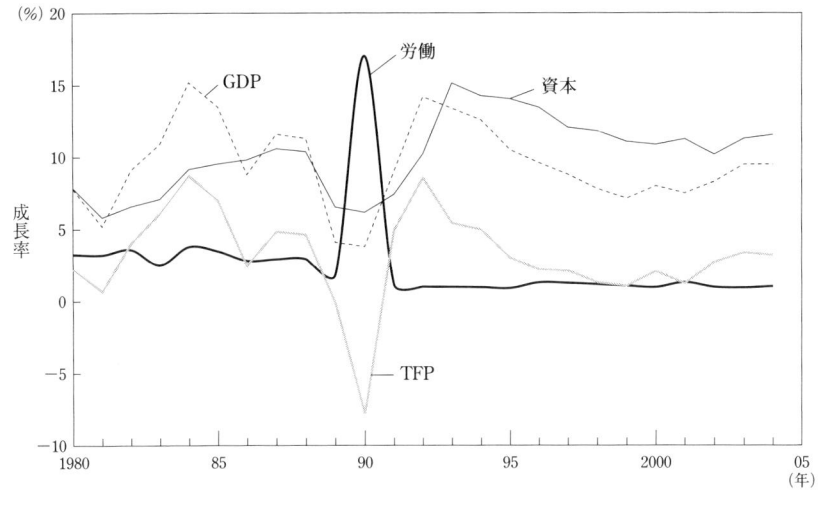

図6-1　マクロTFPとGDP成長率

出所：Zheng and Arne（2007）.

実証結果がいくつか発表されている．これまでの先行研究は具体的な方法論に違いがあるものの，非常に類似した推計結果を示している．それは，①中国の経済成長は改革・開放前後を問わず，基本的には要素投入増大型であり，とくに資本蓄積の経済成長に対する寄与が高く，②労働投入の経済成長に対する寄与は一貫して低水準に留まっており，③改革開放後TFPの成長率は上昇しているが，1990年代後半から低下する傾向が見られる，といったものである．その結果，中国の現在の経済成長は技術進歩を伴わないため，今後の経済成長は持続不可能なのではないか，という疑問が提示されている．

従来の中国に関する生産性分析は，データの制約などによりほとんどマクロ的視点からおこなわれていた．代表的な例として，図6-1にZheng and Arne（2007）の推計結果を示しておく．これを見る限り，先に指摘した中国の経済成長の特徴が明確に現れていることが分かる．ただし，Zhengらの推計には，いくつかの問題点が残されている．最も憂慮すべき点は，1999年以後の資本ストックとして中国政府が発表している「全社会固定資産投資額」を使っていることである．中国の固定資産投資統計には，未完成の建設項目や近年加熱気

味なインフラストラクチャーの整備や居住用住宅が含まれるため，資本の投入を過大評価してしまう可能性が否定できない．たとえば，資本，労働それぞれの分配率の設定値に関して，Zheng and Arne（2007）では，両者ともに0.5と仮定しているが，途上国の経済特性を考慮すると，通常は資本と労働の分配率をそれぞれ0.6～0.7と0.4～0.3と仮定する場合が多い．また同研究では分配率を長期にわたって一定と仮定しているが，急速な経済成長を達成した中国を対象とする際，このような仮定は非現実的である可能性が高い．

さらに，中国においては地域間，産業間，企業間における制度などの差異が，資源配分の効率性と生産性に大きな影響を与える．坂本（2006）は，工業部門の集計データを用い，生産性の地域間格差を分析した．その結果，1998年から2003年において生産性の地域間格差が明確に存在しており，またその格差は縮小傾向を示していなかった．とくにこの傾向は，外資系や大中型企業の間で顕著に見られた．Liu and Li（2007）による所有権や地域別の特性などの情報を使った分析によると，制度などの外生的要因によって製造企業の相対的な効率性が大きく異なってくることが明らかにされている．表6-1はRen and Sun（2007）による産業別TFPの推計結果である．これを見ると1999～2000年において，労働集約的な産業のTFPが停滞する傾向があるが，化学・ゴム・プラスチック・その他機械器具を除いて，ほとんどの資本・知識技術集約的な産業が上昇していることが分かる．

このように，企業間・産業間にさまざまな制度的な差異が存在するため，産業・企業のパフォーマンスが異なると予想される．マクロ，もしくはセミマクロ的な総生産関数に基づいて推定したTFPでは，データの信頼性に問題がある上，企業の特性を無視した集計レベルにするとバイアスが生じる可能性がある．生産要素の限界生産性は産業・企業間において格差があるので，生産要素の部門間・企業間における再配分は経済全体のTFPに影響すると考えられる．言い換えると，特定の企業・産業の国際競争力を分析する場合，マクロ的な計測結果を直接に利用するのではなく，ミクロデータに基づいて個々の産業・企業の生産要素の投入を正確に測り，生産性を計測する必要がある．

表6-1 セミマクロ分析による産業別生産性成長率

単位：%

年	1981〜82	1985〜86	1990〜91	1995〜96	1999〜2000
農林水産業	5.71	0.96	5.47	5.04	2.68
石炭鉱業	10.04	9.79	-2.94	4.11	2.55
金属・非金属鉱業	-3.22	-1.32	-1.38	3.84	3.52
石油・天然ガス採掘	-11.76	-11.61	-2.00	-8.70	-17.77
建設業	0.39	3.55	0.66	-6.06	-1.39
食　品	0.19	1.88	1.22	-0.47	-0.33
繊　維	3.28	2.51	-0.38	6.15	-0.70
衣　服	4.15	3.37	1.23	-1.45	-4.03
木材・木製品	-19.45	-3.70	-2.18	4.88	-0.31
家　具	-19.01	-1.26	1.35	2.80	-1.49
パルプ・製紙	-8.95	10.27	1.89	-1.63	-1.01
出版・印刷	-3.11	2.69	-1.62	13.67	-3.78
化学工業	10.23	5.47	3.97	3.59	-2.26
石油・石炭製品	12.71	-31.85	8.47	-3.47	8.81
皮革製品	4.42	6.59	4.64	0.35	-4.78
窯業・土石製品	-3.66	-3.61	3.08	2.59	1.00
一次金属	6.72	4.30	-0.81	2.76	2.34
金属製品	3.27	1.24	5.69	3.64	0.69
一般機械器具	0.63	5.02	7.30	4.71	2.58
電気機械器具	7.71	-1.69	10.94	1.59	1.76
自動車・同付属品	1.84	8.41	2.21	-2.87	0.82
その他運輸機械器具	4.62	5.12	6.54	2.86	-3.60
精密機器	4.76	-19.31	9.09	5.60	4.02
ゴム・プラスチック	7.31	4.08	6.05	-3.42	-2.74
その他製造業	-8.73	3.97	2.60	-0.46	0.20
運輸業	5.32	6.78	2.33	-9.00	-5.67
通信業	0.83	11.79	16.96	-3.28	-14.72
電　力	9.05	3.23	-4.02	-12.44	-7.75
ガ　ス	2.49	-18.33	-1.39	-7.92	1.24
商　業	-15.37	-2.56	21.42	-5.80	-1.82
金融・不動産	-32.35	-4.34	-3.33	-19.10	-9.29
その他サービス	-2.93	-4.53	5.14	-2.69	-7.02
公共サービス	-5.62	2.16	5.09	-2.53	1.63

出所：Ren and Sun (2007).

2 企業・産業レベルの生産性水準の計測

2.1 企業生産関数と全要素生産性

まず,企業の生産関数は以下のように定義する.

$$Q_{i,f}(t)=F_{i,f}(M_{i,f}(t),L_{i,f}(t),K_{i,f}(t),T_{i,f}(t)) \qquad (6\text{-}1)$$

ここでの Q_i^f は第 i 部門の f 企業の総生産(グロス・アウトプット)を示している. M_i^f, L_i^f, K_i^f は,それぞれ中間財投入,労働投入,資本サービス投入の集計指数である[3]. $F(\ )$ は規模に関して収穫一定,つまり生産要素の組合せ X_i^f, L_i^f, K_i^f について一次同次と仮定すれば,次式が成り立つ(なお,数式を単純化するため,以下では時間の添え文字 t を略して説明する).

$$Q_{i,f}=\frac{\partial F_{i,f}}{\partial M_{i,f}}M_{i,f}+\frac{\partial F_{i,f}}{\partial L_{i,f}}L_{i,f}+\frac{\partial F_{i,f}}{\partial K_{i,f}}K_{i,f} \qquad (6\text{-}2)$$

さらに,(6-2) 式の両辺について自然対数を取って時間について微分すると次式を得る.

$$\frac{\dot{Q}_{i,f}}{Q_{i,f}}=\left(\frac{\partial F_{i,f}}{\partial M_{i,f}}\cdot\frac{M_{i,f}}{Q_{i,f}}\right)\frac{\dot{M}_{i,f}}{M_{i,f}}+\left(\frac{\partial F_{i,f}}{\partial L_{i,f}}\cdot\frac{L_{i,f}}{Q_{i,f}}\right)\frac{\dot{L}_{i,f}}{L_{i,f}}$$
$$+\left(\frac{\partial F_{i,f}}{\partial K_{i,f}}\cdot\frac{K_{i,f}}{Q_{i,f}}\right)\frac{\dot{K}_{i,f}}{K_{i,f}}+\left(\frac{\partial F_{i,f}}{\partial T_{i,f}}\cdot\frac{T_{i,f}}{Q_{i,f}}\right)\frac{\dot{T}_{i,f}}{T_{i,f}} \qquad (6\text{-}3)$$

(6-3) 式の右辺最後の項目は,i 産業の f 企業の全要素生産率である.簡略化のため,通常 $\dfrac{\dot{A}_{i,f}}{A_{i,f}}$ で表記している.この効果を直接計測するのは難しいが,深尾・宮川 (2008) のように,以下の仮定をおけば,比較的に簡単に求めることができる.つまり,各企業は生産要素市場において価格を与件として行動するとする.$p_{M,i,f}$, $w_{i,f}$, $r_{i,f}$ を i 部門で投入される中間財の市場価格,賃金率,資本コストと表記すると,(6-1) 式のような生産関数の下での総費用は次式から求める.

$$TC_{i,f}=p_{i,f}^{M}M_{i,f}+w_{i,f}L_{i,f}+r_{i,f}K_{i,f} \qquad (6\text{-}4)$$

費用最小化条件は以下のように得られる.

---

[3] ディビジア数量指数を指す.詳細は深尾・宮川 (2008) を参照.

$$\lambda_{i,f} = \frac{p_{i,f}^M}{\dfrac{\partial F_{i,f}}{\partial M_{i,f}}} = \frac{w_{i,f}}{\dfrac{\partial F_{i,f}}{\partial L_{i,f}}} = \frac{r_{i,f}}{\dfrac{\partial F_{i,f}}{\partial K_{i,f}}} \tag{6-5}$$

ただし, $\lambda_{i,j}$ は i 産業 f 企業の限界費用を表す. ここで (6-5) 式を (6-2), (6-3) 式に代入すれば, 以下の (6-6), (6-7) 式を得る.

$$\lambda_{i,f} Q_{i,f} = p_{i,f}^M M_{i,f} + w_{i,f} L_{i,f} + r_{i,f} K_{i,f} \tag{6-6}$$

$$\frac{\dot{A}_{i,f}}{A_{i,f}} = \frac{\dot{Q}_{i,f}}{Q_{i,f}} - \frac{p_{i,f}^M M_{i,f}}{\lambda_{i,f} Q_{i,f}} \cdot \frac{\dot{M}_{i,f}}{M_{i,f}} - \frac{w_{i,f} L_{i,f}}{\lambda_{i,f} Q_{i,f}} \cdot \frac{\dot{L}_{i,f}}{L_{i,f}} - \frac{r_{i,f} K_{i,f}}{\lambda_{i,j} Q_{i,f}} \cdot \frac{\dot{K}_{i,f}}{K_{i,f}} \tag{6-7}$$

いま, (6-6) 式より

$$\frac{p_{i,f}^M M_{i,f}}{\lambda_{i,f} Q_{i,f}} = \frac{p_{i,f}^M M_{i,f}}{p_{i,f}^M M_{i,f} + w_{i,j} L_{i,f} + r_{i,j} K_{i,f}}$$

等と書き直すことができ, (6-7) 式から次式が導かれる.

$$\frac{\dot{A}_{i,f}}{A_{i,f}} = \frac{\dot{Q}_{i,f}}{Q_{i,f}} - v_{i,f}^M \frac{\dot{M}_{i,f}}{M_{i,f}} - v_{i,f}^L \frac{\dot{L}_{i,f}}{L_{i,f}} - v_{i,f}^K \frac{\dot{K}_{i,f}}{K_{i,f}} \tag{6-8}$$

ただし $v_{i,f}^M, v_{i,f}^L, v_{i,f}^K$ はそれぞれ, 総コストに占める中間財投入コストのシェア, 労働投入コストのシェア, 資本サービス投入コストのシェアを表し, 次式で定義される.

$$v_{i,f}^M \equiv \frac{p_{i,f}^M M_{i,f}}{TC_{i,f}}, \quad v_{i,f}^L \equiv \frac{w_{i,f} L_{i,f}}{TC_{i,f}}, \quad v_{i,f}^K \equiv \frac{r_{i,f} K_{i,f}}{TC_{i,f}}$$

深尾・宮川 (2008) と同様, (6-8) 式を離散時間で近似すれば次式が得られる.

$$\Delta \ln (A_{i,f}) = \Delta \ln Q_{i,f} - \bar{v}_{i,f}^M \Delta \ln M_{i,f} - \bar{v}_{i,f}^L \Delta \ln L_{i,f} - \bar{v}_{i,f}^K \Delta \ln K_{i,f} \tag{6-9}$$

ただし, Δ は $t-1$ から t 期にかけての差分を, また, $\bar{v}_{i,f}^M, \bar{v}_{i,f}^L, \bar{v}_{i,f}^K$ はそれぞれ, 中間財, 労働, 資本サービスのコスト・シェアの $t-1$ 期と t 期の値の単純平均を表す[4].

---

[4] 成長会計をおこなう際の各生産要素のシェアに関しては, コスト・シェアを利用すべきか, 分配シェアを利用すべきかといった問題がある. 両者は, 規模に関して収穫一定というこれまでの仮定に加え, 企業が生産物市場でもプライス・テイカーとして行動すると仮定する場合には, コスト・シェアと分配シェアを置き換えられる. 両者の優劣については, 深尾・宮川 (2008) を参照.

2.2 ミクロ生産性水準の定義

企業の生産性の一定期間における変化，および同一産業における他企業との相対的な変化を定量分析するために，全要素生産性の変化率よりは，各時点の水準を測る必要がある．本節では中国の上場企業を，経済産業研究所 (RIETI) の「環太平洋諸国の生産性比較研究 (ICPA) プロジェクト」における 33 産業に分類し，各産業の平均に対する各企業の相対的な TFP レベルを算出する．Good, Nadiri and Sickles (1997)，Aw Chen and Roberts (2001) および Fukao and Kwon (2006) を参考にして，企業レベルの TFP 水準を次式によって定義する．

$$\ln TFP_{i,f,t} = (\ln Q_{i,f,t} - \overline{\ln Q_{i,t}}) - \sum_{i=1}^{n} \frac{1}{2} (v_{i,f,t} + \overline{v_{i,t}})(\ln X_{i,f,t} - \overline{\ln X_{i,t}})$$
$$+ \sum_{s=1}^{t} (\overline{\ln Q_{i,s}} - \overline{\ln Q_{i,s-1}}) - \sum_{s=1}^{t} \sum_{i=1}^{n} \frac{1}{2} (\overline{v_{i,s}} + \overline{v_{i,s-1}})$$
$$\cdot (\overline{\ln X_{i,s}} - \overline{\ln X_{i,s-1}})$$

(6-10)

ここで，$Q_{f,t}$ は t 期における企業 f の産出量，$v_{i,f,t}$ は企業 f の生産要素 i のコスト・シェア，$X_{i,f,t}$ は企業 f の生産要素 i の投入量である．また，各記号の上の傍線は各変数の産業平均を表す．なお，生産要素としては資本，労働，中間投入額を考える．

産業の平均的な産出額，中間投入額，生産要素のコスト・シェアを持つ企業を代表的な企業として想定する．(6-10) 式の右辺の第一，第二の項は t 時点の企業 f の TFP レベルとその時点においての代表的な企業の TFP レベル間の乖離を示し，第三，第四項は t 時点における代表的な企業の TFP レベルと初期時点の代表的な企業の TFP レベル間の乖離を示す．したがって，(6-10) 式の TFP は初期時点の代表的な企業の TFP レベルと t 時点の企業 f の TFP レベル間の差で求められることになる．

2.3 各変数の作成方法およびデータソース

本章での分析に用いる各変数を作成するに当たっては，おもに CSMAR 2005 (中国上場企業の財務データベース) を利用した．

中国の上場企業に関する財務報告制度は，1990年から1998年の間に3回ほど大きな調整と変更がおこなわれた．CSMARデータベースは各上場企業の年報データを援用しているため，企業の記録ミスや未報告科目などについて十分な調整がおこなわれておらず，実証分析に利用する際には補正作業が欠かせない．たとえば，CSMARデータベースでの業種分類は約100種であるが，企業のおもな営業内容が正確に把握できていない．したがって，本章で利用するデータを作成する際に，中国証監会が改定した約200業種の詳細分類を用いて，全上場企業をICPA 33産業へ対応させた．以下，本章の実証分析に用いる各変数の作成方法について，その概要を説明する[5]．

まず，CSMARデータベースの利潤分配表（損益計算書）で報告されている「主営業収入」を名目産出額とする．また，付加価値および中間投入額は以下のように算出する．

生産法
　　中間投入＝主営業成本＋諸費用
　　　　　　－当期減価償却－職工に支払った現金総額
収入法
　　付加価値＝固定資産減価＋職工に支払った現金総額
　　　　　　＋主営業税金および付加＋主営業利益

本来ならば，生産法に基づいて計算された中間投入は，産出から収入法に基づいて計算された付加価値を引いて計算した中間投入と等しくなるべきであるが，実際には二つの方法で計算された中間投入に1割程度の乖離が存在することがわかった．データの欠損などの原因を配慮し，本章では二つの方法で計算した結果の平均値を利用した．

なお，商業の産出と中間投入は，以下の式から計算した．

　　商業総産出＝売上総額－仕入額＋在庫増

---

5) なお，中国の財務諸表の記入方式や，科目設定などは日本や韓国とは異なっているため，付加価値と中間投入を計算する際には，李（2003）の財務諸科目に関する説明を参考にした．

中間投入　＝主営業成本＋諸費用
　　　　　－当期減価償却－職工に支払った現金総額－仕入額

　CSMAR データベースは，仕入額に関する情報を報告していないため，『中国統計年鑑』が報告しているマクロレベルの商業マージン（「入荷総額」と「販売総額」の比率）を使って，企業ごとの仕入額を計算した．
　実質化のための産出価格指数は，工業については統計局（未公開）の物価データ，農産物およびサービス業の価格指数は『中国物価年鑑』で報告されている居民生活費用，サービス価格指数などを利用した．商業については，『中国統計年鑑』の卸売価格および小売価格を，それぞれの売上高で加重平均することにより算出した．
　中間投入の価格指数は，『中国投入産出表2002』の中間投入構成をウエイトとして，各産業の出荷価格指数の加重平均を求めた．また，電力，ガス，石炭，石油およびその関連製品を「エネルギー」として一括りにし，その他の中間投入と分けて推計した．

資本投入
①初期資本ストック
　中国の企業が上場する際には，資産（固定資産，流動資産，無形資産など）について会計監査部門の審査を受ける法的義務が課せられる．その際，利用価値がなくなった設備，また陳腐化した設備などを廃棄し，上場時点の時価額に換算するなどの清算によって，固定資本の純価値が再評価される．したがって，本章では各企業の初期資本ストックは上場開始の年で報告された純固定資本額を利用することにした．

②投　資
　各企業各年の名目投資額は，簿価の固定資本額の一年差分として求めた．また，実質化のための投資財価格指数は，一般機械，自動車，その他運輸機械，建築，その他機器の５つのタイプの資本財価格を，RIETI においてまとめられた日本産業生産性データベース2006年版（JIP 2006）の「固定資産マトリッ

クス」の資本財構成を利用し，産業ごとに加重平均して算出した．なお，基準年は1999年である．

③純資本ストック

恒久棚卸法（Perpetual Inventory Method）に基づいて，初期時点以降の各年の純資本ストックを推定した．計算式は次の通りである．

$$K_{f,t} = K_{f,t-1}(1-\delta_i) + I_{f,t}$$

ここで，K，Iは1999年価格で実質化した固定資本ストックと新規投資額である．δ_iは産業別の資本減耗率（減価償却率）である．

中国の産業や企業における固定資産の構成に関する情報が欠如しているため，JIP 2006が報告している日本の固定資産マトリックス，またはFraumeni (1997) が提供している一般機械設備，電子機械設備，自動車，その他運輸設備およびその他機器の資本減耗率（減価償却率）を用いて，産業別で推計した．

労働投入

各企業の常用従業者数に各産業平均の労働時間を乗じたものを労働投入量とした．労働時間は『中国人口統計年鑑』および『労働統計年鑑』各年版を利用した．

コスト・シェア

総費用を労働コスト，中間投入額，資本コストの合計として定義し，コスト・シェアは各生産要素のコストを総費用で割って求めた．なお，労働コストは人件費総額（従業者に対する支払った現金総額），中間投入費用は中間投入額を利用し，資本コストは資本ストックに資本のサービス価格を乗じて求めた．ここで，資本財のサービス価格は次式によって計算している．

$$c_{f,k} = p_k \left(\frac{1-\tau_f z_f}{1-\tau_f} \right) \left(\lambda_f r + (1-\tau_f)(1-\lambda_f) i + \delta_i - \frac{\dot{p}_k}{p_k} \right)$$

$$\text{ただし，} z_f = \tau_f \delta_i / (\lambda_f r + (1-\tau_f)(1-\lambda_f) i + \delta_i)$$

各符号の意味と作成方法は以下の通りである．

表6-2 産業別サンプル企業数

年	1999	2000	2001	2002	2003	2004
食 品	29	37	44	46	54	53
繊維紡績	17	18	23	26	27	28
衣 服	6	8	9	12	10	11
家 具	1	1	2	2	2	2
パルプ・製紙	10	11	14	15	17	17
出版・印刷	2	5	3	3	4	5
化学工業	106	117	144	165	163	180
石油・石炭製品	9	10	13	13	13	13
皮革製品	1	1	1	1	1	2
窯業・土石製品	26	32	35	38	47	46
一次金属	25	29	41	41	47	49
金属製品	8	9	9	9	10	11
一般機械器具	46	46	54	58	66	70
電気機械器具	84	92	98	109	118	125
自動車・同付属品	17	23	27	28	31	32
その他運輸機械器具	13	13	17	17	19	19
精密機器	7	8	10	10	10	11
ゴム・プラスチック	9	13	15	14	16	20
その他製造業	8	8	13	14	13	13
製造業合計	424	481	572	621	668	707
サービス業	204	227	249	261	275	273
その他非製造業	32	38	48	58	57	62
合 計	660	746	869	940	1000	1042

注:サービス業は,運輸業,通信業,電力・ガス,商業,不動産,その他サービスを含んでいる.その他の非製造業は農林水産業,石炭・鉱業,金属・非金属鉱業,石油・天然ガス採掘,建設業を含む.

p_k:資本財デフレーター

日本の固定資産マトリックス(JIP 2006)および中国統計局から入手した品目別の資本財価格情報を使って,産業別価格指数を求めた.

λ:自己資本比率

CSMARで報告している「負債総計」と「資産合計」によって算出した.

r, i:長期市場金利,貸出金利

rの情報はないため,iと同じものを利用した.金利は中央銀行(中国人民銀行)による5年以上の長期貸出金利を使った.

δ_i：固定資産減価償却率

Fraumeni（1997）の資本財別資本減耗率をベースにJIP 2006固定資本マトリクスをウェイトとした加重平均を用いて産業別に算出している．

τ_f：企業の実効税率

中国の財務報告制度が未完備であることに鑑み，本章では産業平均値を利用した．

実証に用いるサンプルは，上述した各変数が欠損している場合，あるいは産出，中間投入，資本ストックがマイナスとなる場合のみを，異常値として排除してある．最終的に利用したサンプル企業は表6-2にまとめている．

3　計測結果

3.1　企業・産業の生産性と収益率

図6-2には，上場企業全体の生産性推移を示している．それによると，中国上場企業の生産性は，2000年から2001年にかけて若干低下する傾向が見られたが，分析対象の全期間においては明らかに上昇した．

Ren and Sun（2007）と同様に，産業平均の生産性を見た場合，①繊維紡績などの労働集約的な産業の生産性水準は，2001年までにやや低下し，その後は上昇している[6]．また②資本・知識技術集約的な産業である一般機械，電子機械，その他運輸機械およびその他の機器製造業の水準は2001年までは横ばいであったが，2002年から著しく上昇した．③非製造業においては，ほとんどのサービス業のTFPが大幅に上昇したが，石油採掘業，石炭，金属・非金属鉱業および農業のTFP水準は大幅に低下している．

産業平均値は，企業の産出シェアで加重平均により算出したため，シェアが大きな企業に偏る傾向がある．したがって，図6-3では代表的な産業における

---

[6]　ここでは報告していないが，その他の労働集約的な製造業も低迷している傾向がある．

(%) 0.14

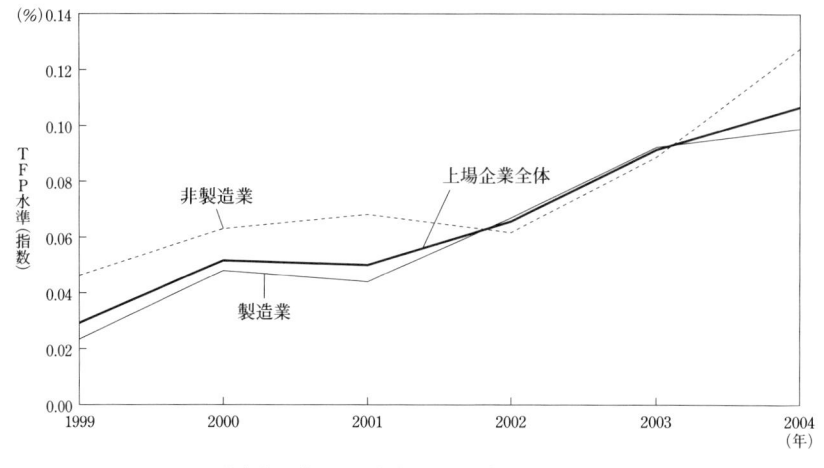

図6-2　上場企業平均TFP水準の推移（産業別産出の加重平均）

注：石油採掘業を除いた結果である．
出所：筆者作成．

　全サンプル企業の生産性の分布と，その時間に沿った変化を示した．ここに挙げられている6つの産業のなかで，商業と繊維紡績業が労働集約的である以外，すべて資本集約的な産業である．化学工業の生産性の上昇が明確ではないが，自動車・同付属品，電気機械器具，一般機械業に分類されている企業の生産性の多くは1999年から2004年にかけて，明らかに上昇している（中心値は右上がり）．それとは対照的に，労働集約的産業に分類されている企業の生産性は停滞，あるいは下落する傾向が見られる．

　さらに，図6-4は，各産業の代表的な企業を考察した結果である．各産業における売上高のトップ5の企業の生産性水準とその推移から，以下の事実が明らかである[7]．

　①化学工業において，生産性水準が最も高いのは製薬企業である．中国の医療改革に伴って，中国の製薬業は急成長を遂げた．全国における製薬企業の数は6000を上回っており，市場競争が最も激しい分野のひとつである．加えて，民営化や外資との提携は他の産業と比べてより進んでいることが観察される．

7）　代表企業の選出は，2004年の売上高の上位企業および企業知名度によった．

第 6 章 企業生産性と国際競争力

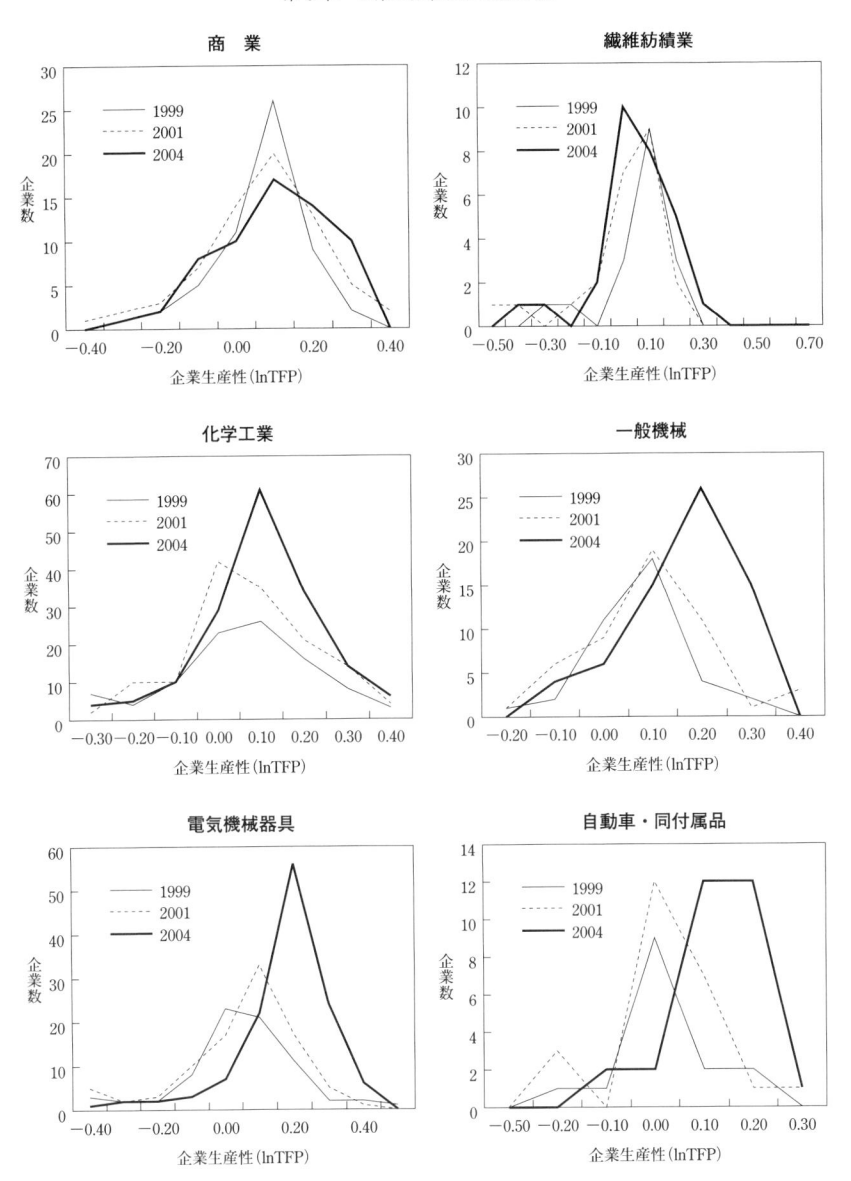

図 6-3 産業別企業生産性の分布と推移

出所：筆者作成．

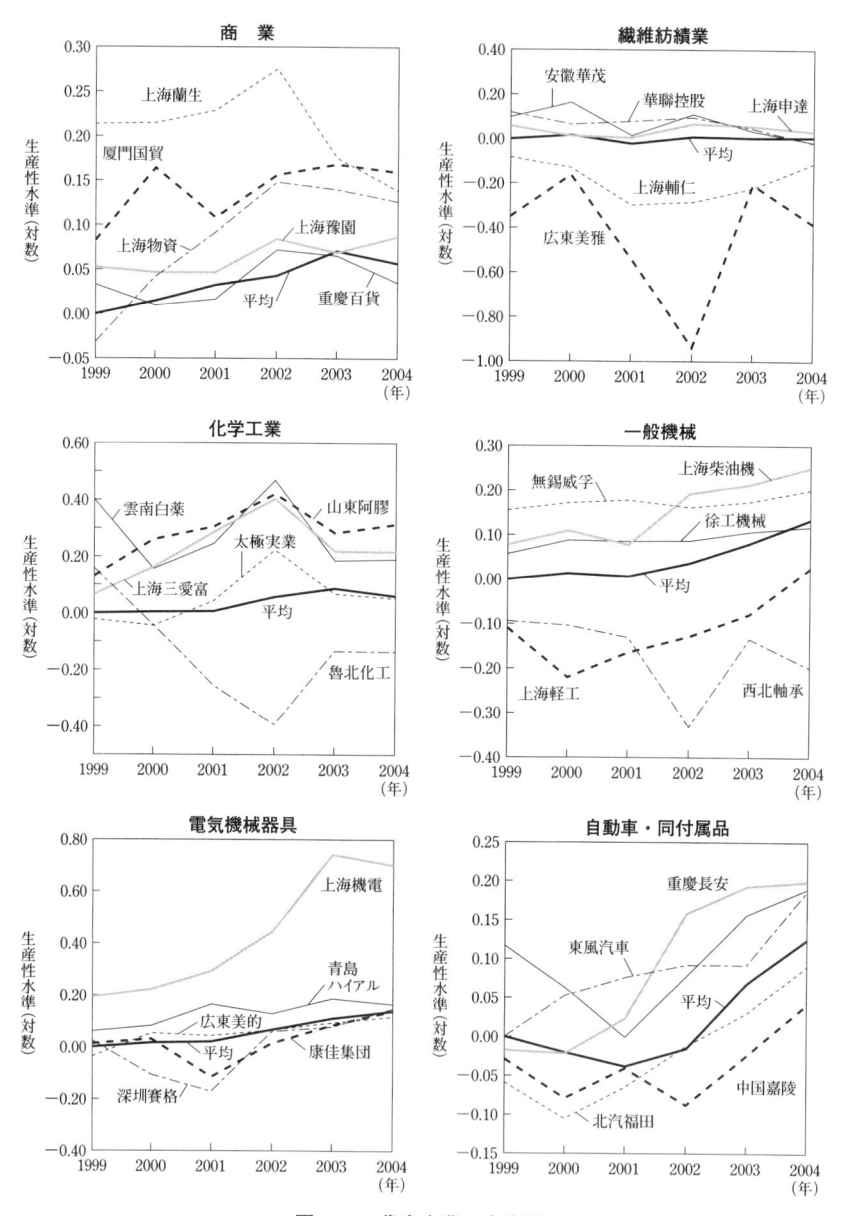

図 6-4　代表企業の生産性

出所：筆者作成.

たとえば，図6-4に示された雲南白薬および山東阿膠の生産性が高く，ともに国家株比率[8]は4割を占めているが，他の化学企業と比べて明らかに低い（他の3社の国家株比率は平均で5～6割である）．

ここで図示されていないが，金属材料業トップ5のTFP水準は2003年まで上昇し，その後は低迷している．第1位の鞍山鉄鋼は，国家株比率が約5割，外資が約3割を占めている．唐山鋼鉄は7割強が国家株である．攀枝花製鉄は「三線建設」の重点プロジェクトであり，歴史の長い国有企業のひとつである．近年は構造的不況に陥り企業改革に苦しみ，ここ数年低成長が続いている．注目すべきなのは，日本と技術提携がおこなわれている宝山鋼鉄である．その株式の9割は国が保有しているが，他の企業と比べて生産性が格段に高く，さらに急上昇する傾向を示している．つまり，国有株比率は格段に高いか，低い企業の生産性が高いという現象が見られる．

②一般機械産業のトップ5では，TFP水準は一貫して緩やかに上昇している．TFP水準が高い上海柴油機，徐工機械ともに5割以上の株を国が所有する国有企業である．ただし，上海海柴油機は約5％の外資が参入している．首位の上海柴油機の国家株は4割しかなく，2002年までTFP水準が急激に下落したが，その後の伸び率は最も顕著である．

③電気機械業のトップ5企業は主に家電メーカーである．売上高首位の康佳は国家株が3割未満，外資が2割強を占めている．青島ハイアルの株の4割は国家株であるが，ハイアルは中国のおもな家電メーカーであるばかりでなく，世界の10大家電メーカーにも数えられる総合家電メーカーとなりつつあり，その急成長ぶりや積極的な国際展開などが世界の注目を浴びている．TFPは家電メーカーの中で最も高いレベルにある．それとは対照的に，長い期間中国電気メーカーの中心にあった四川長虹電気は市場シェア下落し，生産性は低い水準にある．大株主（政府）の介入による経営者トップの頻繁な交代がその原因になっていると思われる．

④自動車産業については，2000年までやや低下したが，その後全体として上昇する傾向が見られる．首位の重慶長安は，米国のフォード・モーター，日

---

8) 本節での国家株比率は，Delios, Wu and Zhou（2006）の2002年の数値を参考にしている．

本のマツダ，スズキとの技術提携や合弁会社の設立などにより，近年純利益が急上昇しており，生産性上昇が最も顕著である．第5位の北汽福田は，1996年設立の新しい企業であるが，2004年には商用車100万台を生産し，中国の自動車発展史の記録を塗り替えた．これは中国国内需要の急増加が背景であると思われる．

3.2 収益率と生産性の乖離

図6-5は，それぞれ分析対象となったすべての上場企業のTFP水準および総資本収益率（ROA）の分布を示している．これによると，1999年から2004年にかけ，大多数の上場企業のTFPが上昇したのとは対照的に，多くの企業のROAは低下しつつある．

このような生産性水準と収益率との間におけるすれ違いは，中国の金融市場が未完備であることが最大の要因であると考えられる．たとえば，株主の性格に応じて企業間で政策上の差別が存在するなどの点は，それを端的に表している．また，流通株比率の変化，つまり自由化の程度も企業間において大きく異なっている可能性が考えられる．

中国の上場企業の多くが実質的には国有企業であり，政府および国有企業自身が保有する非流通株は，全株式発行残高の40〜80％を占めている[9]．これは，上場前後において企業の統治方法は本質的に変わらないということを表している．したがって，必ずしも企業の業績が上場を契機に改善されるとは限らず，むしろ悪化する傾向があると指摘されている．その制度的な要因について白井（2003）は，国有企業の経営者は上場企業として選抜されることで，名声や権威など金銭外の利益を得られるため，上場基準を充たすために新規公開までは業績を改善する誘因が高い，また，上場後の経営者の収入は企業業績と無関係に決まり，経営者が業績を改善する意欲が低くなることなどを指摘している[10]．

さらに，これまでの先行研究では，収益率と株式の所有形態との間に密接な

---

9) 2001年，中国政府は「国有株放出による会社保障資金調達管理暫定弁法管理臨時方法」を発表し，全国社会保障基金の財源捻出のために非流通株の売却を意図したが，売却が株価暴落を誘発して一般投資家が損失を蒙り反発することを恐れて，売却を断行できなくなった．
10) その他詳細は，白井（2003），Aharony, Lee and Wong（2000）およびLin（2000）を参照．

第6章　企業生産性と国際競争力

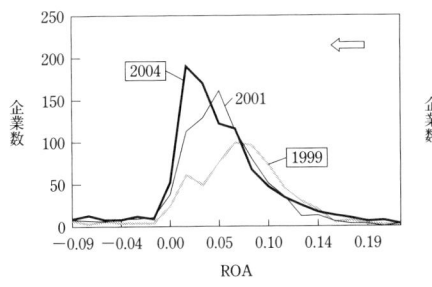

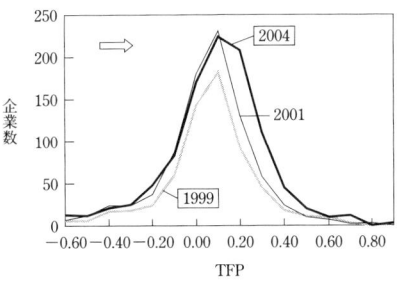

図6-5　生産性と収益率の乖離

出所：筆者作成.

　関係が示されている．たとえば，非流通株の中でも国家が保有する株の比率が高い水準にあるときには，政府による監視（モニタリング）が容易になり，業績改善の効果が見込める．一方，非流通株比率が40～50%を下回る場合には，株主と経営者の間の利害相反問題が深刻化する半面，一般投資家による集団的な監視が相対的に容易になるため，経営規律を高めることが可能となり，上場後に収益率が改善される可能性がある．他方，保護産業に属する企業が多い場合には市場は寡占状態にあり，高い利益が得られる可能性もあり得る（白井2003）．

　経営者の経営意識や株式の所有形態などの制度的な差異が，産業・企業間の収益率格差を生じさせる原因となる．経済学の視点から見れば，ROAの変化は資本装備率（一人当たり資本ストック），全要素生産性，資本分配率，相対価格（産出価格の資本ストック価格比）の変化率に要因分解することができるが，本章の分析対象となっている期間が短いため，主要な要因は全要素生産性の変化と考えられる．しかし，上場企業の資本収益率とTFPの分布の推移は逆の動きを示している（図6-5）．これは，経営意識や所有形態など制度的な原因のほか，南・牧野（2001）が指摘しているように，自由化の進展に伴って一部の国有企業が激しい市場競争をおこない，それによりパフォーマンスが改善され，非国有企業に遜色のない収益を挙げたが，これまで国有企業の享受していた独占利益は消滅した．これが，国有企業全体の収益率が低下した原因であると考えられる．

また，資本装備率，資本分配率，および相対価格が短期的に大きく変化しないとすると，TFP の上昇は資本収益率を押し上げる効果をもたらす．一方，TFP の上昇を伴わずに資本投入を大幅に増加させることは，ROA を低下させる効果を持つ．上述したように，中国上場企業のほとんどが国有企業であるという性質から見れば，産業間・企業間では補助・減免税などの政策的な差異が大きい．たとえば，政策的な優遇措置を受けている一部の企業においては過剰投資が生じやすく，収益率が低下する傾向があり得る．いずれにせよ，持続成長が可能な条件のひとつとしては，いかに全要素生産性を上昇させるかが重要であると考えられる．

3.3 収益率決定要因の分解分析

ここまでの分析では，中国上場企業間における収益率格差の原因を，経営者の経営意識や株式の形態など制度的な要因によって説明したが，以下では企業データを用いて計測した産業別・企業別の TFP 結果を報告し，収益率格差の原因を資源配分の効率性の観点から検討する．ここで，我々は，企業収益率を被説明変数とし，TFP の上昇率，資金調達コスト，自己資産比率，非流通株比率，企業規模，上場してから経過した時間を説明変数として回帰分析してみた．または国家株比率が 5 割以上の企業は国有企業とし，それ以下の企業は非国有企業として定義する．

表 6-3 で示されているように，予想通り，ROA は TFP による影響が最も大きい．国有企業と非国有企業間において大きな違いはないが，非国有企業のほうがより敏感である．前述したように，中国の企業上場行為は，企業利益よりむしろ政治面の事績を追求することを目的としている．実証結果は，国有企業の上場が，それ以後の効率向上につながらないということを示している．それに対し非国有企業は，上場以後，効率が上昇する傾向が見られる．すなわち，保護を受けている企業は合理的な行動をとるインセンティブが乏しいことを示唆している．また，非流通株の比率が大きくなると，収益率は低下する．市場の浸透度合いが小さいことがその一因になっていると思われる．とくに，非国有企業の実証結果はマイナスで有意となっている．自由競争の環境におかれていても，株売買の不自由さがその効率性の上昇を妨害していることは明らかで

表6-3 ROA要因分解

	国家株割合≧50%		国家株割合＜50%	
	係 数	t 値	係 数	t 値
TFP	0.128	29.88	0.199	21.70
資本使用価格	1.002	4.56	0.363	0.84
負債比率	−0.001	−2.49	−0.274	−24.93
非流通株比率	−0.016	−0.79	−0.060	−2.32
産出シェア	0.050	1.86	−0.010	−0.18
存続時間	−0.003	−4.50	0.000	0.42
D 00	−0.005	−0.88	0.005	0.43
D 01	−0.023	−4.39	−0.026	−2.24
D 02	−0.016	−3.04	−0.025	−2.23
D 03	0.024	2.46	0.005	0.28
D 04	0.016	2.10	0.000	−0.04
定数項	−0.088	2.46	0.128	1.83
サンプル数	2,189		2,807	

注：固定効果による分析．
出所：筆者計算．

ある．自己資産比率が小さい（負債比率が大きい）ほど，資本に対する需要が大きいため，非国有企業の資本調達は国有企業に比べ容易ではないことが指摘できる．

以上の分析結果から，中国の企業が直面している市場の競争度合いが異なっていることは明らかである．注意すべきなのは，市場機能に従えば，流通株の比率を増加させることで国有企業も資源配分の合理性が強くなることである．

概していえば，経営者の経営意識，所有権などの違いは，中国企業・産業間収益率の違いの重要な原因となっている．優遇されている企業や独占企業は一時的に超過利潤を得る可能性があるものの，生産性（効率性）は必ずしも高いとはいえない．それに対して，自由化された企業は，競争の中で自身の効率性をアップさせるインセンティブがあるが，資本調達などで差別されていることが指摘できる．

4 資源配分と競争力

4.1 中国企業の国際競争力

　製造業の中で，一般機械，電気機械，自動車などの産業の生産性の上昇は著しいが，これらの産業は国際競争の最も激しい産業でもある．図6-6では，代表産業のトップ4企業と日本，韓国のトップ2企業との比較結果が示されている[11]．国際比較の結果から，まず，日本企業は過去の20年間において，生産性の成長率は横ばい，あるいは停滞しているように見えるものの，3ヵ国においては最も高い水準を占めている．この間，韓国企業は大きなキャッチアップをしていることが明らかである．一部産業においては日本を上回る生産性が現れているが，それも最近やや低迷しているように観察される．

　一方，中国企業は，機械，電子，運輸機器などの産業を除けば，日本・韓国企業との大きなギャップが埋められていない．とくに興味深いのは，比較優位を持つ労働集約的産業，たとえば紡績業においても，依然として低い生産性水準が示されているという点である．産業構造から見れば，中国企業は日韓企業と比べて労働集約的である．表6-4のコスト・シェアを見ると，3ヵ国において，中国の資本コスト・シェアは最も大きく，労働コスト・シェアは最も小さいことが明らかである．これは中国の要素賦存状況を反映しているとはいえ，近年における流動性過剰問題の原因でもあると指摘されている．つまり，中国は労働力と比べて，資本が相対的に欠如しているものの，「世界一」ともいわれる高い貯蓄率を示している．しかし，資本の多くは金融市場や不動産業へ流出し，製造業への投資は不足していると指摘できる．

　第5章ですでに指摘したように，中国政府は改革開放以後においても，資本集約的重化学工業を中心とする国有企業に対する優遇政策を，根本的には放棄していない．2000年以後，さらに「国進民退」（国有企業が進み，民営企業が退

---

[11] 国際比較に用いた日本と韓国のトップ2企業は，2004年の売上高の上位2位を占める企業である．データは日本経済研究センター（2008）による．各国の企業TFPの計測方法は本章と一致しているが，比較する際，日本企業を基準に，産出，中間投入および資本と労働の投入について，PPP調整をおこなった．詳細は日本経済研究センター（2007, 2008）を参照．

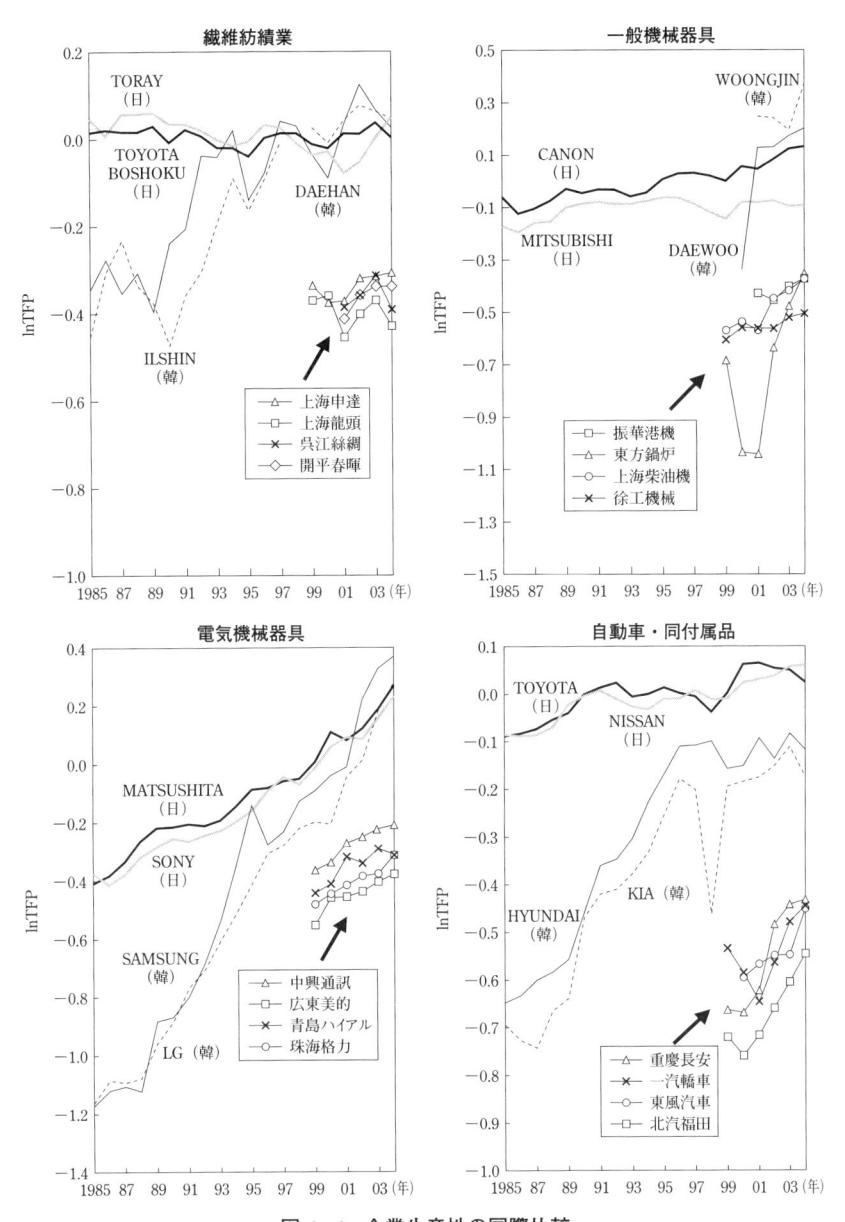

第6章　企業生産性と国際競争力　　　223

図6-6　企業生産性の国際比較

出所：日本経済研究センター（2007，2008）より，筆者作成．

表 6-4 要素コスト・シェアの比較

	労働		資本		中間投入	
	2000	2004	2000	2004	2000	2004
中国	0.06	0.05	0.09	0.09	0.85	0.86
日本	0.16	0.16	0.04	0.03	0.80	0.81
韓国	0.12	0.09	0.04	0.02	0.84	0.89

出所：日本経済研究センター（2007, 2008）．

く）の現象が生じている．その背景には，2001年のWTO加盟を契機に，「第10次5ヵ年計画とWTO加盟による国際競争力向上に関する重点特別事業計画」が発表され，中国政府は「抓大放小」（大企業をつかまえ，小企業を放す）という国有企業改革政策をとったことがある．それにより，資金は優先的に化学，エネルギー分野の国有企業へ配分させることになった．しかし，保護を受けている国有企業は資金を生産に回さず，土地購入や株式市場へ流していたことが観察されている．それと対照的に民間企業，とくに中小規模の私営企業に対する信用担保はきわめて限定的なものであり，また私営企業に対する証券市場の開放度が低いため，銀行からの融資や証券市場を通じた資金調達が非常に困難である．資金は闇の民間金融に頼ることで補わざるを得ない．しかし，金利が高いため，企業にとっては資本収益率がきわめて低くなる．したがって，民間企業も実体経済へ投資せずに，収益率の高い株市場や不動産業へ投資するようになってしまうのである．

4.2 資源配分とキャッチアップ

市場がうまく機能すれば，資本・労働などの生産要素は，生産性の高い企業・産業へ移動する．さらにそれを通じて，経済全体の生産性を上昇させる．逆に，生産要素が生産性の低い部門に拘束されると，資源配分の非効率性はますます顕在化し，経済全体の生産性にマイナスの影響を与える．中国では産業保護政策などにより，各企業が直面する市場競争環境が不平等となり，経済全体の資源配分の効率性がさらに悪化する可能性がある．しかし，前節での推計結果は，サンプル全体の生産性が上昇する傾向を示しているのである．それは，本当に資源配分の効率性が改善されたからなのか，それとも企業自身の努力に

よる結果であるのか．または，新規上場企業が既存企業より良質であったのだろうか，不良企業の退場による結果であるのか．以上の4点について，さらに調べる必要がある．深尾・宮川 (2008) と Foster, et al. (2001) を参考にして，産業生産性を影響する要因を分解してみる．まず，t 年におけるある産業全体の平均生産性を，以下のように定義する．

$$\ln TFP_t = \sum_f \rho_{f,t} \ln TFP_{f,t}$$

ここで，$\rho_{f,t}$ は t 年における企業 f の産出シェアを示している．このとき，一定期間（たとえば1年の場合は，$t-1$ 年から t 年までと表記できる）における産業平均生産性の成長率は，以下の五つの効果で分解できる．

内部効果（Within effect）：$WE = \sum_{f \in S} \rho_{f,t-1} \Delta \ln TFP_{f,t}$

シェア効果（Between effect）：$BE = \sum_{f \in S} \Delta \rho_{f,t} (\ln TFP_{f,t-1} - \overline{\ln TFP_{i,t-1}})$

共分散効果（Covariance effect）：$CE = \sum_{f \in S} \Delta \rho_{f,t} \Delta \ln TFP_{f,t}$

参入効果（Entry effect）：$ENE = \sum_{f \in N} \rho_{f,t} (\ln TFP_{f,t} - \overline{\ln TFP_{i,t-1}})$

退出効果（Exit effect）：$XNE = \sum_{f \in X} \rho_{f,t-1} (\overline{\ln TFP_{i,t-1}} - \ln TFP_{f,t-1})$

ただし，S, N, X は，それぞれ基準年 ($t-1$) から比較年 (t) の期間の存続企業，新規参入企業，退出企業を表す．また，上傍線つきの変数は，産業平均を示す．

諸効果の意味は以下のようにまとめられる．

①内部効果は，分析期間内における存続企業内の生産性上昇の産業平均生産性に対する寄与．
②シェア効果は，初期時点の産業平均生産性を基準にした，各企業の生産性に伴うシェアの変化の産業平均生産性に対する影響．
③共分散効果は，シェア変化と生産性変化のクロス効果．
④参入効果は新規参入してきた（新規上場）企業の TFP に対する影響．
⑤退出効果は企業退場による産業平均 TFP に対する影響．

である．

シェア効果と共分散効果を合わせて，資源再配分効果として考える．異常変動を除くため，ここでは，1999～2001年および2001～2004年の2期間におけ

226　第III部　市場化と生産性

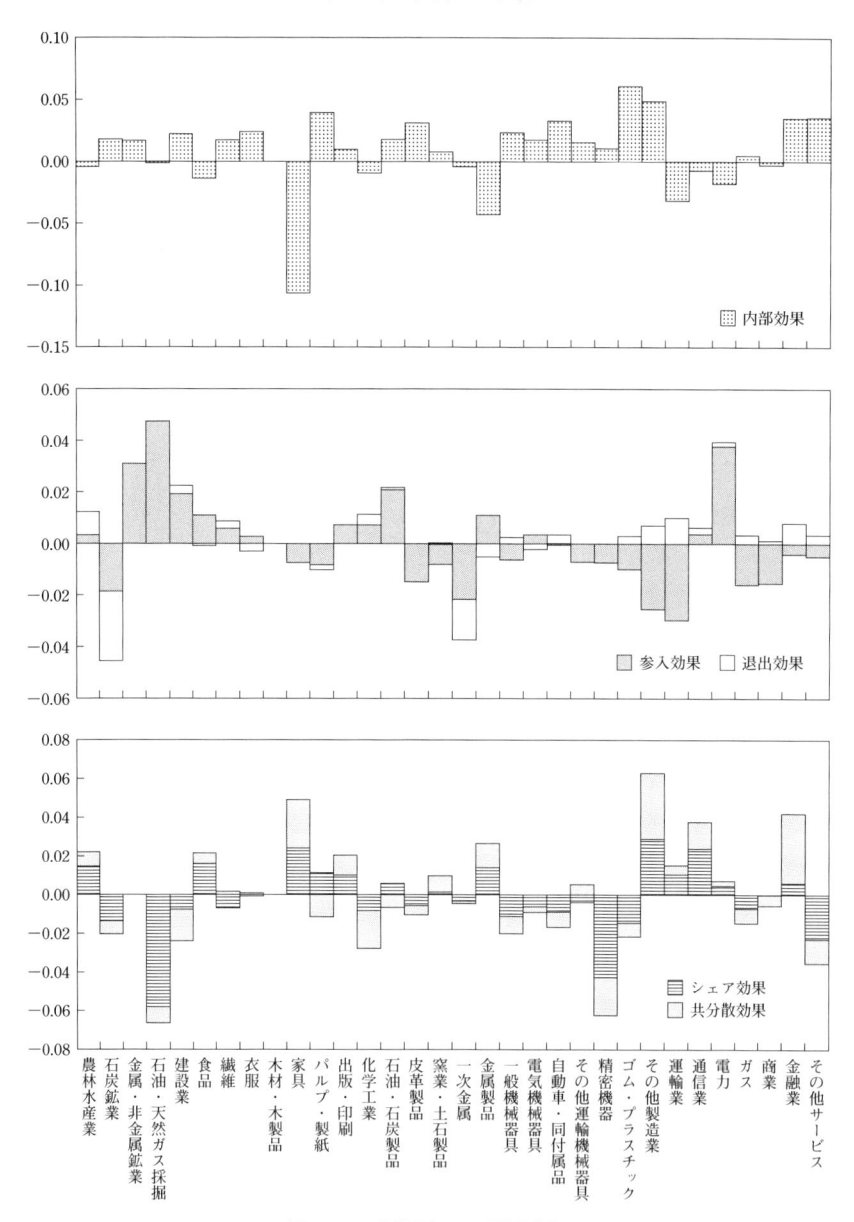

図 6-7　産業別 TFP 要因分解

出所：筆者作成.

る平均（$k=1$，それぞれ2年，3年平均となる）を計算し，その差分を用いて中国上場企業の資源配分効率性の変化を摑むことにした．計測結果は図6-7で示されている．それによると，

① 大部分の産業の平均生産性は上昇しているが，労働集約的な食品，木材・木製品産業，化学，金属，運輸・通信および電力・ガス業の生産性は低下している．
② 参入効果と退出効果は株市場の新陳代謝機能の効率性を反映している．一次金属，石炭業の参入効果，退出効果は二期にわたって大幅に低下した．他に，ほとんどの製造企業の参入効果は低下している．これは，2001年以後の新規上場企業の生産性は低いことを意味している．
③ 再配分効果（シェア効果と共分散効果）は，資本と労働の企業間再配分の産業平均生産性に対する貢献を表し，おもに株市場の資金調達効率性を反映している．分析結果から見れば，大部分の企業の資源再配分効果は低下している．これは非流通株比率が高ければ高いほど，資源を拘束し，その有効利用を妨害していることを示しているのである．たとえば，石油・ガス採掘業および化学工業の生産性は低いにもかかわらず，これらは政府による保護産業であるため，そのシェアは拡大していた．

以上の分析から，産業保護，価格規制など市場の機能を抑制する政策が依然として多く存在していることは，産業間・企業間における収益率や生産性の格差を生じる原因となることが分かる．この先，資源配分上の問題が顕在化する可能性が否定できないのである．

今後，国際分業が進むにつれて，中間財の国際取引がさらに活発化することが予想される．深尾・袁（2007）が指摘しているように，各国の生産要素の生産性が，中間貿易財の付加価値の再配分に直接影響する．中国が国際貿易において利益を得るためには，資源配分の効率性の改善が求められるのである．

おわりに

　東アジアの各国間での直接投資は，ヒト，モノ，カネのやりとりを緊密化させ，その結果域内貿易が急速に拡大しつつある．ひとつの地域経済としての東アジアの特徴は，欧州連合（EU），北米自由貿易協定（NAFTA）に比して，貿易において中間財の占める割合が大きく，国境を越えた分業を進展させていることであろう．とくに，電気機械・パソコン（PC）関連（IT産業）の中間財貿易の活発な動きが最もよく観察されている．

　国際分業の進展に伴って，域内各国企業・産業の国際競争力は常に変化していく．通商白書（2005年版）は，東アジア域内の貿易産業について，中間財および最終財の国際競争力を分析した．それによると，日本は一般機械，輸送機械，精密機械等の機械系産業については強い国際競争力を有しているが，徐々に中間財に特化する産業構造を持つようになった結果，家電産業の競争力が弱まった．また，韓国では競争力の強かった繊維産業，家電産業の地位は低下し，前者は最終財，後者は中間財の競争力が失われつつある．中国は従来，パルプ・紙，鉄鋼，化学製品については組立型産業が中心であり，低い労働コストによって最終財は強い反面，中間財は弱かった．しかし，最近，家電産業，雑貨類製造業において，中間財・最終財ともに強い国際競争力を持つようになってきた．このような東アジア経済一体化の進行に伴う産業・企業競争力の変化の大きな背景としては，中国経済の高成長がある．とくに，中国の世界貿易機関（WTO）加盟以来，多くの外国企業が中国のマーケットに参入しており，世界で最も厳しい競争市場になりつつある．また，中国企業は市場経済への移行に伴って，大きな成長を遂げてきた．とくに近年そのグローバル化が急速に展開している．*Fortune* 誌が発表したグローバル企業の証とされる世界企業トップ500に，2007年は中国企業（大陸）から19社がランクインした．

　中国企業のパフォーマンスおよび国際競争力を確認するために，本章は中国上場企業の財務データを用いて，企業・産業レベルのTFP水準を測った．その結果は，1999〜2004年の期間において，上場企業全体のTFP水準が上昇していることを示している．また，製造業およびサービス業の上昇度合いが大きく，製造業の中ではとくに2001年以降，自動車，運輸機械業，一般機械・電

子機械業などの資本・知識技術集約的な産業のTFP水準の上昇が顕著である．これとは対照的に，改革開放前期において急成長した繊維業，食品などの労働集約的な産業のTFP水準の上昇度合いは相対的に小さく，2002年以降は停滞している．サービス業では，「その他サービス」を除いて全体的にTFP水準が上昇する傾向が見られ，特に運輸業と通信業の伸び率が高い．その他の非製造業部門で明らかに停滞しているのは，鉱業，建設業と農業である．

　企業レベルで見たROAとTFP分布の動きが一致していないことは，金融市場が未完備なために資金調達面で企業間格差が存在することや，企業の特性や各産業が直面する市場の競争度合いの違いを反映していると考えられる．また，各産業の産出高で見た上位企業の分析結果は，企業間における生産性格差が大きいことを示している．たとえば，同じく国家株比率が高いと見られても，海外の先進技術を積極的に導入した宝山鋼鉄，意欲的に海外進出している青島ハイアルの生産性は格段に高く，攀枝花，本渓鋼鉄，四川長虹など歴史の長い国有企業とみなされる企業の生産性は停滞する傾向が強い．この原因を解明するには，企業の所有権や流通株比率の変化および立地条件など，各々企業の属性を表わす指標を用いてさらに分析する必要がある．なお，国際比較の結果から，中国の企業生産性が日本と韓国の企業と比べて遥かに低いことが明らかになった．中国がこの先，キャッチアップできるか否かは，どれだけ資源配分の効率性が改善できるかにかかっていると指摘できる．

終　章　総括と展望
―― 結論と残された課題 ――

1　主な結論

　本書では，価格統制，労働市場の分断，国境措置などのマクロ経済政策の変遷から，戦後中国の経済成長過程における資源配分の効率性について数量分析を試みた．第1章で説明したように，戦後中国の資源配分システムは，自由経済から計画（統制）経済へ移行し，また改革開放に伴って再び自由経済へと漸進的に移行している．本書では，新古典派経済学が主張する自由経済（市場経済）を基準として，このような経済統制と自由化の動きを，資源配分が基準から乖離・回帰していく過程としてとらえ，自由経済の経済指標（たとえば財の市場価格や産業構造）との比較を通じて，部門間資源配分に対する政府介入が，その効率性や経済成長に与える影響を，理論面と実証面の双方から分析した．第2章では，他の国との長期比較を可能にするために，経済成長の初期時点での実質消費水準を確認した．また，部門間資源配分については，第3章の農工間，第4章の貿易財・非貿易財部門間，第5章の製造業内各部門間において具体的に検討した．また，第6章は国際比較を通じて急成長している中国企業の国際競争力について分析した．以下では各章の分析から得られた主要な結論をまとめる．

　第2章では，1934～1936年の中国・日本・朝鮮・台湾間について，絶対価格データと家計調査等に基づく消費ウェイトを使って，消費者物価絶対水準比を直接推計した．これをもとに4ヵ国・地域間で一人当たり実質消費水準や実質GDPを長期比較した結果，中国の経済成長の初期時点での発展水準は，非常に低いものであることが確認された．また，計画経済期における経済成長は，比較対象となっている東アジア諸国より遅かったことも明らかになった．たと

えば，1990年時点において，中国の一人当たり実質GDPと他の諸国との間の格差は，1930年よりもむしろ拡大していた．中国経済のキャッチアップが見られたのは，経済自由化開始以後のことである．

　第二次世界大戦およびその後の国内戦争（解放戦争）を経て，中国共産党は政権を確立した．歴史的・構造的経済格差など，新中国が直面した経済発展の初期条件は低いレベルであったが（第2章参照），当時の国際情勢，とくに朝鮮戦争を契機に，近代的軍需産業育成のための重工業化の重要性を痛感し，「自力更生」路線で農業を犠牲にした工業化に取り組んだ．しかし，工業化のための諸政策，たとえば，政府による独占的な貿易，公定価格による農産物の買い上げなどの政策によって，国内の農工間相対価格は国際的な水準から大きく乖離した．これは，農業に対して間接的な課税効果を与えていた．第3章では，従来の中国の農工間資源移転に関する研究が，このような農工間相対価格の内外格差を考慮していないため，農業課税を過小評価していることを指摘した．その上で，1952～2000年における農工間相対価格の内外格差を測り，部門間資源移転の方向や程度について実証的に分析した．その結果，市場経済が部分的に機能していた1950年代と改革開放後の市場経済への移行期においては，内外価格差が縮小したのに対して，1960年代半ばから改革開放までの計画経済期の場合は，それが拡大したことが明らかになった．計画経済期における中国のような，中央集権的な社会体制下での政策介入の程度は他の途上国より大きく，それを反映して内外価格差の程度も大きくなると考えられる．第3章での実証結果から，他の途上国に比べて，中国における農工間相対価格の内外格差の度合いは，より大きいことが確認された．つまり，経済成長の初期段階における中国の資本形成は農業の犠牲の上に成立していたのであり，その度合いは他の国より大きかったということが実証的に明らかにされた．

　第4章の分析は以下のことを明らかにした．つまり，「計画経済期においては，一人当たり実質GDPが同水準の他国より物価水準は遥かに高かったが，経済自由化以降においては大幅に下落し，一人当たり実質GDPが同水準の他国より長期的に見ても低位で推移している」という現象は，一般経済理論に反するものではなく，それは，輸入代替・重工業優先発展戦略から輸出指向への転換に伴う労働集約的な貿易財部門の急成長や，非貿易財部門の雇用増加によ

るものである．この結果は，豊富な労働力という比較優位をより強く発揮すれば，中国の物価水準はさらに低くなる可能性があることを示唆している．たとえば，重化学工業優遇政策を徹底的に放棄し，製造業を中心とする労働集約的な産業を発展させることや，非貿易財部門の余剰労働力の吸収能力を拡大させることによって，賃金上昇圧力を解消することができる．つまり，現在のように人民元を人為的に低い水準に維持しなくとも，国内生産要素市場を完備することによって，経済成長に伴う物価上昇問題は解決できると考えられる．

　第5章では，経済自由化に伴う生産要素の部門間再配分と生産性の関係について，製造業を中心に労働・資本の部門間再配分効果を推計した．その結果，以下のような点が明らかになった．まず第一に，1978～84年の改革開放以前を含む時期においては，労働の限界生産性が高い産業に労働が移動しているという現象は見られない．しかし，それ以後の1984～90年，そして1990～95年の時期においては，次第に限界生産性の高い産業に労働力が集まる傾向，つまり経済全体の生産性を上昇させるような労働移動が見られるようになった．第二に，資本については90年代に入ってもなお，限界生産性の高い部門に資本が投入されているとは到底いえない状況であり，化学，金属等，重化学工業では，資本の限界生産性が低いにもかかわらず，相変わらず資本投入の拡大が続いている．つまり，1980年代以降，労働投入については効率的な資源配分メカニズムがある程度機能するようになったのに対し，資本については非効率的な配分が続いているのである．資本投入の非効率性は，大銀行を中心とした中国の資金配分システムや重化学工業に多い国営企業経営における機能不全と密接な関係があると考えられる．

　第6章「企業生産性と国際競争力」では，国際化の進展に伴う中国企業の競争力をミクロレベルの生産性分析によって検証した．企業・産業レベルの生産性（TFP）水準を測った結果から見れば，中国上場企業の生産性は，2000年前後に若干低下傾向が見られたが，その後，全体的に明らかに上昇したことを示している．また，上場企業の生産性と資本収益率の動きは必ずしも一致していないことが確認された．これは金融市場が未完備なため資金調達面で企業格差が存在することや，所有権の異なる企業が直面する市場競争の度合いの違いを反映している．産業保護，価格規制など市場機能を抑制する政策が依然として

多く存在していることは，産業間・企業間における収益率や生産性の格差を生む原因となり，資源配分上の問題をさらに顕在化する可能性がある．国際比較の結果からは，中国の企業生産性が日本と韓国の企業と比べてまだ遥かに低いことが明らかになったが，中国がこの先キャッチアップできるか否かは，どれだけ資源配分が効率性を改善できるかにかかっているといえよう．

2 分析結果からの示唆

　中国の経済改革における「計画経済」か「市場経済」かの論争において，最も基本的な問題は，資源配分の効率性である．現代経済学では，市場価格による資源配分メカニズムが最も基本的な理論モデルである．この理論によって，なぜ規制されていない価格（＝市場価格）が商品の稀少性を反映し，市場経済での需要と供給のバランスを調整できるのか，また市場がどのような状況（市場に対する政府の介入の有無等）であれば，経済主体の合理的な行動によって最も効率的な資源配分を達成できるのかということを理解することができる．同時にこれは，計画経済は市場経済へと移行し，市場の資源配分メカニズムを機能させることが社会にとって最も望ましいということを含意している．

　計画経済から市場経済への移行過程に多くの困難が伴うことは容易に想像できるが，いかに資源配分の効率性を改善させるかが，改革の成功あるいはスムーズな移行への鍵を握っているといえよう．中国の経済改革は，現在なお未完成の段階にあり，各種の歪められた価格，競争規制，資源配分に対する市場の働きを抑制する政策が，依然として多く存在しているため，今後，様々な資源配分上の問題が顕在化する可能性がある．本書で取り上げたいくつかのテーマに関する分析結果は，計画経済期だけではなく，経済自由化過程においても，資源配分の効率性が明確に改善されなかったことを示唆している．例えば，第3章，第4章では，農工間，貿易財と非貿易財部門間について，工業化のための「強蓄積」政策や貿易財産業の保護が，これらの商品の国内価格を割高にし，保護された産業での生産要素投入を過大にして非効率的な資源配分をもたらすことを示した．これを敷衍すると，国内価格の歪みを取り除き，労働集約的な軽工業や農業に特化すれば，さらにGDPを高めることが可能であり，中国は

終　章　総括と展望

その機会を逃しているということになる．これが輸入代替政策による損失である．また，第5章では，国内価格を前提として，労働と資本の産業別投入とその限界生産性の関係を分析している．それによると，限界生産性が低い重化学工業に対する資本投入の拡大が続けられているため，製造業全体で見た生産性上昇率や経済成長率が低くなっている．つまり，これは労働・資本といった生産要素の部門間移転に伴う動学的な非効率性であることを意味する．

　本書の第2章に示されている，異なる時期における経済成長率の違いは，資源配分の効率性の違いを反映している．つまり，経済成長の速度に大きく影響を与えたのは，経済体制の変遷と，それに伴う資源配分の効率性の違いであると言える．自由経済の場合は，労働と資本といった生産要素が最も効率的に部門間に配分されるが，計画経済体制下のように，制度的・構造的に歪みが存在する場合では，資源が効率的に配分できなくなる．そのため，産業保護や「超越戦略」などの政府介入は，却って経済成長を妨害していたと考えられる．

　とくに，特定の産業（たとえば工業）を保護することは，結果として他の産業（ここでは農業）から生産資源を一部取り上げること（間接課税効果）になり，資源配分の効率性が損なわれることになる．最近では，中国の政府当局や経済学者の間で，農村・農業問題，とくに農村の貧困問題についての議論が盛んにおこなわれている．政府は直接的な農業税を廃止する政策を打ち出し，農村の貧困問題を解消させようとする姿勢を見せている．しかし，第2章の分析で明らかになったように，改革開放以前の時期において農業に巨大な負担をかけていたのは，直接的な農業税だけではなく，労働が部門間で自由に移動することを制限するための戸籍政策，そして民間消費への介入などであった．とくに，労働市場の二重構造は，部門間賃金格差の原因となり，農工間交易条件の市場均衡水準からの乖離・悪化をもたらし，農業部門に大きな犠牲を強いていた．改革開放以後においても，直接的な農業税よりはむしろ，労働力の産業間における自由移動に対する妨害こそが，農村貧困問題の根源となっていると考えられる．つまり，農業に対する負担を軽減するためには，直接的な農業税を軽減・廃止するだけではなく，国際価格との乖離を温存する政策を放棄し，産業構造の歪みを生み出す原因を追究・是正しなければならないのである．

　第4章，第5章の分析は，中国において生産要素市場の改革が立ち遅れてい

ることを示している．つまり，1978年から始まった経済改革は，経済成長に対して多大な貢献をしたが，最近になって自由化された財市場と，自由化されていない資金・土地・労働力などの生産要素市場との間に，様々な矛盾が露呈してきた．そのおもな矛盾のひとつとして，公共権力の濫用が財・サービスの価格と生産要素価格との間に，巨額のレントを生じさせていることがあげられる．とくに，1990年後半に入ると，生産要素市場の歪みは中国経済の効率性のみならず，社会の安定にも深刻な影響を与えるようになった．たとえば，近年現れている「民工荒」（労働者不足）現象や，頻発している土地収用をめぐる政府と農民の衝突などが挙げられよう．このような土地・資本に対する権力濫用や，労働市場の整備に対する政府の介入不足などの問題を克服するための生産要素市場改革は，これからの経済改革や経済自由化の進展において，最も重要な課題と考えられる．

3 残された課題

　以上，本書の研究から得られた結論について説明したが，残された課題は多い．たとえば，第1, 2章の分析に示されているように，終戦後から1959年までの10年間，中国の経済成長は非常に速かったことは否定できない．加藤・上原 (2004) が指摘しているように，計画経済期に国民国家としての制度の統一と経済統合を成し遂げ，土地改革，教育の普及，女性の地位の向上，インフラ整備，重工業の土台の構築，農村中小工業の振興などを行ったことが，その後の社会・経済発展の準備をしたといえなくもない．今にしてみれば，計画経済期の経済統制は，改革開放後における市場経済発展のための初期条件を整備するという，逆説的な役割を担ったといえるのかもしれない．したがって，計画経済の時代に実現された制度変革や経済実績が，中国の経済成長にどのような役割を果たしているのかについて，今後研究することが必要である．

　また，本書で示している中国の経済成長に関する資源配分の非効率性は，①第3章，第4章での保護政策による国内価格の歪み，②第5, 6章での動学的な非効率性という二重の意味を持つ．近年の国際比較研究によれば，保護された産業は競争機会にさらされないこと等により，生産性が低くなる傾向がある

という．その意味では第3，第4章で議論した産業保護政策と，第5，6章で見た動学的な非効率性問題は密接な関係を持っていると考えられ，両者の関連性についての分析も重要な課題として残されている．

　最後に本書の分析結果から，マクロ的な視点から見れば，新古典派が主張する自由市場モデルから乖離しながらも，中国経済が高度成長を達成してきたことが明らかになった．このような高度成長が可能になった理由は，マクロ的な資源配分の効率が改善されたことよりも，むしろミクロ的なインセンティブ政策などに，より多くを負っているのではないか（第6章），という新たな問題が，本書の分析によって提示されている．したがって，中国経済成長に関する資源配分問題を明らかにするために，たとえば，第3章において郷・鎮以下のレベルでの資金循環や，第4章においても地域別のデータに基づいた実証分析をおこない，検証する必要がある．以上のことは，今後の課題として残したい．

経済政策関係年表

1. 清朝末期（1865〜1911年）

年次	経済政策
1842	第1次アヘン戦争（1840年）終息. 8月29日,「江寧（南京）条約」調印,イギリスに2100万元賠償金,香港割譲,広東,厦門,福州,寧波,上海の開港を認め.翌年の虎門寨追加条約では治外法権,関税自主権放棄,最恵国待遇を承認.
1856	10月23日,イギリス軍は広州に侵攻,第2次アヘン戦争開始,翌年の12月29日,英仏連合軍は広州を占領.
1860	10月13日,英仏連合軍が北京を占領,24,25日,英仏と「北京条約」（天津条約の追加条約）調印,天津開港,香港九龍をイギリスに割譲. 11月14日,ロシアと「北京条約」調印. 同年,吉林西部囲場を開墾移民に開放,封禁政策解除の開始.
1861	8月23日,両江総督曽国藩,「覆陳購買外洋船砲折」奏請,初めて造船を提案. 11月2日,西太后が政変. 12月,曽国藩が安慶で新式軍事工場（内軍械所）を設立,1864年7月19日,南京へ引越し,金陵軍械所と改称.
1863	12月6日,曽国藩が6万8000両の経費でアメリカから機械設備を購入,これは中国近代史において,初めての計画的な海外機械設備の輸入である.
1864	5月1日,上海で洋涇浜北首理事衙門を設立,裁判における中外会審制度の開始. 7月,太平天国の乱収束.
1865	5月23日,李鴻章,南京で「金陵製造局」を建設着工. 6月,上海で江南機器製造総局（略称：江南製造局,現在の江南造船場の前身）が設立される.その下に,機器,鋳銅,鋳鉄,製鋼,造船,武器,火薬,蒸気機関などの工場,および公務,工程,砲隊,会館などの部門が設けられた.おもな製品は銃砲,水雷,弾薬,機器など,および船の修理.総経費は約54.3万両.
1872	12月23日,李鴻章が中国最初の商弁企業（実質には監督商弁）「輪船招商局」の設置を奏請.翌年1月,上海で正式に設立. 同年,雲貴総督岑毓英昆明で雲南機器場を設立.
1873	年初,左宗棠が「蘭州製造局」を設立,翌年両広総督瑞麟が「広州機器局」を設立.
1875	7月,官督商弁企業「湖北広済興国炭鉱」操業開始,1879年商弁へ移行,その後閉鎖.

1875	10月29日，山東巡撫丁宝楨が「山東機器局」を創設．
1880	9月16日，官弁「蘭州織呢局」が操業開始，機械および技術者はドイツから．総経費31万両．1884年に閉鎖．
1882	4月23日，「上海機器織布局」(別称：老洋布局)を計画，1888年建築着工，翌年5月操業開始．金陵製造局火薬工場の建築着工．
1883	9月，浙江巡撫劉秉璋が「杭州機器局」を建設，1885年に完成，1887年に閉鎖．
1884	5月，山西巡撫張之洞が「山西製造局」を設立． 7月，劉銘伝が台湾省の初代巡撫に赴任，翌年7月「台湾機器局」を建設，1886年完成，1894年火災により壊滅．
1890	5月，張之洞が「大冶鉱務局」を設立，大冶鉄鉱場を建設． 6月3日，「湖北鉄政局」(漢陽鉄廠の官弁時期の正式名称)を設立，翌年建設開始．
1894	7月，日清戦争(甲午戦争)勃発，日本に敗れ，翌年4月日清「馬関条約」調印．日本に賠償金銀2億両および三国干渉による遼東半島の代償金3000万両を3年分割でイギリス・ポンド金貨にて支払う．
1896	9月8日，ロシアと「合弁東省鉄路公司合同章程」調印，1898年5月東清鉄道建築着工，1901年10月21日開通．
1898	6月11日，光緒帝「明定国是」詔を下し，政治改革を図る変法を宣言．同年9月21日失敗．
1899	4月7日，「大冶鉄鉱場」は日本(八幡製鉄)と鉄鉱石貿易15年契約を結ぶ． 5月23日，官商合弁「南通大生紗場」操業開始． 同年，義和団の乱が勃発，翌年鎮圧される．
1900	7月14日，天津，8ヶ国連合軍に占領される．米国が「門戸開放」を要求． 8月14日，8ヶ国連合軍，北京を占領，15日，西太后と光緒帝が北京から逃亡．
1901	1月29日，西太后・光緒帝詔，教育改革，新軍建設，商業奨励をふくむ立憲君主制，科挙の廃止など政治改革を中心とした新政発足． 9月7日，「北京議定書」(辛丑条約)により賠償金4億5000万両(人口の数)を支払う(年利4パーセント，翌年から39年間の分割払い)． 11月7日，李鴻章が死去，袁世凱が直隷総督兼北洋大臣に就任．
1902	4月，楠原正三が学堂教習兼農政顧問として袁世凱のもとに招聘される． 8月15日，「欽定学堂章程」公布，現代教育制度の導入． 同年，天津に北洋煙草公司の設立計画(資本金10.5万両)．政府による民間企業投資奨励によって国内利権の奪回を図る．上海で初めての民営大型造船工場(求新機器輪船製造場)が設立される(資本金70万両)．1904年操業開始．現求新造船場の前身．
1903	9月7日，商部を設立，載振が尚書に就任．商部は商業に関する法律と会社登録規則を定め，登録局を設立．
1904	1月15日，日本興業銀行が漢陽鋼鉄工場に300万円の借款．21日，商部が「商律」を奏定，「商人通例」9カ条および「公司律」131カ条を公布． 3月17日，「鉱務暫行章程」，5月2日，「公司注冊試弁章程」を奏定．

| 1904 | 4月5日,戸部が「試弁銀行章程」を奏定.
8月4日,「商標注冊試弁章程」を公布.
同年,山東省博山にガラス工場が設立される（現在の金晶ガラス工場）．実業家張謇,許鼎霖が「耀徐ガラス工場」を建設,資本金140万元,1907年操業開始. |
|---|---|
| 1905 | 9月27日,戸部奏准国家銀行の設立,資本金400万両,官商各半. 1908年7月28日大清銀行と改称.
同年,商部が北京に勧工陳列所（勧業），天津に工芸総局，工業学堂，教育品陳列館，考工場，実習工場を設立．また，高等実業学堂，中等実業学堂の設立を奏請. |
| 1906 | 4月25日,商部,「破産律」69ヵ条を奏定.
10月7日「奨給商勲章程」公布,商業奨励の章程書を定める.
11月7日,工部と商部合併,農工商部に改称. 戸部は度支部に,郵伝部を設ける.
11月26日,南満州鉄道株式会社設立,翌年4月に営業開始.
同年,学部が留学審査制度を制定（工商科進士を選抜）.
東北三省で紡績工場の織機を増設．また湖北省で製麻局を設立し，麻布の免税を奏請．本渓湖煤鉄会社（資本金55万両），上海泰豊缶詰会社（資本金7万元）を設立.
江南造船場が官督商弁に．農工商部が独資商業・得援公司の登録を許可. |
| 1907 | 8月21日,農工商部が華商実業家に爵位賞与の章程を奏請（31日改正,実業投資1000万元以上で男爵,2000万元以上は子爵）.
12月8日,郵伝部,交通銀行設立を奏定.
大冶セメント工場設立が奏請される．また，武漢で鉄道，橋梁，車両の工場設立が奏請される．総経費40万両.
同年,工芸局所属の工場を設立．江西景徳鎮瓷器公司を商弁に．漢口揚子機器公司（資本金100万両）. |
| 1908 | 2月,漢陽鋼鉄工場,大冶鉄鉱,萍郷炭鉱を合併し,漢冶萍煤鉄場鉱有限会社を設立．前払い方式で，日本銀行から600万元を借款.
4月28日,農工商部と度支部が「度量衡画一制度図説総表」，「推行画一度量衡制度暫定章程」を奏請,度量衡基準を統一計画. |
| 1909 | 2月,広東南洋煙草公司が広東南洋兄弟煙草公司に改称，(資本金100万両). |
| 1910 | 5月23日,度支部,「銀本位幣制則例」奏准.
6月5日,近代第1回目全国博覧会：南洋勧業会を開催.
6月22日,度支部,「造幣場章程」奏准.
本渓湖煤鉄公司を日本との合弁へ. |
| 1911 | 10月10日,武漢蜂起,漢陽鉄廠が操業停止.
同年,農工商部が度量衡の国際基準と旧制基準の併用を奏請. |

2. 中華民国期（1912～49年）

年次	経済政策
1912	1月1日，孫文は中華民国臨時大総統に就任． 1月3日，南京政府成立，革命同盟会が南京で臨時国民大会を開催．実業部を設立，張謇が総長に就任．農林部と工商部を設立，陳其美が工商総長，陳錦濤財政総長を担当．江南造船廠を海軍部所属に変更． 2月12日，宣統帝（溥儀）退位．27日，上海総商会成立．同月，南京臨時政府が「中華民国工業建設会章程」を公布． 3月10日，袁世凱が北京で臨時大総統に就任．11日「中華民国臨時約法」公布（4月より，中華民国北京政府時代開始）．同11日，「商業銀行暫行則例」公布，18日，「興業銀行則例」「農業銀行則例」，「殖辺銀行則例」，20日，「恵工銀行則例」，22日「庶民銀行則例」呈請議決． 9月9日，大総統令で孫文に全国鉄道建設を全権委任し，鉄道総公司設立． 10月20日，「印花税法」公布． 11月5日，農林部が「全国農会連合会章程」を公布，農業改良技術の普及を主旨に．14日，漢陽鉄廠が操業再開． 12月12日，工商部「奨励工芸品暫行章程」，25日，「中国銀行兌換券暫行章程」を公布．
1913	1月18日，中華全国商会連合会総事務所が上海で設立される． 4月15，大総統令により「中国銀行則例」を公布施行． 10月21日，張謇が農林，工商総長に就任． 12月農林，工商が合併し，農林工商部に改称．張は合資，借款および代弁の三つの方法で外資を利用して実業振興を提案．
1914	1月11日，「所得税条例」，13日，「公司条例」，「公司保息条例」を公布． 2月8日「国幣条例」および「実施細則」を公布，法定貨幣確定． 3月2日，「商人通例」，3日「国有荒地承墾条例」，6日，「殖辺銀行条例」，11日「鉱業条例」を公布．20日「林芸試験場規程」，31日，「民業鉄路条例」（1915年11月「民業鉄路法」に），「権度条例」（1915年1月6日，「権度法」に）を公布． 4月11日，「植棉製糖牧羊奨励条例」公布． 7月19日，「公司注冊規則」，「商業注冊規則」を公布． 9月12日，「商会法」を公布，11月3日「森林法」，12月30日，「証券交易法」を公布．
1915	1月6日，「権度法」公布． 1月7日，「権度営業特許法」を公布． 農商部が勧業委員会を設立し，商品陳列所，工業実験所および工商訪問所を付設． 直隷省で模範紡績会社を設立し，イギリス製機械を導入（資本金40万元）．
1916	政府予算1500万元を商工振興基金に． 天津で華新紡績公司を設立（資本金1000万元）．
1917	農商部が実業協進会を，国務院が経済調査局を設立． 孫文が広東省で軍事政府を樹立．
1918	1月1日，南洋兄弟煙草公司が有限会社に（資本金500万元）． 6月5日，北京証券交易所正式営業． 江南造船廠が米国航務部から12艘の運艦を受注．

1919	8月27日，上海求新船廠が中仏の合弁企業に（資本金120万両）． 中華革命党を再編成，中国国民党を結成（孫文は1921年に広東の南方政府総統に就任）．「五四運動」発生．無産階級勢力の台頭．
1921	毛沢東，董必武，陳潭秋，何叔衡，上海で第1回全国代表大会を開催．中国共産党が誕生．
1923	3月29日，農商部は労働保護関係法の「暫行工場通則」を公布． 5月9日「商標法」を公布，12日「鉱工待遇規則」，「炭鉱爆発予防規則」を公布．
1925	孫文死去．国民党，国民政府を組織（翌年，蔣介石が国民革命軍最高司令官に就任，北伐を開始）．
1928	2月18日，中華民国建設委員会が成立，同10月，国民政府建設委員会に改称． 3月，南京国民政府は農鉱部，工商部を設立． 6月20~30日，財政部長宋子文が主催の「全国経済会議」，7月1日~10日，全国財政会議を開催，財政統一を図る．18日，「中華民国度量衡標準」を公布． 7月25日，アメリカと「整理両国関税関係之約款」を調印，関税自主権回収開始． 11月1日，上海で中央銀行を設立，10日「中国銀行条例」，16日「交通銀行条例」を公布．
1929	8月15日，「商会法」，17日「工商業同業公会法」を公布． 10月3日，「交易所法」を公布． 12月26日，「公司法」，30日，「工場法」を公布．
1930	4月10日，行政院，外資利用の三つの方式（合資，特許，借貸）を通達． 5月6日，「商標法」を公布． 6月30日，「土地法」を公布．
1935	3月29日，宋子文が中国銀行の理事長に就任． 4月1日，国防設計委員会（1932年1月1日）を資源委員会に改称．資源の調査，統計，計画，動員を担当． 11月3日，国民党政府が，幣制改革，法幣を実行．
1937	7月7日，盧溝橋事件．
1945	9月9日，中国大陸の日本軍が中華民国政府に降伏． 国共内戦開始．

3. 中華人民共和国期
(1) 計画経済前期（1949~58年）

年次	経済政策
1949	1月15日，中国共産党中央委員会，「官僚資本企業の接収に関する指示」通達． 3月15日，華北人民政府，「華北区対外貿易管理暫定弁法」通達． 7月23日~，全国工会工作会議，公営企業に工場管理委員会を設立することを決定． 10月1日，中華人民共和国成立宣言． 11月29日，財政経済委員会，「当面の物価問題に関する指示」通達，物価高騰に対応．

1950	2月14日,「中ソ友好同盟相互援助条約」,「中国長春,旅順口および大連に関する協定」「中華人民共和国に対する長期経済借款供与に関する協定」をソ連と締結. 3月3日,政務院「国家財経工作の統一についての決定」公布. 3月10,政務院,「全国国営貿易実施弁法の統一に関する決定」通達,国内商品流通と対外貿易を一括して国家が管理. 3月27日,中ソ両国,新疆の石油・希少金属などの共同開発に関する協定に調印. 6月30日,「中華人民共和国土地改革法」を頒布. 7月25日,政務院,「合作社(草案)」公布,消費合作社,供銷合作社,手工業合作社を規定. 11月広東省対外貿易開始. 12月8日,政務院,「対外貿易管理暫定条例」公布,統制貿易体制確立.
1951	1月5日,人民銀行,全国統一為替レート. 2月12日〜,財政経済委員会主催する全国工業会議,地方工業の発展,計画管理と経済計算など強調. 2月26日,政務院「労働保険条例」公布,都市部国有企業従業者に対する国と企業負担による定年後の保険および社会保障のはじまり. 3月20日,全国統一貨幣制度施行. 7月4日,李立三の「八級賃金制」提案を承認. 7月16日,公安部「城市戸籍管理暫定条例」公布,身元証明と治安維持の目的で,移動制限条項なし.
1952	1月8日,財政経済委員会,「国民経済計画編成暫定弁法」通達. 1月9日,財政経済委員会,「基本建設工作暫定弁法」通達. 7月25日,政務院,「城市における労働就業問題に関する決定」通達,労働力の統一配置など. 土地再配分の完了(大豊作の年).
1953	6月15日,毛沢東が中国共産党中央委員会政治局会議で「過渡期の総路線」を発表,中国共産党中央委員会政治局拡大会議で「国家資本主義を通じて市営工商業の社会主義的改造」を指示. 11月5日,政務院政務会議,「国家建設用地収用弁法」採択,都市市街区の土地国有化を目指す. 第1次5ヵ年計画開始.
1954	9月20日,第1期全国人民代表大会(全人代)第1回会議開催.「中華人民共和国憲法」を採択,公布. 10月1日,中国人民建設銀行設立.
1955	2月21日,国務院,「新人民貨幣の発行と旧貨幣の回収に関する命令」通達,人民元=1万旧人民元. 3月25日,中国農業銀行設立. 8月25日,国務院,「都市食料定量供給暫行弁法」,「農村食料統一買付,統一販売暫行弁法」公布. 12月29日,瀋陽第一工作機械工場操業開始(中国初の近代的工作機械工場).
1956	7月4日,国務院,「賃金改革における若干の具体的問題に関する規定」「賃金改革に関する決定」通達,現物賃金廃止,貨幣賃金,八級制賃金制を確立.

1956	7月31日,国務院,全国の大学,専門学校卒業生の統一配置を指示. この年,資本主義企業の公私合営化,個人経営手工業の合作化が完了.
1957	6月8日,「反右派闘争」始まる. 6月25日,全国人民代表大会常務委員会,「農業生産合作社社員の自留地増加に関する決定」採択. 7月5日,人民日報,馬寅初の「新人口論」掲載,人口制限政策を主張. 9月,大規模な水利建設,肥料製造運動を開始. 12月16日,北京で中国全国手工業合作社第1次社員代表大会が開催される.朱徳が講話「手工業生産を発展させ,人民の需要を満足させよう」.
1958	1月9日,全国人民代表大会常務委員会,「戸籍登記条例」採択,農村から都市への移動制限. 1月号『経済研究』,王琢の論文「新人口論批判」掲載,馬寅初批判開始. 2月2日,人民日報,社説で大躍進を呼びかけ. 4月5日,中国共産党中央委員会,「協調と均衡に関する規定」通達,「双軌制」計画体制の実施を強調. 5月5日,中国共産党第8回大会第2回会議,「社会主義の総路線」採択,大躍進運動が本格的に. 5月22日,「企業利潤の留保制度の実施に関する数項目の規定」公布. 7月1日,人民公社の開始. 12月10日,中国共産党第8回大会6中全会「人民公社」を制度化. 12月,「工業管理体制改善に関する国務院の決定」を公布.ソ連型中央集権計画経済を修正.

(2) 計画経済期（1959～78年）

年次	経済政策
1959	2月27日,中国共産党鄭州会議,生産大隊が基本採算単位であること,労働に応じた配分と分配上の格差を容認. 5月7日,中央政府,「農業に関する5ヵ条の緊急指示」通達,公社社員の時間外労働による少頭数の個人家畜飼養の奨励. 6月20,ソ連,「中ソ国防新技術協定」破棄. 7月2日,廬山会議,人民公社の政策をめぐって意見対立. 10月15日,中国共産党中央委員会,"包産到戸"が集団経済を破壊するものであると規定. 10月18日,鄧子恢,「中国農業の社会主義改造」発表,"三包一奨"制度が当面の農業に適した生産責任制であると主張. 以降3年間にわたる大飢饉が発生.
1960	4月16日,『紅旗』「レーニン主義万歳」掲載,中ソ論争が表面化. 7月16日,ソ連,中国に派遣中の専門家引揚げと協定・契約の破棄,重要設備の供給停止を通告.
1961	1月14～18日,中国共産党第8期9中全会,「調整・強化・充実・向上」の方針と「整風整社運動」決定.鄧小平主導の大躍進政策から転換. 3月6日,安徽省党委員会,"安徽到田,責任到人"の"責任田"施行. 4月,農村自留田問題で論争.

1961	7月，国営企業の流動資金の8割を財政割当て，2割を銀行融資と施行． 12月，全国的に日用品の配給制が拡大．
1962	1月11日，毛沢東が大躍進政策の失敗を党拡大中央工作会議で表明，鄧小平，経済調整政策を優先する"八字方針"強調． 9月24日，毛沢東が中国共産党第8期10中全会において，社会主義における階級闘争を強調．
1964	5月15日，全土での人民戦争に備える"三線建設"を提起． 12月21日，周恩来「農業・工業・国防・科学技術」の4つの近代化を提起．三自一包を批判．
1965	2月26日，"三線建設"発足． 10月13日〜11月15日，全国計画会議，基本建設投資の過半を三線建設と国防に配分決定．
1966	5月28日，中央文革小組を設立．文化大革命の開始． 8月8日，中国共産党8期11中全会，「プロレタリア文化大革命についての決定」採択．以降，第3次（1966〜70年），第4次（1971〜75年），第5次（1976〜80年）の5ヵ年計画の内容は未公表．
1972	9月25日，「日中共同声明」調印．日中国交正常化．
1976	4月5日，天安門事件．華国鋒党第一副主席が首相に就任．鄧小平失脚． 9月9日，毛沢東死去． 10月6日，江青ら4人組逮捕． 10月7日，華国鋒が党主席に就任．文化大革命の終息．
1977	7月16日，中国共産党第10期3中全会で鄧小平の職務回復を決定． 8月12〜18日，中国共産党第11回全国大会，華国鋒総理が文化大革命の終結を宣言．

(3) 市場経済移行期（1978〜）

年次	経済政策
1978	2月26日〜3月5日，第5期全国人民代表大会第1回会議，華国鋒報告，洋躍進路線を発表． 5月11日，光明日報，「実践は真理を検証する唯一の基準」を掲載． 8月12日，「日中平和条約」調印． 12月13日，鄧小平が"先富論"を提起． 12月18〜22日，中国共産党中央委員会第11期3中全会で鄧小平体制が確立．「生産能力の発展に適応できない生産関係，上部構造及び管理方式，行動方式，思想方式」を改革し，「権限を地方と企業に移譲し，地方と企業の管理自主権を拡大する」と同時に，「世界各国との経済工作に積極的に参加し，世界の先進的技術と設備を採用する」ことを目指す．共産党の活動の重点が国の近代化，改革開放政策へと転換．
1979	3月30日，4つの基本原則（四項基本原則）の堅持を指示． 4月5日，中国共産党中央委員会工作会議，経済の「調整・改革・整頓・向上」方針を施行決定．

経済政策関係年表　　247

1979	6月18日～7月1日, 第5期全国人民代表大会第2回会議「中華人民共和国外合資経営企業法」を批准, 施行. 中国共産党中央委員会は広東省と福建省に開放政策の実験を指示. 経済活動自主権, 経済特区を容認. 8月13日, 国務院が対外貿易経営権を地方及び企業へ委譲, 外貨留保制度導入を発表. 8月22, 上海, 「計画出産推進に関する若干の規定」通達, 一人っ子政策開始.
1980	4月17日, IMF (国際通貨基金) に加盟. 5月15日, 世銀代表権回復. 5月16日, 第5期全国人民代表大会常務委員会第15回会議, 深圳, 珠海, 汕頭, 廈門の経済特区設置を認可. 9月10日, 「中華人民共和国個人所得税法」を批准, 実施.
1981	6月27～29日, 中国共産党中央委員会第11期6中全会, 胡耀邦が党主席に就任. 「建国以来の党の歴史の若干の問題についての決議」を採択. 第6次5ヵ年計画開始.
1982	3月, ソ連ブレジネフ党書記長, 中ソ関係改善を呼びかけ. 9月1～11日, 中国共産党第12回全国大会, 胡耀邦が今世紀末までの工・農業生産額の4倍増計画を提起. 12日の中国共産党第12期1中会議で党の総書記に就任. 「計画経済を主とし, 市場調節を補助手段とする」方針表明. 11月26日～12月10日, 第5期全国人民代表大会第5回会議, 第6次5ヵ年計画 (1981～85年) 承認. 新憲法が採択される.
1983	2月22日, 労働人事部, 「労働契約制の積極的試行に関する通知」通達. 6月1日, 国営企業に「利改税」実施 (利潤上納と併存). 10月12日, 中国共産党中央委員会・国務院, 「政社分離を実行し, 郷政府を樹立することに関する通知」通達, 人民公社体制が最終的に解体. 10月31日, 「精神汚染の一掃」キャンペーンの展開. 12月8日, 全国人民代表大会常務委員会, 「統計法」採択.
1984	1月1日, 中国共産党中央委員会1号文件, 各戸請負期間を15年延長. 農業の商品生産活発化を奨励. 4月30日, 中国共産党中央委員会政治局, 大連, 天津など14の沿海都市の対外開放を決定. 5月10日, 国務院「国営工業企業の自主権をさらに拡大することに関する決定」, 国営企業生産財の一部に自家販売を認める. 価格の多軌化 (双軌制) を追認. 9月26日, 中英両国が1997年の香港返還協定に仮調印. 12月18日, 調印. 10月1日, 11種の租税納付に移行 (1986年末までに実施). 10月11日, 人民日報, 「過度の指令計画が計画経済と価値法則の乖離を大きくした」と社説掲載. 10月20日, 中国共産党第12期3中全会, 「経済体制改革に関する中共中央の決定」採択. 「計画的商品経済の創出」を掲げる. 改革の重点を都市に移行. 企業の活力増強, 市場化, 価格改革およびマクロ経済管理改革の推進. 科学技術, 教育, 行政改革の推進.
1985	1月21日, 全国人民代表大会常務委員会, 「会計法」採択. 1月24日, 物価局・国家物質局, 「超過生産工業生産資材の自己販売価格への開

1985	放に関する通知」通達，価格改革本格化． 1月，食糧の義務供出制廃止，予約買付制に移行． 3月，長江，珠江デルタ，閩南デルタの対外開放を決定． 5月10日，北京市副食品（肉，野菜，卵，果物）価格の自由化． 6月4日，新華社，全国約5.6万の人民公社の政社分離，郷政府の樹立完了を報道． 価格変動幅20%規制撤廃と対象範囲の拡大．
1986	3月25～4月12日，第6期全国人民代表大会第4回会議「外資企業法」を認可． 7月10日，GATTに加盟復帰申請． 7月12日，国務院，国有企業の雇用制度改革4法案を施行．労働契約制の導入，規律違反者の解雇権容認，失業保険の導入． 10月11日，「外資企業投資奨励に関する国務院規定」を公布，「外資企業は，外国為替管理部門の監督下に外貨の過不足を相互に調整することができる」． 11月，上海外貨調整センター設立．（外貨闇市場蔓延）． 11月～，合肥市，上海市，北京市で学生による民主化要求デモ発生． 12月2日，第6期全国人民代表大会常務委員会第18回会議で，「企業破産法」採択（1988年11月施行）． 12月5日，国務院，「企業改革の深化と企業活力の増強に関する決定」提出． 第7次5ヵ年計画開始．
1987	1月16日，中国共産党中央委員会政治局拡大会議，胡耀邦が総書記辞任の意向を表明（事実上「保守派」による解任）． 2月27日，国務院，「全人民所有制工業経営請負責任制暫定条例」公布，請負経営責任制（承包経営責任制）本格導入． 3月，GATT理事会，「中国作業部会」を設置． 10月25日～11月1日，中国共産党第13回全国大会，趙紫陽が党総書記に就任．「共有制を基礎とする計画的商品経済」「計画と市場が内在的に統一された体制」の方針．多様な所有制への転換，企業自己裁量権拡大と独立採算，私営・個人企業容認．
1988	1月，趙紫陽が「沿海地区経済発展戦略」についての談話を発表． 4月13日，第7期全国人民代表大会第1回会議開幕．「全人民所有制工業企業法」を採択・施行．「中華人民共和国中外合作経営企業法」を採択・施行．海南省と海南特区の設立を認可． 6月3日，国務院常務会議，「私営企業暫定条例」採択・施行．従業員8人以上の私営企業認可． 9月15～21日，中国共産党中央委員会政治局中央会議，「経済環境の整備，経済秩序の整頓」を決定． 9月26～30日，中国共産党中央委員会第13期3中全会，「賃金と価格改革についての初歩的方案」を採択． 11月1日，「破産法」を施行開始．
1989	3月，チベット・ラサで自治拡大，独立を求める争乱発生．戒厳令を布告． 5月15日，ゴルバチョフが訪中，中ソの国交が正常化． 5月～6月，天安門事件発生．趙紫陽，中国共産党中央委員会第13期4中全会において総書記辞任．江沢民が後任．「計画経済と市場経済の結合」表明．
1990	1月11日，北京市の戒厳令解除．

経済政策関係年表　249

1990	2月，前年末決定の「中国共産党が指導する多党合作・政治協商制度を堅持し，改善する中共中央の意見」発表． 4月18日，中国共産党中央委員会・国務院，上海浦東開発区を対外開放発表． 7月14日，上海浦東に「保税区」設置． 9月22日，北京でアジア大会開催． 12月25～30日，中国共産党第13期7中全会を開催，「国民経済社会発展10ヵ年計画と第8次5ヵ年計画の策定に関する提案」を採択． 第8次5ヵ年計画開始．この年，熱狂的な株ブーム．
1991	4月9日，第7期全国人民代表大会第4回会議，「外国投資企業所得税法」を採択． 6月26日，国務院，「企業職員労働者の養老保険制度改革に関する決定」通達． この年，「姓社姓資」論争．経済調整政策が事実上終了． 3～5年以内に平均関税率を引き下げると国際公約．
1992	1～2月，鄧小平南方視察（南巡講話）． 2月，上海で初の海外向け人民元特殊株式（B株）が発行・上場． 5月15日，国家経済体制改革委員会・国家計画委員会など，「株式企業（股份制企業）試点弁法」，「株式有限公司規範意見」，「有限責任公司規範意見」，「株式企業制試点企業会計制度」を公布． 6月30日，国務院常務会議，「全人民有制工業経営メカニズム転換条令」施行． 8月24日，中韓国交を樹立． 10月12～18日，中国共産党第14回全国大会，「社会主義市場経済」確立．
1993	7月1日，「新企業会計制度」を施行．経済のマクロ税制強化． 11月14日，中国共産党第14期3中全会「社会主義市場経済体制確立の若干の問題に関する決定」を採択．以降，国務院の各部・委員会は，分野別に次々と施策を提出．ヒト，モノ，カネを動員する改革が始まる． 12月15日，国務院，「分税制財政管理体制の実施に関する決定」通達．税制改革．分税制導入． 12月29日，全国人民代表大会常務委員会，「公司法」採択，翌年7月から施行．
1994	1月1日，人民元為替レートを公定レートと外貨調整市場レートとし，変動相場制に移行． 5月12日，全国人民代表大会常務委員会，「中華人民共和国対外貿易法」公布（7月に施行）． 7月5日，全国人民代表大会常務委員会，「労働法」公布，終身雇用から契約雇用制へ，労働条件明記．翌年1月から実施． 7月24日，「国有企業財産監督管理条例」を公布． 9月28日，中国共産党14期4中全会，「党の建設強化に関する決定」採択． 11月，全国現代企業制度モデル工作会議を開催．中央経済工作会議，マクロ規制強化とインフレ抑制を提起．
1995	3月18日，第8期全国人民代表大会第3回会議，「人民銀行法」採択，中央銀行として位置づけ． 5月10日，全国人民代表大会常務委員会，「商業銀行法」採択．専門銀行商業化．
1996	1月12日，初の非国有企業出資の商業銀行「中国民生銀行」発足． 9月12日，人民日報「公有制を主体とすることを堅持する」と掲載． 第9次5ヵ年計画開始．

1997	2月19日,鄧小平死去. 9月12～18日,中国共産党第15回全国大会,公有制を主とするが多様な所有制経済を容認,非公有制経済を社会主義市場経済の重要な部分と位置づけ. 12月29日,全国人民代表大会常務委員会,「価格法」採択.
1998	3月5～19日,第9期全国人民代表大会第1回会議,金融,国有企業,行政の3大改革を決定. 再就業プロジェクトを発足.福祉(福利)住宅分配制度の廃止と貨幣化住宅分配制の実行開始.
1999	9月22日,中国共産党第15期4中全会,「国有企業の改革と発展に関する若干の重大な問題についての決定」採択. この年,7回にわたる利子率の切り下げ.
2000	3月5日,「西部大開発戦略」を発表. 9月28日,国務院弁公庁,国家貿易委員会「国有大中型企業の現代企業制度の確立と管理強化の基本規範(試行)」通達. 11月1日,国務院常務会議,「金融資産管理会社条例」採択.
2001	6月12日,国務院,「国有株放出による会社保障資金調達管理暫定弁法」通達,国有株売却により株式市場で供給過剰となり,株価下落. 7月4日,国家発展計画委員会・国務院関係部門,「価格決定目録」公表. 8月6日,国家発展委員会,「第10次5ヵ年計画とWTO加盟による国際競争力向上に関する重点特別事業計画」公表. 11月10日,WTO加盟を承認,17日,国務院弁公庁,「国際競争力のある大型企業集団を発展させる指導意見に関する通知」通達,27日,中央経済工作会議,内需拡大,農村改革,国有企業改革,企業の技術改造,雇用拡大などを協議. 12月12日,国務院常務会議,「外資系金融機関管理条例」,「外資系保険会社管理条例」採択.
2002	6月1日,証券監督管理委員会,「外資参入証券会社設立規則」通達,29日,全国人民代表大会常務委員会,「中小企業促進法」,「政府調達法」採択. 10月28日,全国人民代表大会常務委員会,「保険法」改定. 11月4日,中国・ASEAN首脳会議,「包括的経済協力枠組み協定」調印,目標は2010年までに自由貿易協定を締結. 12月27日,南水北調プロジェクトの東部ルート着工.
2003	2月1日,国家発展計画委員会,石油製品の値上を発表. 5月13日,国務院常務会議,「企業国有資産監督管理暫定条例」採択. 10月11～14日,中国共産党第16期3中全会,「社会主義市場経済体制の確立についての若干の問題に関する決定」採択,財産権の明確化,非公有制経済の株式化などを中心に. 12月27日,全国人民代表大会常務委員会,「中国人民銀行法」,「銀行法」,「商業銀行法」改正,「銀行業監督管理法」採択.
2004	1月6日,労働社会保障部,「企業年金試行規則」,20日,「最低賃金規定」,31日,国務院,「資本市場の改革開放推進と安定発展に関する若干の意見」通達. 4月6日,全国人民代表大会常務委員会,「対外貿易法」改正採択,私営企業・個人企業の対外貿易を容認,4月16日,商務部,「外国企業の商業分野への投資

2004	に関する管理弁法」通達. 5月21日,国家発展改革委員会,「自動車産業発展政策」通達,目標は2010年までに支柱産業に. 6月14日,国家工商行政管理総局,「会社登録資本登記管理規定」通達. 8月28日,全国人民代表大会常務委員会,「競売法」,「会社法」,「証券法」,「手形法」改正採択. 12月8日,聯想集団,IBMのパソコン事業買収合意.
2005	1月12日,国務院常務会議,「民間経済発展に関する意見」採択. 2月19日,国務院,「個体・私営等非公有制経済発展の奨励・支援・誘導に関する若干の意見」通達. 6月9日,国務院,「流通業の発展の促進に関する若干の意見」通達. 7月20日,国家発展改革委員会,「鉄鋼産業発展政策」発表,外国企業の過半出資を認めない.21日,中国人民銀行,「人民元為替レート形成メカニズムの改革整備に関する公告」,人民元は通貨バスケット制から管理フロー制へ. 10月27日,全国人民代表大会常務委員会,「会社法」,「証券法」,「個人所得税法」改正採択.

＊本年表作成に際し,以下の文献を参照した.
『最近之五十年』申報館(1923).
『中華人民共和国経済管理大事記』経済管理出版社(1986).
『当代中国的経済体制改革』中国社会科学出版社(1984).
『中国年鑑』1989年版別冊『現代中国年表1949〜1988年』.
中国情報局(ホームページ Http://searchina.ne.jp).
上海市地方志弁公室(ホームページ http://www.shtong.gov.cn/).
孔麗(2008)『現代中国経済政策史年表』.
王方中編著(2009)『中国経済史編年史記事(1842-1949)』中国人民大学出版社.

参考文献

[日本語文献]

赤間弘・御船純・野呂国央［2002］,「中国の為替制度について」『日本銀行調査月報』5月号.
石川滋［1960］,『中国における資本蓄積機構』一橋大学経済研究叢書11, 東京：岩波書店.
石川滋［1966］,「開発過程の農工間資源移転」『経済研究』一橋大学経済研究所, 第17巻第3号.
石川滋［1984］,『中国の国民所得と資本形成』, 東京：日中経済協会.
石川滋［1990］,『開発経済学の基本問題』, 東京：岩波書店.
石川滋［1993］,「インドシナ3国の経済改革―中国を比較の基点として―」『ベトナム・ラオス・カンボジアの政治・経済の現状と展望』, 東京：国際金融情報センター.
石川滋［1999］,「アジアの移行経済の国内統合と国際化」『経済研究』一橋大学経済研究所, 第50巻第2号［4月］.
石川滋［2000］,「中国の長期国民所得推計と課題」アジア経済長期統計プロジェクト, DPシリーズ, D00-1, 一橋大学経済研究所.
石川達哉［2001］,「資本ストック蓄積および資本収益率と全要素生産性の関係―資本ストック蓄積に伴う収益率低下と情報化関連資本―」『ニッセイ基礎研所報』Vol. 19.
伊藤隆敏［2003］,「中国元は切り上げるべきか」『経済セミナー』11月号及び12月号.
伊藤元重［1985］,「貿易構造と為替レート―長期の為替レート決定メカニズム―」『経済学論集』東京大学経済学会, 第51巻第1号.
伊藤元重編［2004］,『日中関係の経済分析―空洞化論・中国脅威論の誤解―』, 東京：財務省総合財政研究所.
稲田献一・宇沢弘文［1972］,『経済発展と変動』, 東京：岩波書店.
今岡日出紀［1976］,「中国における資本蓄積機構のメカニズム, 1952, 1970」中国資本蓄積研究会編『中国の経済発展と制度』, 千葉：アジア経済研究所.
宇南山卓・本西泰三［1999］,「為替レートの理論と実証：展望」『フィナンシャル・レビュー』大蔵省財政金融研究所, 48号.
袁堂軍［2002］,「移行経済期における資源再配分効果と経済成長―中国製造業に関する実証分析―」『アジア経済』アジア経済研究所, 第43巻第1号.
袁堂軍・深尾京司［2002］,「1930年代における日本・朝鮮・台湾間の購買力平価―実質消費準の国際比較―」『経済研究』一橋大学経済研究所, 第53巻第4号.
袁堂軍・深尾京司・馬徳斌［2004］,「長期統計における国際比較：1934-36年における日本・台湾・朝鮮の購買力平価と実質消費水準」尾高煌之助編『近現代アジア経済数量分析』第3章, 東京：法政大学出版局.
袁堂軍・摂津斉彦・J.P.バッシーノ・深尾京司［2009］,「戦前期日本の県内総生産と産業構

造」『経済研究』一橋大学経済研究所，第 60 巻第 2 号．
大川一司他［1967］，大川一司・篠原三代平・梅村又次編，シリーズ長期経済統計―推計と分析―，第 8 巻，東京：東洋経済新報社．
大塚清賢編［1985］，『躍進台湾大観』中国方志叢書，臺灣地區，第 190 号，台北：成文出版社．
大塚啓二郎・劉徳強・村上直樹［1995］，『中国のミクロ経済改革』，東京：日本経済新聞社．
大塚恒雄［1982］，『中国経済近代化の史的展望』，東京：白桃書房．
大橋英夫［2003］，『経済の国際化』シリーズ現代中国経済 5，名古屋：名古屋大学出版会．
岡崎幸寿［1948］，『海運』，東京：ダイヤモンド社．
小野文英［1927］，『商品單位と荷造』，東京：東洋経済新報社．
加藤弘之［1997］，『中国の経済発展と市場化』，名古屋：名古屋大学出版会．
加藤弘之・上原一慶［2004］，『中国経済論』，東京：ミネルヴァ書房．
川井伸一［2003］，『中国上場企業―内部者支配のガバナンス―』，東京：創土社，2003 年．
河合正弘［2004］，「人民元切り上げの 3 つの視点―中国人民元は過小評価されている―」『週刊東洋経済』2 月 21 日号．
関志雄・中国社会科学院世界経済政治研究所編著［2004］，『人民元切り上げ論争―中・日・米の利害と主張―』，東京：東洋経済新報社．
木村福成・鈴木英之・齋藤哲夫他［1997］，「為替増価の経済効果の研究」『経済分析』内閣府経済総合研究所，第 148 号．
久保亨［1995］，『中国経済 100 年のあゆみ―統計資料で見る中国近現代経済史―』［第 2 版］，福岡：創研出版．
黒田東彦［2004］，『元切り上げ』，東京：日経 BP 社．
経済審議庁調査部統計課［1953］，『戦前基準消費水準―東京　算出方法［1］―』統計資料第 78 号．
胡鞍鋼［2002］，「深刻化する中国の失業問題―求められる雇用重視の発展戦略への転換―」経済産業研究所（中国経済新論，http://www.rieti.go.jp/users/china-tr/jp/index.htm）
小島麗逸［1975］，『中国の経済と技術』，東京：勁草書房．
小島麗逸・石原享一編［1994］，『原典中国現代史』，東京：岩波書店．
坂本信雄［1995］，「非貿易財価格の態様」『京都学園大学経済学部論集』第 5 巻第 1 号．
坂本博［2006］，「中国の工業部門の生産性と地域間格差」国際東アジア研究センター Working Paper Series, Vol. 2006-06．
桜井宏二郎［2000］，「市場経済移行国における金融と資源配分問題」宇沢弘文・花崎正晴編『金融システムの経済学―社会共通資本の視点から―』第 9 章，東京：東京大学出版会．
佐々波揚子・浦田秀次郎・河井啓希［1995］，『内外価格差の経済学』，東京：東洋経済新報社．
佐藤宏［1990］，「中国農村における地域間所得格差とその決定要因―県レベル統計による検討―」『アジア研究』アジア政経学会，第 37 巻 1 号．
佐藤宏［2003］，『所得格差と貧困』シリーズ現代中国経済 7，名古屋：名古屋大学出版会．
鮫島敬治・日本経済研究センター編［2004］，『資本主義へ疾走する中国』，日本経済新聞社．
篠原三代平［1967］，「個人消費支出」，大川一司・篠原三代平・梅村又次編，シリーズ長期経済統計―推計と分析―，第 6 巻，東京：東洋経済新報社．
商工大臣官房統計課，『物価統計表』各年版，東京：商工大臣官房統計課．
白井早由里［2003］，「中国の金融・資本市場改革の成果と今後の課題」『開発金融研究所報』

国際協力銀行，第 15 号．
白井早由里 [2004]，『人民元と中国経済』，東京：日本経済新聞社．
総務省統計局 [2009]，（日本経済長期統計，http://www.stat.go.jp/data/chouki/03.htm，2009/06/23 アクセス）．
総理府統計局編『日本統計年鑑』各年版，東京：日本統計協会．
大韓民国経済企画院 [1962]『第十回　韓国統計年鑑』，ソウル：経済企画院統計局．
台湾総督府官房企画部 [1940]，『自昭和 12 年 11 月至 13 年 10 月　家計調査報告』，台北：台湾総督府．
台湾総督府官房調査課（のちに台湾総督府企画部），『台湾総督府統計書』，台北：台湾総督府官房調査課．
台湾総督府交通局編『台湾総督府逓信統計要覧』各年版，台北：台湾総督府交通局．
台湾総督府殖産局農務課編 [1934a]，『農家経済調査　其の 1　米作農家』農業基本調査書 30，台北：台湾総督府殖産局農務課．
台湾総督府殖産局農務課編 [1934b]，『農家経済調査　其の 2　茶作農家』農業基本調査書 32，台北：台湾総督府殖産局農務課．
台湾総督府殖産局，『台湾商工統計』各年版，台北：台湾総督府殖産局．
台湾省行政長官公署編統計室 [1946]，『台湾省 51 年来統計提要』，台北：台湾省行政長官公署編統計室．
台湾省政府主計処 [1955]，『中華民国台湾省薪資階級家計調査　調査期間　自民国 43 年 5 月至 44 年 4 月』，台中：台湾省政府主計処．
台湾総督府文教局 [1935]，『台湾社会事業要覧』，台北：台湾総督府．
高中公男 [1999]，「アジア諸国の産業・貿易構造の変化とその意味」『経済学雑誌』立教大学，第 100 巻第 1 号．
田島俊雄 [1996]，『中国農業の構造と変動』，東京：御茶の水書房．
田中修 [2006]，「中国の経済政策決定過程の問題点」深尾光洋編『中国経済のマクロ分析―高成長は持続可能か―』第 1 章，東京：日本経済新聞社．
田中修 [2007]，『検証　現代中国の経済政策決定―近づく改革開放路線の臨界点―』，東京：日本経済新聞出版社．
谷内満 [2005]，「中国元の検証―歪んだ資金流入構造と脆弱な金融システムの課題―」『開発金融研究所報』国際協力銀行，第 22 号．
朝鮮総督府，『朝鮮総督府統計年報』各年版，京城：朝鮮総督府．
朝鮮総督府商工奨励館 [1937]，『朝鮮商品取引便覧』昭和 12 年刊，京城：朝鮮総督府商工奨励館．
朝鮮総督府農村振興課 [1940]，『農家経済の概況と其の変遷　昭和 8 年～昭和 13 年』，京城：朝鮮総督府農村振興課．
陳石煌編 [1985]，『楽園台湾の姿』中国方志叢書，臺灣地區；第 183 号，台北：成文出版社．
東京市電気局 [1937]，『昭和 11 年度東京市都市交通統計資料第 2 回』．
東京商工会議所，『東京物価及賃金統計』各年版，東京：東京商工会議所．
寺西重郎 [1997]，「経済発展における部門間資源移転，対立，およびマクロ安定性」青木昌彦他編『東アジアの経済発展と政府の役割』第 10 章，東京：日本経済新聞社．
寺西重郎 [1982]，『日本の経済発展と金融』，東京：岩波書店．（2004 年再版）．

内閣統計局,『大日本帝国統計年鑑』各年版,東京：内閣統計局.
内閣統計局編『家計調査報告』各年版,東京：合同出版.
内閣府経済企画庁調査局［1959, 1962, 1963, 1975］,『世界経済白書』各年版,東京：至誠堂.
内閣府経済企画庁『国民所得白書：国民所得』各年版,東京：大蔵省印刷局.
中兼和津次［1982］,「中国農業生産構造の変化—数量的接近—」『アジア経済』アジア経済研究所,第 23 巻 8 号.
中兼和津次［1992］,『中国経済論—農工関係の政治経済学—』,東京：東京大学出版会.
中兼和津次［1999］,『中国経済発展論』,東京：有斐閣.
中兼和津次［2000］,『現代中国の構造変動 2　経済—構造変動と市場化—』,東京：東京大学出版会.
中西徹［1991］,『スラムの経済学—フィリピンにおける都市インフォーマル部門—』,東京：東京大学出版会.
長野暹編著［1996］,『現代中国経済の構造分析』,福岡：九州大学出版会.
南部稔［1981］,『中国の国家財政の研究』,神戸：神戸商科大学学術研究会.
日本経済研究センター［2007］,『日中韓企業生産性データベースの作成』,日本経済新聞社受託研究,日本経済研究センター.
日本経済研究センター［2008］,『日中韓台企業の生産性と組織資本』,日本経済新聞社受託研究,日本経済研究センター.
農林省経済更生部,『農家経済調査報告』各年版,東京：農林省経済更生部.
野村浩二［2004］,『資本の測定—日本経済の資本深化と生産性—』,慶應義塾大学産業研究所叢書,東京：慶應義塾大学出版会.
浜田宏一編［2003］,『世界経済の中の中国』,東京：NTT 出版株式会社.
速水裕次郎［2000］,『新版　開発経済学—諸国民の貧困と富—』,東京：創文社.
範建亭［2004］,『中国の産業発展と国際分業—対中投資と技術移転の検証—』,東京：風行社.
深尾京司［2004］,「中国の産業・貿易構造と直接投資」伊藤元重編『日中関係の経済分析—空洞化論・中国脅威論の誤解—』,財務省財務総合政策研究所.
深尾京司［2009］,「中国長期貿易統計：1950 年代から最近までの SITC-R1 分類 3 桁レベル分類コード別および相手国別貿易額の推計」　野田容助・黒子正人・吉野久生編『貿易指数と貿易構造の変化』第 4 章,アジア経済研究所統計資料シリーズ No. 93,東京：アジア経済研究所.
深尾京司・袁堂軍［2007］,「三角貿易は中国を潤しているか—アジア国際産業連関表による分析—」野田容助・黒子正人編『貿易関連指数と貿易構造』第 8 章,アジア経済研究所統計資料シリーズ No. 91,アジア経済研究所.
深尾京司・岳希明・清田耕造［2004］,「中国商品別貿易統計の作成：1952-1964 年および 1981-2000 年」尾高煌之助編『近現代アジア比較数量経済分析』第 5 章,東京：法政大学出版局.
深尾京司・宮川努編著［2008］,『生産性と日本の経済成長—JIP データベースによる産業・企業レベルの実証分析—』,東京：東京大学出版会.
松尾好治［1997］,「中国近代企業制度確立上の諸問題：国有企業改革への挑戦」『松阪政経研究』松阪大学, 15 巻 2 号.
丸川知雄［2002a］,『労働市場の地殻変動』シリーズ現代中国経済 3,名古屋：名古屋大学出

版会.
丸川知雄編［2002b］,『中国企業の所有と経営』,千葉：アジア経済研究所.
溝口敏行［1972-74］,『戦前台湾・朝鮮の物価資料』,加工統計シリーズ9, 13,東京：一橋大学経済研究所.
溝口敏行［1975］,『台湾・朝鮮の経済成長―物価統計を中心として―』,一橋大学経済研究所叢書27,東京：岩波書店.
溝口敏行・梅村又次［1988］,『旧日本植民地経済統計：推計と分析』,東京：東洋経済新報社.
溝口敏行・野島教之［1996］,「台湾・韓国の国民経済計算長期系列の推計」アジア長期経済統計プロジェクトDPシリーズ,R96-6,一橋大学経済研究所.
南亮進・牧野文夫［2001］,「国有企業改革は失敗したか？」『中国経済入門―目覚めた巨龍はどこへ行く―』第4章,東京：日本評論社.
南亮進・牧野文夫編［1999］,『流れゆく大河―中国農村労働の移動―』,東京：日本評論社.
山澤逸平・山本有造［1979］,『貿易と国際収支』大川一司・篠原三代平・梅村又次編,長期経済統計―推計と分析,第14巻,東京：東洋経済新報社.
山本恒人［2000］,『現代中国の労働経済1949-2000―合理的な低賃金制から現代労働市場へ―』,東京：創土社.
山本裕美［1999］,『改革開放期中国の農業政策―制度と組織の経済分析―』,京都：京都大学学術出版会.
山本有造［1989］,「植民地経営」中村隆英・尾高煌之助編『二重構造』日本経済史 第6巻,東京：岩波書店.
山本有造［1992］,『日本植民地経済史研究』,名古屋：名古屋大学出版会.
吉川洋［1999］,「均衡為替レート」『フィナンシャル・レビュー』大蔵省財政金融研究所,第48号.
羅歓鎮［1997］,「民国人口：研究史の整理と展望」アジア長期経済統計プロジェクトDPシリーズ,D97-9,一橋大学経済研究所.
羅歓鎮［2000］,「民国人口の再推計」法政大学比較経済研究所ワーキングペーパーWP86.
ラヴィーニュ,マリー［2001］,栖原学訳『移行の経済学―社会主義経済から市場経済へ―』,東京：日本評論社.
李資深編［1985］,『台湾案内』中国方志叢書,臺湾地區,第158号,台北：成文出版社.
劉徳強［1999］,「戦後中国の工業物価指数に関する推計：1952-1997年」アジア長期経済統計プロジェクト,DPシリーズ,D99-27,一橋大学経済研究所.
劉佛丁・王玉茹［1996］,「中国における国民所得推計の現状と展望」アジア長期経済統計プロジェクト,DPシリーズ,D96-14,一橋大学経済研究所.
林毅夫・蔡昉・李周［1997］,『中国の経済発展』,東京：日本評論社.
林燕平［2001］,『中国の地域間所得格差―産業構造・人口・教育からの分析―』,東京：日本経済評論社.

［中国語文献］
程大中［2003］,「中国服務業的増長与技術進歩」『世界経済』中国社会科学院,第7期.
成致平編［1998］,『中国物価50年』,北京：中国物価出版社.
陳真［1961］,『中国近代工業史資料』,北京：生活読書新知三聯書店.

樊綱［1996］,『漸進改革的政治経済学分析』,上海：上海遠東出版社.
馮海発・李溦［1993］,「我国農業為工業化提供資金積累的数量研究」『経済研究』中国社会科学院,第9期.
高海紅［2003］,「実際匯率与経済増長：運用辺限検験方法検験巴拉薩―薩繆尔森仮説―」『世界経済』中国社会科学院,第7期.
工農業商品比価問題調査研究弁公室編『工農業商品比価問題調査研究資料匯編』各地方編.
郭克莎［1993］,『中国：改革中的経済増長与結構変動』現代経済文庫,上海：上海三聯書店.
海関総署綜合統計司,『海関統計』未公開資料.
韓嘉駿編［1986］,『物価統計参考資料』,北京：中央広播電視大学.
韓志栄・馮亜凡［1992］,『新中国農産品価格40年』,北京：水利電力出版社.
郝錦花［2005］,「20世紀二三十年代郷村塾師的収入」『福建論壇』福建社会科学院,第8期.
賀菊煌［1992］,「我国資産的估算」『数量経済与技術経済研究』中国社会科学院,第8期.
黄永峰・任若恩・劉暁生［2002］,「中国製造業資本存量永続盤存法估計」『経済学［季刊］』第1巻,第2号.
湖南省物価研究所［1989］,『湖南物価40年』,北京：中国物価出版社.
賈秀岩・路満平［1992］,『民国価格史』,北京：中国物価出版社.
江小涓・李輝［2004］,「服務業与中国経済：相関性和加快増長的潜力」江小涓主編『中国経済運行与政策報告No.2中国服務業的増長与結構』,北京：中国社会科学文献出版社.
蔣雲贇・任若恩［2004］,「中国工業的資本収益率測算」『経済学［季刊］』北京大学,第3巻,第4号.
孔敏・彭貞媛編［1988］,『南開経済指数資料匯編』,北京：中国社会科学出版社.
李海軍［2003］,「利用『費用構造表』従投入角度分析損益」『北京財会』北京財政協会,第11期.
李景漢・余其心・陳菊人・郭志高・李柳渓［1934］,『定県経済調査―部分報告書―』河北省県政建設研究院.
林智元［1982］,「関於工農業産品剪刀差的計算問題」『農業経済資料汇編』第3,4期（韓嘉駿編［1986］に収録）.
楼継偉編［2000］,『新中国50年財政統計』,北京：経済科学出版社.
劉偉・楊雲龍・路林書・張立憲・劉家騏［1989］,『資源配置与経済体制改革』,北京：中国財政経済出版社.
劉卓甫・王振之・喬栄章［1990］,『価格知識大全』,北京：電子工業出版社.
巫宝三［1947］,『中国国民所得―1933―』,上海：中華書局.
千家駒［1932］,『北平市工商業概況』北平市社会局.
上海価格志編纂委員会［1996］,『上海価格志』,上海：上海社会科学出版社.
上海市政府社会局［1934］,『上海市工人生活程度』,上海：中華書局.
盛洪編著［1994］,『中国的過渡経済学』,上海：上海三聯書店・上海人民出版社.
実業部中国経済年鑑編纂委員会編［1934-36］,『中國經濟年鑑』,上海：商務印書館.
陶孟和［1933］,「北平生活費之分析」社会調査所 社会研究叢書 第6種,上海：商務印書館.
王誠［1996］,「中国就業転型：従隠蔽失業,就業不足到効率型就業」『経済研究』中国社会科学院,第5期.
干方中編著［2009］,『中国経済史編年記事 1842~1949』,北京：中国人民大学出版社.

参考文献

王国剛 [1993]，『結構効率取向―全民所有制経済分析―』，成都：四川人民出版社.
王紅鈴 [1998]，「関於農業剰余労働力数量的估計方法与実証分析」『経済研究』中国社会科学院，第 4 期.
呉承明 [1996]，『市場・近代化・経済史論』，昆明：雲南大学出版社.
呉敬璉 [1999]，『当代中国経済改革―戦略与実施―』，上海：上海遠東出版社.
徐逢賢・唐晨光・程国強 [1999]，『中国農業扶持与保護―実践・理論・対策―』，北京：首都経済貿易大学出版社.
許憲春 [2000]，「中国国内生産総値核算中存在的若干問題研究」『経済研究』中国社会科学院，第 2 期.
許憲春 [2001]，「我国国内生産総値核算行業分類的調整」『統計与信息論壇』西安財経学院，第 2 期.
許憲春 [2002]，「GDP 核算中金融媒介服務的処理方法」『統計与信息論壇』西安財経学院，第 4 期.
許憲春 [2004]，「中国服務業核算及其存在的問題研究」『経済研究』中国社会科学院，第 3 期.
厳中平編 [1955]，『中国近代経済史統計資料選輯』，北京：科学出版社.
楊長江 [2002]，『人民幣実際匯率長期調整趨勢研究』，上海：上海財経大学出版社.
葉善蓬編著 [1993]，『新中国価格簡史 1949-1978』，北京：中国物価出版社.
張東剛 [2001]，『消費需求的変動与近代中日経済増長』，北京：人民出版社.
張軍・呉桂英・張吉朋 [2004]，「中国省際資本存量的估算：1952-2000」『経済研究』中国社会科学院，第 10 期.
張軍・章元 [2003]，「再論中国資本存量的估計方法」『経済研究』中国社会科学院，第 7 期.
張肖梅編著 [1939]，『四川経済参考資料』中国国民経済研究所.
中国国家統計局固定資産投資統計司編 [1997]，『中国固定資産投資統計年鑑 1950-1995』，北京：中国統計出版社.
中国国家統計局固定資産投資統計司編 [2002]，『中国固定資産投資統計数典：1950-2000』，北京：中国統計出版社.
中国国家統計局固定資産投資統計司，『中国固定資産投資統計年鑑』各年版，北京：中国統計出版社.
中国国家統計局国民経済核算司編 [2007]，『国民経済核算歴史資料 1952-2004』，北京：中国統計出版社.
中国国家統計局国民経済綜合統計司編 [1999]，『新中国 50 年統計資料匯編』，北京：中国統計出版社.
中国国家統計局国民経済綜合統計司編 [2005]，『新中国 55 年統計資料匯編』，北京：中国統計出版社.
中国国家統計局編『中国投入産出表』各年版，北京：中国統計出版社.
中国国家統計局編『中国統計年鑑』各年版，北京：中国統計出版社.
中国国家統計局編『物価統計年鑑』各年版，北京：中国統計出版社.
中国国家統計局貿易物価統計司編 [1984]，『中国貿易物価統計資料 1952-1983』，北京：中国統計出版社.

[英語文献]

Aghion, P. and H. Peter [1992], "A Model of Growth through Creative Destruction," *Econometrica*, Vol. 60, No. 2, Mar. : 323-351.

Aharony, J., Chi-wen Jevons Lee and T. J. Wong [2000], "Financial Packing of IPO Firms in China," *Journal of Accounting Research*, Vol. 38, No. 1: 103-126.

Ake, G and A. G. Blomqvist [1986], "The Economics of Price Scissors: Comment," *The American Economic Review*, Vol. 76, No. 5: 1188-1191.

Allen, M. [1976], "The structure and Reform of the Exchange and Payments Systems of Some East European Counturies," *IMF staff Paper* No. 23.

Ames, E. and J. A. Carlson [1968], "Production Index Bias as a Measure of Economic Development," *Oxford Economic Papers*, Vol. 20, Issue 1, March : 24-37.

Aw, B. Y., X. Chen and M. J. Roberts [2001], "Firm-level Evidence on Productivity Differentials and Turnover in Taiwanese Manufacturing," *Journal of Development Economics*, Vol. 66, No. 1: 51-86.

Asea, P. and E. G. Mendoza [1994], "The Balassa-Samuelson Model: AGeneral-Eguilibrium Appraisal," *Review of International Economics*, Vol. 2: 244-267.

Balassa, B. [1964], "The Purchasing Power Parity Doctrine: A Reappraisal," *Journal of Political Economy*, Vol. 72: 584-596.

Balazs, E. [2002], "Investigating the Balassa-Samuelson hypothesis in transition: Do we understand what we see?" *BOFIT Discussion Papers*, No. 6. Institute for Economies in Transition, Bank of Finland.

Bassino, J-P. [2002], "How Poor was Vietnam in the Pre-WWII Asian Context? New Estimates of PPP Adjusted Per Capita Income for Asian Countries [1913-1938]," paper presented at the Second Workshop on Modern Economic Growth and Distribution in Asia: A Historical National Accounts Approach, Hitotsubashi University, Tokyo, 11-12 January.

Bassino, J-P. and Pierre van der Eng [2002], "Economic Divergence in East Asia: New Benchmark Estimates of Levels of Wages and GDP, 1913-1970," Paper presented at the XIII Economic History Congress held in Buenos Aires, 22-26 July.

Bennett, M. K. [1951], "International Disparities in Consumption Levels," *The American Economic Review*, Vol. 41, No. 4, Sep. : 632-649.

Bergstrand, J. H. [1991], "Structural Determinants of Real Exchange Rates and National Price Levels: Some Empirical Evidence," *The American Economic Review*, Vol. 81, No. 1, Mar. : 325-334.

Bhagwati, J. N. [1984], "Why Are Services Cheaper in Poor Countries?" *The Economic Journal*, Vol. 94, No. 374, Jun. : 279-286.

Blanchard, 'O. and D. Quah [1989], "The Dynamic Effects of Aggregate Demand and Supply Disturbances," *The American Economic Review*, Vol. 79, No. 4, Sep. : 655-673.

Blomqvist, A. G. [1986] "The Economics of Price Scissors: Comment," *The American Economic Review*, Vol. 76, No. 5 : 1188-1191.

Borenzstein, E. and J. D. Ostry [1996], "Accounting for China's Growth Performance," *The*

American Economic Review, Vol. 86, No. 2, May : 224-228.
Brandt,L. [1989], *Commercialization and Agriculture Development: Central and Eastern China 1870-1937*, Cambridge University Press.
Byrd, W. A. and Q. Lin. eds. [1990], *China Rural Industry: Structure, Development and Reform*, Oxford: Oxford University Press.
Canzoneri, M. B., R. E. Cumby and B. Diba [1996], "Relative Labor Productivity and the Real Exchange Rate in the Long Run: Evidence for a Panel of OECD Countries," *NBER working paper series* No. 5767.
Carter, M. R. [1986], "The Economics of Price Scissors: Comment," *The American Economic Review*, Vol. 76, No. 5: 1192-1194.
Chang, C. L. [1962], *The Income of the Chinese Gentry*, University of Washington, Seattle.
Chang, J. K. [1967], "Industrial Development of Mainland China 1912-1949," *The Journal of Economic History*, Vol. 27, No. 1: 56-81
Chen, Kuan et. al. [1988], "Productivity Change in Chinese Industry: 1953-1985," *Journal of Comparative Economics*, No. 12: 570-591.
Chen, E. K. Y. [1997], "The Total Factor Productivity Debate: Determinants of Economic Growth in East Asia," *Asian-Pacific Economic Literature*, 11 [1] : 18-38.
Chenery, H. B. [1979], *Structural Change and Development Policy*. London: Oxford University Press.
Chenery, H. B., S. Robinson and M. Syrquin, eds. [1986], *Industrialization and Growth: A Comperative Study*, New York: Oxford University Press.
Chow, G. C. [1993], "Capital Formation and Economic Growth in China," *The Quarterly Journal of Economics*, Vol. 108, No. 3, Aug. : 809-842.
Collins, S. M. and B. Bosworth [1996], "Economic Growth in East Asia: Accumulation versus Assimilation." *Brookings Papers on Economic Activity*, Vol. 1996, No. 2: 135-203.
De Gregorio, J. and H. C. Wolf [1994], "Terms of Trade, Productivity, and the Real Exchange Rate," *NBER working paper series* No. 4807.
De Gregorio, J., A. Giovannini and H. Wolf [1994], "International Evidence on Tradables and Nontradables Inflation," *European Economic Review*, Vol. 38. issue 6, Jun : 1225-1244.
De la Escosura and Leandro Prados [2000], "International Comparisons of Real Product, 1820-1990: Alternative Data Set." *Explorations in Economic History*, Vol. 37, Issue 1, Jan. : 1-41.
Delios, A., Zhijian Wu, Nan Zhou [2006], "A New Perspective on Ownership Identities in China's Listed Companies," *Management and Organization Review*, Vol. 2, No. 3: 319-343.
Directorate-General of Budget, Accounting & Statistics Executive Yuan, *Statistical Yearbook of the Republic of China*, Various Years.
Ding, Jianping [2001], *Empirical Studies on China's Integration into the World Economy*, Changsha: Hunan University Press.
Divisia, F. [1926], "L'indice monetaire et la theorie de la monnaie," *Revue d'Economie Politique*, Vol. 40, No. 1: 49-81.
Dornbusch, R. [1989], "Real Exchange Rates and Macroeconomics: A Selective Survey,"

Scandinavian Journal of Economics, Vol. 91, Issue 2: 401-432.

Dong, X. Y. and G. K. Dow [1993], "Monitoring Costs in Chinese Agriculture Teams". *The Journal of Political Economy*, Vol. 101, No. 3, Jun. : 539-553.

Eckstein, A. [1977], *China's Economic Revolution*, Cambrigde University Press.［石川滋監訳 (1980)『中国の経済革命』東京大学出版会］.

Eckstein, A., Walter Galenson, and Ta-chung Liu eds. [1968], *Economic trends in Communist China*, Chicago: Aldine Pub. Co.［市村真一訳（1979）『中国の経済発展』創文社］.

Eichengreen, B. [2003], "China Should Unpeg the Renminbi Now," [Warum China den Yuan jetzt aufwerten sollte," in the *Swiss weekly Finanz und Wirtschaft*, August], from his homepage: http://emlab.berkeley.edu/users/eichengr/reviews/swissreview 13aug5-03.pdf

Feng-hwa, Mah [1964], "The Terms of Sino-Soviet Trade," *China Quarterly*, No. 17 : 174-191.

Feuerwerker, A. [1969], *History in Communist China*, London : MIT Press.

Feuerwerker, A. [1977], *Economic Trends in the Republic of China, 1912-1949*, Ann Arbor : University of Michigan Center for Chinese Studies,

Foster, L., J. Haltiwanger and C. J. Krizan [2001], "Aggregate Productivity Growth Lessons from Microeconomic Evidence," in C. R. Hulten, E. R. Dean and M. Harper eds., *New Developments in Productivity Analysis*, Chicago: The University of Chicago Press.

Fraumeni, B. M. [1997], "The Measurement of Depreciation in the U. S. NationalIncome and Product Accounts," *Survey of Current Business*, July: 7-23.

Froot, K. A. and K. Rogoff [1995], "Perspectives on PPP and Long-Run Real Exchange Rates," G. M. Grossman and K. Rogoff eds., *Handbook of International Economics*, Vol. 3 chapter 32 : 1647-1688.

Fukao, K., Debin Ma and Tangjun Yuan [2006], "International Comparison in Historical Perspective: Reconstructing the 1934-36 Benchmark Purchasing Power Parity for Japan, Korea and Taiwan", *Explorations in Economic History*, Vol. 43, Issue 2 April.

Fukao, K., Debin Ma and Tangjun Yuan [2007], "Real GDP in Pre-War East Asia: A 1934-36 Benchmark Purchasing Power Parity Comparison with the U. S.," *Review of Income and Wealth*, Vol. 53, No. 3: 503-537.

Fukao, K. and Hyeog Ug Kwon [2006], "Why Did Japan's TFP Growth Slow Down in the Lost Decade? An Empirical Analysis Based on Firm-Level Data of Manufacturing Firms," *Japanese Economic Review*, Vol. 57, No. 2: 195-228.

Good, D. H., M. I. Nadiri and R. C. Sickles [1997], "Index Number and Factor Demand Approaches to the Estimation of Productivity," in M. H. Pesaran and P. Schmidt eds., Handbook of Applied Econometrics: Vol. 2. *Microeconometrics*, Oxford, England: Basil Blackwell: 14-80.

Gordon, R. J. [1994], "Comments International Evidence on Tradables and Nontradables Inflation by J. De Gregorio, A. Giovannini and H. C. Wolf," *European Economic* Review, Vol. 38, Issue. 6: 1245-1249.

Grossman, G. M. and Helpman, Elhanan [1991], *Innovation and Growth in the Global Economy*, Cambridge: MIT Press.

Heston, A. and Robert Summers [1993], "What can be learned from successive ICP benchmark estimates ?" in A. Szirmai, B. van Ark and D. Pilat eds., *Explaining Economic Growth: Essays in Honour of Angus Maddison*, Amsterdam: North-Holland.

Holzman, F. D. [1966], "Foreign Trade Behavior of Centrally Planned Economics," *Industrialzation in Two Systems: Essays in Honor of Alexander Gerschenkron*, ed. H. Rosovshy, New York: Johm Wiley: 237-265.

Hope, T. E. and Dorothy Swaine Thomas [1964], "Demographic Analyses and Interrelations," Simon Kuznets and Dorothy Swaine Thomas eds., *Population Redistribution and Economic Growth, United States, 1870-1950*, Vol. 3, Philadelphia: The American Philosophical Society.

Hou Chi-ming, Tzong-shian Yu eds. [1977], *Modern Chinese Economic History*, Taibei: The Institute of Economics, Academia Sinica.

Hsueh Tien-tung, Qiang Li and Shucheng Liu eds., [1993], *China's Provincial Statistics: 1949-1989*, Boulder: Westview Press.

Hsueh Tien-tung and Qiang Li eds. [1999], *China's National Income: 1952-1995*, Boulder: Westview Press.

Huang, D. X. and M. X. Xu [1997], "Zimin Guanxi yu Maoyi Xinta Za Taiwan Rechuxiqi de Yanzhen," [A Test on the Colonial Trading Relations in Taiwan's Colonial Period], *Taiwan Economic Review*, Vol. 25, No. 3 [1007] : 369-399.

Ito, T., P. Isard and S. Symansky [1999], "Economic Growth and Real Exchange Rate: An Overview of Balassa-Samuelson Hypothesis in Asia," in T. Ito and A. O. Krueger eds., *Change in Exchange Rate in Rapidly Developing Countries: Theory, Practice and Policy issue*, University of Chicago Press: 109-128.

Joint Economic Committee [1978], *Chinese Economy Post Mao*, Vol. l, Joint Economic Committee, US Congress, Washington, D. C., November.

Jorgenson, D. W. [1988], "Productivity and Postwar U. S. Economic Growth," *The Journal of Economic Perspectives*, Vol. 2, No. 4, Autumn : 23-41.

Jorgenson, D. W. [1990], "Productivity and Economic Growth," in E. R., Berndt and J. Triplett eds., *Fifty Years of Economic Measurements*, University of Chicago Press: 19-118.

Jorgenson, D. W. [1995], *Productivity II International Comparisons of Economic Growth*, Cambridge, Massachusetts & London: The MIT Press.

Kakkar, K. [2003], "The Relative Price of Nontraded good and Sectoral Total Factor Productivity: An Empirical Investigation," *The Review of Economics and Statistics*, Vol. 85, Issue 2: 444-452.

Kim, J. and L. J. Lau [1994], "The sources of Economic Growth of the East Asian Newly Industrialized Countries," *Journal of the Japanese and International Economies*, Vol. 8, Issue 3: 235-271.

Kimura, M. [1998], "Chosen, Taiwan ni Okeru Minzoku Kan Shotoku Bunpai, 1930-40 Nen." [Ethnic Income Distribution in Korea and Taiwan, 1930-40], *Kokumin Keizai Zashi*, Vol. 175, No. 2: 29-37.

Knight, J. [1995], "Price Scissors and Intersectional Resource Transfers: Who Paid for Industrialization in China?" *Oxford Economic Papers* [New Series], Vol. 47, No. 1: 117-135.

Kravis, I. B. [1984], "Comparative Studies of National Incomes and Prices," *Journal of Economic Literature*, Vol. XXII, March : 1-39.

Kravis, I. B. and R. E. Lipsey [1987], "The Assessment of National Price Levels," in S. W. Arndt and J. D. Richardson eds., *Real-Financial Linkages Among Open Economics*, Cambridge: MIT press.

Kravis, I. B. and R. E. Lipsey [1988], "National Price Levels and the Prices of Tradables and Nontradables," *The American Economic Review*, Vol. 78, No. 2, May : 474-478.

Kravis, I. B., A. Heston and R. Summers [1982], *World Product and Income, International Comparisons of Real Gross Product*, Baltimore: Johns Hopkins University Press.

Krugman, P. [1994], "The Myth of Asia's Miracle," *Foreign Affairs*, Nov.-Dec: 62-78.

Krugman, P. [2003], "The China Syndrome," *The New York Times*, 03/09/05.

Kuroda, H. and M. Kawai [2002], "Time for a switch to global reflation," *Financial Times*, Dec. 2.

Kuroda, H. [2003], "Helping China's currency to find its own level," *Financial Times*, Oct. 17.

Kuznets, S. [1973], "Modern Economic Growth: Findings and Reflections," *American Economic Review*, Vol. 63, No. 3.

Lardy, N. [1983], *Agriculture in China's Modern Economic Development*, Cambridge University Press.

Lardy, N. [1998], *China's Unfinished Economic Revolution*, Washington: Brookings Institution Press.

Lardy, N. [1992], *Foreign Trade and Economic Reform in China, 1978-1990*, Cambridge University Press.

Lardy, N. [2002], *Integrating China into the Global Economy*, Washington: Brookings Institution Press.

Lewis, A. W. [1954], "Economic Development with Unlimited Supplies of Labour," *Manchester School*, 22 [2] : 139-191.

Li, D. and K. Y. Tsui [1990], "The Generalized Efficiency Wage Hypothesis and the Scissors Problem," *The Canadian Journal of Economics*, Vol. 23, No. 1: 144-158.

Lin, Cyril [2000], "Corporatisation and Corporate Governance in China's Economic Transition," *Economics of Planning*, Vol. 34, No. 1: 5-36.

Lin, Justin Yifu [1992], "Rural Reforms and Agricultural Growth in China," *The American Economic Review*, Vol. 82, No. 1, Mar. : 34-51.

Liu, Ta-chung and Kung-chia Yeh [1965], *The economy of the Chinese Mainland: National Income and Economic Development, 1933-1959*, Princeton: Princeton University Press.

Liu, Ta-chung [1946], *China's National Income, 1931-36—An exploratory study*, Washington D. C: The Brookings Institution.

Liu, Xiaoxuan and Shuangjie Li [2007], "Measure and Comparison of Enterprises in Chinese manufacturing industry and Its Exogenous Determinants 2000 2004," Paper for the

Conference of "A Comparison of the Productivity of Japanese, Chinese, Korean and European Firms," RIETI 11th floor, Annex Building, Ministry of Economy, Trade and Industry, March 2nd, 2007, Tokyo.

Ma, D. [2008], "Economic Growth in the Lower Yangzi Region of China in 1911-1937: A Quantitative and Historical Analysis," *The Journal of Economic History*, Vol. 68: 355-392, Cambridge University Press.

MacDonald, R. and Luca Ricci [2001], "PPP and the Balassa=Samuelson Effect: The Role of the Distribution Sector," *IMF Working Paper* [WP/01/38].

Maddison, A. [1985], *Two Crises: Latin America and Asia 1929-38 and 1973-83*, Paris: OECD Development Centre.

Maddison, A. [1990], "The Colonial Burden: A Comparative Perspective," in Maurice Scott and Depak Lal eds., *Public Policy and Economic Development: Essays in Honour of Ian Little*, Oxford: Clarendon Press.

Maddison, A. [1995a], *Monitoring the World Economy 1820-1992*, Paris: OECD Development Centre.

Maddison, A. [1995b], "Standardized Estimates of Fixed Capital Stock: A Six Country Comparison," *Explaining the Economic Performance of Nations: Essays in Time and Space*, Alder Shot: Edward Elgar.

Maddison, A. [1998], *Chinese Economic Performance in the Long Run*, Paris: OECD Development Centre.

Maddison, A. [2003], *The World Economy: Historical Statistics*, Paris: OECD Development Centre.

Maddison, A. [2006], *The World Economy, Volume1: A Millennial Perspective, and Volume 2: Historical Statistics,* Paris: OECD Development Centre.

Martson, R. [1990], "Systematic Movements in Real Exchange Rates in the G-5: Evidence of the integration of internal and External Markets," *Journal of Banking and Finance*, Vol. 14, Issue 5: 1023-1044.

Massell, B. F. [1961], "A Disaggregated View of Technical Change," *The Journal of Political Economy*, December, Vol. 69, No. 6: 547-557.

Michael, S. [1992], "International Factor Mobility, Non-Traded Goods, Tariffs, and the Terms of Trade," *The Canadian Journal of Economics*, Vol. 25, No. 2: 493-499.

Mizoguchi, T. [1999], "Revising Long-Term National Accounts Statistics of Taiwan 1912-1990: A Comparison of Estimates of Production Accounts to Expenditure Accounts," in K. Odaka ed., *The Long-Term Economic Statistics of Taiwan, 1905-1995* [An International Workshop], Institute of Economic Research, Hitotsubashi University: 1-21.

Mizoguchi, T. [2000], "Estimating Long-term National Accounts Statistics of Korea: 1911-1990," in I. Hwang and K. Odaka eds., *The Long-Term Economic Statistics of Korea: 1910-1990*. [International Workshop], Institute of Economic Research, Hitotsubashi University: 1-21.

Nakagawa, H. [2000], "Estimating Purchasing Power Parity Converters for International

Comparisons Across Asian Countries: Prewar Case," *Discussion Paper* No. D99-18, The Institute of Economic Research, Hitotsubashi University.

North, D. C. [1990], *Institutions, Institutional Change and Economic Performance*, Cambridge University Press.

Obstfeld, M. and K. Rogoff [1995], "The Intertemporal Approach to the Current Account," G. M. Grossman and K. Rogoff eds., *Handbook of International Economics*, Vol. 3, Amsterdam: Elsevier Science.

Obstfeld, M. and K. Rogoff [1996], *Foundations of International Macroeconomics*, Cambridge, Mass: MIT Press.

OECD [2002], *China in the world economy : the domestic policy challenges*, Paris.

OECD, Department of Economics and Statistics, *National account of OECD countries*, various issues, Paris : OECD.

Ohkawa, K. and M. Shinohara [1979], *Patterns of Japanese Development: A Quantitative Appraisal*, New Haven CT: Yale University Press.

Ohkawa, K. and H. Rosovsky [1960], "The Role of Agriculture in Modern Japanese Economic Development," *Economic Development and Cultural Change*, IX part 2: 43-68, University of Chicago Press.

Ohkawa, K., Y. Shimizu and N. Takamatsu [1978], "Agricultural Surplus in an Overall Performance of Saving-Investment," *Papers at Proceedings of the Conference on Japan's Historical Development Experience and the Contemporary Development Countries: Issues for Comparative Analysis*, Tokyo: International Development Center of Japan [Feb.] .

Perkins, D. H. [1975], "Growth and Changing Structure of China's Twentieth-Century Economy," in Dwight H. Perkins, ed., *China's Modern Economy in Historical Perspective*, Stanford: Stanford University Press.

Perkins, D. H. [1986], *China: Asia Next Economic Giant?* Seattle: University of Washington Press.

Philip, L. Brock [1996], "International Transfers, the Relative Price of Non-Traded Goods, and the Current Account," *The Canadian Journal of Economics*, Vol. 29, No. 1: 163-180.

Pilat, Dirk [1994], *The Economics of Rapid Growth, the Experience of Japan and Korea*, Edward Elgar Publishing Co.

Rawski, T. G. [1980], *China's Transition to Industrialism*, The University of Michigen Press.

Rawski, T. G. [1989], *Economic Growth in Prewar China*, University of Califonia Press.

Ren, Ruoen [1997], *China's Economic Performance in An International Perspective*, Paris: OECD Development Centre.

Ren, Ruoen and Sun Linlin [2007], "Total Factor Productivity Growth in China Industries 1981-2000," in Dale Jorgenson, Masahiro Kuroda and Kazuyuki Motohashi eds., *Productivity in Asia*, Edward Elgar: 76-112.

Richard, E. Caves, J. A. Frankel and W. Jones Ronald eds. [1996], *World trade and payments: an introduction*, 7th ed., New York: Harper Collins College Publishers.

Richard, E. Caves and W. Jones Ronald eds. [1985], *World trade and payments: an introduction*, 4th ed., Boston: Little Brown.

Rogoff, K. [1992], "Traded goods consumption smoothing and the realexchange rate," *Monetary and Economics Studies*, 10, Bank of Japan.
Rogoff, K. [1996], "The Purchasing Power Parity Puzzle," *Journal of Economic Literature*, 34.
Rogoff, K. [2003], "Deflation: Determinants, Risks, and Policy Options Findings of an Interdepartmental Task Force," *IMF* [April.].
Romer, D. [1996], *Advanced Macroeconomics*, McGraw-Hill Companies, Inc.
Romer, P. M. [1990], "Endogenous Technological Change," *The Journal of Political Economy*, Vol. 98, No. 5, Part 2, Oct. : S71-S102.
SaKong, Il and Groti V. L. Narasimham [1974], "Inter-industry Resource Allocation and Technological Change: The Situation in Indian Manufacturing," *The Developing Economies*, Vol. 12, No. 2: 123-132.
Sah, R. K. and J. E. Stiglitz [1984], "the Economics of Price Scissor," *The American Economic Review*, Vol. 74, No. 1: 125-138.
Sah, R. K. and J. E. Stiglitz [1986], "the Economics of Price Scissors: Reply," *The American Economic Review*, Vol. 76, No. 5: 1195-1199.
Sah, R. K. and J. E. Stiglitz [1987], "Price Scissors and the Structure of the Economy," *The Quarterly Journal of Economics*, Vol. 102, No. 1, Feb. : 109-134.
Samuelson, P. A. [1964], "Theoretical notes on trade problems," *The Review of Economics and Statistics*, Vol. 46, No. 2, May : 145-154.
Schiff, M. and A. Valdes [1992], "The Political Economy of Agricultural Pricing Policy," *A Synthesis of the Economics in Developing Countries*, A World Bank Comparative Study.
Solow, R. M. [1957], "Technical Change and the Aggregate Production Function," *The Review of Economics and Statistics*, Vol. 39, No. 3 Aug. : 312-320.
Song, C. Y. [1997], "The real exchange rate and the current account balance in Japan," *Journal of the Japanese and International Economics*, Vol. 11, Issue 2: 143-184.
Stephen, B. D. [1997], "Do Relative Prices of Non-Traded Goods Determine Long-Run Real Exchange Rates?" *The Canadian Journal of Economics*, Vol. 30, No. 4a: 891-909.
Summers, L. H. [1988], "Relative Wages, Efficiency Wages, and Keynesian Unemployment," *The American Economic Review*, Vol. 78, No. 2, May : 383-388.
Summers, R. and A. Heston [1991], "The Penn World Table [Mark 5]: An Expanded Set of International Comparisons, 1950-1988," *The Quarterly Journal of Economics*, Vol. 106, No. 2, May : 327-368.
Syrquin, M. [1984], "Resource Allocation and Productivity Growth," in M. Syrquin, L. Taylor and L. E. Westphal eds., *Economic Structure and Performance : Essays in Honor of Hollis B. Chenery*, Orlando: Academic Press Inc.
Szirmai, A. and R. Ren [1995], "China's Manufacturing Performance in Comparative Perspective," *Research Memorandum*, No. 581 [GD-20], Groningen: Groningen Growth and Development Center.
Szirmai, A. and R. Ren [1998], "China's Manufacturing Performance in Comparative Perspective," *Throwing Light on the Chinese Economy*, Paris: CEPII.
The Korea Statistical Association, *Korea Statistical Yearbook*, Various Issues.

Timmer, M. P. [1999], *The Dynamics of Asian Manufacturing : A Comparative Perspective 1963-1993*, PhD. Thesis, Eindhoven University of Technology.

Toda, Y. [1990], "Catching-up and Convergence: the Standard of Living and the Consumption Pattern of the Russians and the Japanese in 1913 and 1975-1976," paper presented at the Tenth World Congress of the International Economic History Association, 21 August, Leuven, Belgium.

Tornqvist, L. [1936], "The Bank of Finland's Consumption Price Index," *Bank of Finland Monthly Bulletin*, No. 10: 27-34.

U. S. Department of Commerce, *Bureau of Economic Analysis*. http://www.bea.gov/regional/index.htm

van der Eng, Pierre [2002], "The Purchasing Power of the Yen, Rupiah and Peso during 1913-1969," paper presented at the Second Workshop on Modern Economic Growth and Distribution in Asia: A Historical National Accounts Approach, Hitotsubashi University, Tokyo, 11-12 January.

van Zanden, Jan Luiten [2003], "Rich and Poor Before the Industrial Revolution, a Comparison between Java and the Netherlands at the Beginning of the 19th Century," *Explorations in Economic History*, Vol. 40, Issue 1 : 1-23.

Wei, Shangjin [1995], "The Open Door Policy and China's Rapid Growth," in T. Ito and A. O. Krueger eds., *Growth Theories in Light of the East Asian Experience*, University of Chicago Press for NBER.

Williamson, J. G. [1969], "Dimensions of postwar Philippine economic progress," *The Quarterly Journal of Economics*, Vol. 83, No. 1: 93-109.

Williamson, J. G. [1998], "Real Wages and Relative Factor Prices in the Third World 1820-1940: Asia," *Discussion Paper*, No. 1844, Harvard Institute of Economic Research, Harvard University, Cambridge, Mass.

Williamson, J. G. and K. H. O'Rourke [1999], *Globalization and History: The Evolution of A 19th Century Atlantic Economy*, Cambridge, Mass: MIT Press.

Woo, Wing Thye [1996], "Chinese Economic Growth: Sources and Prospects," paper presented at the Australian National University, August.

World Bank [1993], *The East Asian Miracle*, New York: Oxford University Press.

World Bank [2002], *World Development Indicators*, The World Bank.

World Bank [2007], *World Development Indicators*, The World Bank.

Wu, H. X. [1993], "The 'Real' Chinese Gross Domestic Product, for the Pre-Reform Period 1952-77," *Review of Income and Wealth*, Vol. 39, No. 1, March.

Wu, H. X. [1997], "Reconstructing Chinese GDP According to the National Accounts Concept of Value Added: The Industrial Sector," *COPPAA Working Paper Series* 4, Centre for the Study of Australia-Asia Relations, Griffith University.

Wu, H. X. [1999], "An Alternative Estimation of the Post-War Chinese Industrial Production and Growth," *Discussion Paper* D99-10, Institute of Economic Research, Hitotsubashi University.

Wu, H. X. [2000], "Industrial Output and Labour Productivity in China: 1949-1994 A

Reassessment," in A. Maddison, W. F. Shepherd and D. S. Rao eds., *The Asian Economies in The Twentieth Century*, London: Edward Elgar Publishing Ltd.

Wu, H. X. [2007], "Measuring Productivity Performance by Industry in China 1980-2005," *International Productivity Monitor*, Fall: 55-74.

Wu, H. X. and Xu, Xinpeng [2007], "How Productive is Chinese Industry?" Paper for the Conference of "A Comparison of the Productivity of Japanese, Chinese, Korean and European Firms," RIETI 11th floor, Annex Building, Ministry of Economy, Trade and Industry, March 2nd, 2007, Tokyo.

Wu, H. X. and Esther Y. P. Shea [2008], "China Institutions, Domestic Financial Architecture and Macro Volatility," José M. Fanelli ed., *Macroeconomic Volatility, Institutions and Financial Architecture*, Palgrave Macmillan : 125-156.

Yang, Jianchun [2003], "China Working Time Statistics," paper for *The fifth Paris Group Meeting*, 4-5 September, London.

Yeh, Kung-chia [1979], "China's National Income, 1931-36," in Hou Chi-ming, and Tzong-shan, Yu, eds., *Modern Chinese Economic History*, Taipei: Academia Sinica.

Yingfeng, Xu [1993], "A Model of Trade and Growth with a Non-Traded Service Sector," *The Canadian Journal of Economics*, Vol. 26, No. 4: 948-960.

Yoshikawa, H. [1990], "On the Equilibrium Yen-Dollar Rate," *The American Economic Review*, Vol. 80, No. 3, Jun. : 576-583.

Young, A. [1992], "A tale of cities factor accumulation and technical change in Hong Kong and Singapore," in O. J. Blanchard and S. Fisher eds. *NBER Macroeconomic Annual 1992*, Cambridge: MIT Press: 13-53.

Young, A. [1994], "Lessons From the East Asian NICs: A Contrarian's View," *European Economic Review*, Vol. 38, Issues. 3-4, Apr. : 964-973.

Young, A. [1995], "The Tyranny of Numbers: Confronting the Statistical Realities of the East Asian Growth Experience," *The Quarterly Journal of Economics*, Vol. 110, No. 3, Aug. : 641-680.

Zheng, Jinghai and Arne Bigsten [2007], "Can China's Growth be Sustained? A Productivity Perspective," Paper for the Conference of *A Comparison of the Productivity of Japanese, Chinese, Korean and European Firms*, RIETI 11th floor, Annex Building, Ministry of Economy, Trade and Industry, March 2nd, 2007, Tokyo.

Zheng, Jinghai and Hu Angang [2006], "An Empirical Analysis of Provincial Productivity in China 1979-2001," *Jouranl of Chinese Economic and Business Studies*, Vol. 4, No. 3: 221-239.

Zheng, Zhihai and Zhao Yumin [2002], "China's Terms of Trade in Manufactures 1993-2000," United Nations Conference on Trade and Development, *UNCTAD Discussion Papers 161*.

索 引

あ 行

IFS（International Financial Statistics） 75, 104
ICP（International Comparison Program） 45, 49, 60
アジア長期経済統計プロジェクト（COE） 68, 103, 104
アヘン戦争　12
ROA　→資本収益率
アロー戦争　13
SNA（System of National Accounts）　76
按労分配（労働に応じた分配原則）　26
移行経済　6, 31, 163, 170
意思決定　29
囲場解禁　16
一物一価　129, 130
SITC（Standard International Trade Classification）　107
OECD　45, 58, 73, 76
欧州連合（EU）　58, 228
オファー曲線　94
穏健路線　18

か 行

ガーシェンクロン効果　61, 66
海外需要　40
海外直接投資　3, 228
改革開放　1, 25
開港　12, 13, 16
外資企業　169
外挿　44, 46, 60
　――価格比物価水準　→物価水準
　――法　45
　――バイアス　59-61
　長期――　56

開発政策　15, 158
開発戦略　15, 40, 41
　代替的――　40
回復期　108
外部経済効果　14, 15
開放経済　7, 99, 101, 128
価格改革　5, 28, 29
価格介入（統制，規制）　2, 5, 23, 96, 121, 227
価格裁定　100
価格メカニズム　11
価格　28, 52, 53, 102-105
　工業製品――　102, 103
　国際市場――　98
　国内生産者――　102
　国境――　104
　出荷――　102
　消費者――　102
　絶対――　→絶対価格
　農産物――　102
　農産物買付――　29
　品目別――　52, 78-87
家計調査　45, 54, 55, 71, 231
加工貿易　69
可視的移転　96
過剰人口圧力　20
過剰投資　220
過剰投入　162
過剰労働　161
価値シェーレ　94
価値論　95, 100
過渡期理論　20
可比価格　174
株式会社制度　201
環太平洋諸国の生産性比較研究（ICPA）　208
官商合弁　13

索引

関税自主権　15
関税率　164
間接的課税　8
　　——率　109
　　——効果　92, 109, 232
完全競争　99
　　——市場　28, 95
官督商弁　13
官僚資本　19
官僚腐敗　26
企業所得税　113
技術援助　20, 69
技術進歩　→全要素生産性
規模の経済性　162
基本建設投資　117
キャッチアップ　34, 64, 71, 224
鋏状価格差　20, 29, 93, 94
共分散効果　225
強蓄積　234
義和団暴動　14
近代化（工業化）始動　12
　　日本の——　99
金融仲介機能　193
金融調節システム　169
金輸出再禁止　52
クズネッツ　63
経営意識　219
経営請負　201
経営資源　11
経営メカニズムの転換　201
計画経済　5, 11, 18, 71
　　——旧ソ連型の——　19
　　——前期　31
計画事業　14
経済活動
　　前近代的——　64
経済過熱　25, 26
経済管理体制　23
経済危機　21
経済建設費　116
経済自由化　5, 233
　　——過程　31, 202
経済収束　6, 46

経済成長
　　アジア諸国の——　147
　　近代的——　64
　　高度——　147
　　——の初期状況　6, 7
　　——のパフォーマンス　11
　　——パターン　1
　　持続可能な——　2, 163, 193
経済発展
　　——水準　50
　　——の度合い　44, 148
　　清朝末期の——　14
限界消費代替率　136
減価償却率　→資本減耗率
権限分散　24
現行価格　45
　　——直接比較法　48
　　——比較物価水準　60, 72
建国方略　15
現実主義　25
権責明確　201
現代企業制度　27, 201
交易条件　44, 50, 61, 69, 94, 158
　　——効果　61, 73-75
　　農工間——　7, 91, 92, 97, 120, 124
恒久棚卸法　163, 175, 176, 211
工業基盤　19, 91
工業センサス　174
工場出荷価格（生産者価格）　102, 103
郷鎮企業　21, 25, 168, 169, 191
公定価格　92
購買力平価（PPP）　44, 48, 56-58, 129, 139
　　絶対——　129
　　外挿価格による——　56, 59
　　現行価格に基づく——　58, 59
公有制企業　201
効用関数　135, 140, 143
口糧田　25
国営企業　201
　　——主体　12
国際競争力　202, 224, 233
国際資本市場　132
国際商品取引　127

国際貸借　132
国際分業　202, 227
国進民退　222
国内消費　40
国内戦争　232
国防建設　22
　　──費　116
コスト・シェア　207, 208, 222
戸籍政策　37, 145
国境措置　2, 104
固定効果　221
固定資産マトリックス　210
固定資本形成依存型　1, 38
コブ＝ダグラス型生産関数　→生産関数
雇用吸収　21, 37, 192
混合経済　29, 30

さ 行

財政支出　115
財政収支制度　118
財政収入　112, 113
財政中心の資本フロー　→資本フロー
裁定取引　129
最適消費比率　140
再配分効果　8, 225
　　資源──　145, 163, 170-173, 183, 192, 225
　　資源の産業間──　4
　　資本の──　173, 183, 185-187, 196-197
　　労働の──　173, 183, 189-191, 198, 199
　　全要素──　8, 173, 184
三角債　169
産業保護　8, 193, 227
産権清晰　201
三線建設　22
三民主義　15
参入効果　225
シェア効果　225
自給自足的な経済構造　13
資金循環　169

　　──法　93, 98, 99
資金配分システム　233
資源移転（動）　5, 91, 162
　　産業間の──　11
　　農工間──　5, 92, 93, 95, 96
　　──の方向　92, 101
　　──問題　118
資源再配分効果　→再配分効果
資源配分　2, 7, 11, 23, 220, 224, 227
　　──システム　12, 231
　　──上の問題　5, 8, 234
　　──の効率性　6, 164, 231
　　──の非効率性　224
　　計画的──制度　23
　　農工間──　2
　　部門間──　7
資源賦存　11
　　──状態　41
　　──の初期状況　23
　　中国の──　168
資源余剰　93
自己完結的な工業基盤　4
自己資産比率　221
市場為替レート　44, 128, 131, 138
市場均衡価格水準　28
市場経済　11
　　──への移行　71, 169
市場の失敗　11, 100
市場の需給関係　28
市場万能主義論　26
失業問題　3
実質為替レート　→内外物価水準化
GDPデフレーター　49, 174
GK（国際）ドル（International Geary Khamis dollas）　33, 59, 61, 62
付加価値　174, 209
　　実質──　165, 174
シベリア鉄道（東清鉄道）　16
資本・技術集約型　69
資本係数　148
資本形成　38, 91
　　実質固定──　38
　　──の源泉　111

農家―― 98
資本減耗率（減価償却率） 176, 211
資本財のサービス価格 211
資本市場の完全性 134
資本収益率（ROA） 219-221, 223
資本集約
　　――産業特化指標 148, 149
　　――的な産業 97
　　――的方法 21
資本主義の原始蓄積 27
資本深化 169
資本ストック 163, 176
資本装備率（資本労働比率） 133, 134, 148,
　　149, 157, 158, 219
資本調達 188, 221
資本貯蓄 71, 203
資本の再配分効果　→再配分効果
資本の残存率 176
資本の自由化 193
資本の賦存状況 135
資本フロー
　　財政中心の―― 188
資本分配率 219
社会主義改造 18
社会主義建設の総路線 20
社会主義市場経済 26
社会主義的蓄積 20, 112
社会主義理念 24
社隊企業 21
シャドウ・プライス 28
従業人員 177
収権 24
重工業化発展戦略 4, 19, 23, 29, 41, 67, 69,
　　108
重工業優遇 158
自由裁量権 21
集団経営 25
集団所有制企業 201
自由貿易協定（FTA） 202
主営業収入 209
需給均衡 74
純固定資本額 210
小規模企業生産方式 21

商業マージン 210
上山下郷 22
消費支出 40, 48, 51, 127
　　――ウェイト 53-55
　　――指数 40
消費者選好 142
消費者物価絶対水準比 49
消費水準 44
消費性向 99
消費バスケット 44
商品裁定 44, 131, 133
条約港 15
食糧輸入 22
職工 177
所得移転 91
　　部門間―― 99
　　農工間―― 91, 99
所得格差 40
　　産業間―― 146
　　地域間―― 3, 145, 146
　　農工間―― 3, 40
自力更生 20, 232
自留地 22
指令性計画 67, 104
白猫黒猫論 25
人口増加率 34, 91
新古典派経済理論 4, 100
新政 14
新陳代謝機能 227
人的資本 4, 162, 178
人民元（幣） 19
　　――の為替レート 105
　　――の切り上げ 127
　　――の切り下げ 97, 122, 149
人民公社 3, 21, 113
新民主主義論 18
垂直的産業内貿易 202
スターリン批判 20
スターリン式開発戦略 19, 40
スピルオーバー効果 4
政企分離 105, 201
政策介入（干渉） 100, 143, 232
生産関数 132, 140, 171, 206

索引　275

　　コブ＝ダグラス型——　132, 140
　　総——　6, 161, 162, 173
　　部門別——　172
生産効果　39
生産者価格　→工場出荷価格
生産性　162
　　企業——　215, 233
　　限界——　7, 95, 161
　　平均限界——　162
　　平均労働——　→労働生産性
　　相対——　132, 157, 158
　　農業——　91
　　——水準　214
　　——改善　39
生産責任制　24
生産目標　11, 201
生産要素
　　——移動　131
　　——弾力性　171
　　——の分配シェア　171
成長会計　171, 173
成長パターン　94, 147
　　内需型の——　40
責任田　25
絶対価格　48
　　——水準比　50
前近代的経済活動　→経済活動
潜在生産力　39
漸進主義　27, 105
漸進的改良　25
全要素再分配効果　→再配分効果
全要素資源配分効果　→ TRE
全要素生産性（TFP，技術進歩）　6, 161, 171, 172, 202, 203, 208, 219, 220
　　——成長　180
　　——成長率　172, 183
　　——水準（レベル）　206, 208, 213, 214
　　マクロレベルの——　202-204
　　産業別——　205, 213-215
早期工業化　14
双軌制　25, 28
　　価格——　28
相対価格　5, 128, 219

　　農工間——　7, 97, 101, 108, 124
　　非貿易財の——　131, 133, 134, 136, 141, 142
　　——内外格差　122
遡及推計　46, 49
ゾンビ企業　202

た　行

対外貿易依存型　40
大飢饉　21, 69, 108, 117, 120, 153
退出効果　225
太平天国運動　13
大躍進　20, 21, 27, 104
　　——戦略　21, 40
多国籍企業　1, 202
多種経済責任制　26
WDI（World Development Indicators）　153
治外法権　16
地方調査資料　52
中央集権　4, 23
　　——的計画経済　29
中華人民共和国土地改革法　19
中間投入　209
中国脅威論　1
中国証監会　209
中ソ間の論争　20
中体西用　13
中立的技術進歩　171, 194
　　ヒックス——　171, 194
超越戦略　235
直接課税効果　118
直接保護率　110
貯蓄性向　99
賃金格差　5, 142, 147
TRE（Total Reallocation Effect：全要素資源配分効果）　163
TFE　→全要素生産性
ディビジア数量指数　206
デフレ　130
天安門事件　26
統一買付　23

統一販売　23
動学的非効率性　235, 237
動学的不均衡　161
統制経済期　5, 43
土改　→中華人民共和国土地改革法
独立採算　105
鳥籠経済論　25
取引価格　28

な 行

内外価格差　7, 43, 98, 101, 105, 108, 110, 130
　　産業別の――　107
　　貿易財の――　157
　　非貿易財の――　131
　　農産物の――　107
　　工業製品の――　109
内外格差　7, 92, 101, 120
　　生産性上昇の――　128
　　相対価格の――　92
　　農工間相対価格の――　232
　　物価水準の――　45, 127, 133, 158
内外物価水準比（実質為替レート）　134, 136, 137, 143, 155
内部効果　225
南巡講話　26
南米北麦　54
NIEs　168
二次配分　4, 92, 119
二重構造　39, 235
　　労働市場の――　235
日清戦争　13, 14
日中戦争　18, 51, 63
2部門モデル　8, 128
二毛作　22
農家経営　25
農家調査　51
農業犠牲　94, 100
農業近代化　22
農業税　120
農業優先　40
農業余剰　98

農工間不等価交換　94
農村工業　31
　　――化政策　191, 192
農村貧困問題　3, 124, 235

は 行

パーシェ数量指数　61
拝金主義　27
ハイパーインフレーション　19
八字方針（調整，改革，整頓，向上）　23
抜改貸　201
バラッサ＝サミュエルソン
　　――効果　5, 44, 47, 127, 128, 136, 137, 139, 157
　　――・モデル　133, 135, 158
　　――理論　72
PPP　→購買力平価
比較生産性格差理論　131, 132, 135
比較制度経済学　4
比較優位　130, 164, 169, 222
　　――部門　29
　　中国の――　157, 192
非可視的移転　96
非関税障壁　164
非国有企業　201
非国有部門　169
一人当たり実質消費　7, 44, 49, 62
ペティ＝クラーク法則　38
費用最小化原理　141
非流通株　218
　　――比率　227
物価水準　5, 44, 127, 157
　　外挿価格比較――　60
　　絶対――　46, 48, 50, 59, 129
物資　103
物々交換　28
プレオブラジェンスキー（Preobrazhensky）命題　94
文化大革命　20, 64, 69
分権譲利　25
米作北上　22
PWT（The Penn World Table）　45, 137,

153
閉鎖経済モデル　136
変動係数　145
貿易依存度　75
貿易請負制　105
貿易余剰アプローチ（ISRF）　93, 95
放権　24
　　──譲利　201
包産到戸　24
北米自由貿易協定（NAFTA）　228
戊戌変法（変法運動）　13

ま・や行

マクロ経済政策　231
マディソン推計　47-49, 57, 58
民間企業主体　12
民工荒　236
明治維新　13
名目保護率　110

有効需要効果　39
輸出志向　164
輸出主導型　1
輸入数量制限　131
輸入代替　104
　　──工業化（政策）　13, 40, 110, 130
　　漸進的──　15
　　漸進的──政策　15
要素市場の分断　8
要素集約度　144
要素投入増大型　147, 203
要素賦存理論　131, 135
洋務運動　12, 13

洋躍進　22, 25
余剰労働力　40, 147, 192
四つの近代化　22
四人組　22

ら行

ラスパイレス数量指数　61, 175
利改税　113, 201
利潤譲与　24
利潤分配表　209
利子率　133
離土不離郷　191
立憲君主制　14
流通株比率　218
流通マージン　100
流動性過剰問題　222
林彪913事件　22
ルイス・モデル　39
レンタル・プライス　132, 133, 135
労働移動　124, 191
　　部門間──　139
労働インセンティブ　24, 25
労働市場の分断　2, 5, 144, 147
労働就業弾力性　145
労働集約的産業　67, 69, 123, 130, 148, 164, 214
労働生産性　46
　　相対──　150
　　平均──　148, 150, 153
労働投入係数　140
労働の質　178
労働分配率　195, 204

著者略歴
1967 年　中国重慶市生まれ
1990 年　中国華東師範大学理工学部卒業
2003 年　一橋大学大学院経済学研究科博士課程単位修得
　　　　一橋大学大学院経済学研究科助手，一橋大学経済研究所研究員，
　　　　日本学術振興会外国人特別研究員を経て
現　在　復旦大学経済学院准教授・一橋大学経済研究所特任准教授
　　　　博士（経済学）（一橋大学）

主要論文
「移行経済における資源再配分効果と経済成長」『アジア経済』第 43 巻第 1 号，2002.
「1930 年代における日本・朝鮮・台湾間の購買力平価──実質消費水準の国際比較」（共著）『経済研究』（一橋大学経済研究所），第 53 巻第 4 号，2002.
「中国企業全要素生産率水平研究」『経済研究』（中国社会科学院），第 6 期，2009 年.
"International Comparison in Historical Perspective: Reconstructing the 1934-36 Benchmark Purchasing Power Parity for Japan, Korea and Taiwan"(with Fukao and Ma), *Explorations in Economic History*, Vol.43, Issue2, Apr. 2006.
"Real GDP in Pre-War East Asia: a 1934-36 Benchmark Purchasing Power Parity Comparison with the U.S."(with Fukao and Ma), *Review of Income and Wealth*, Vol.53, No.3, Sept. 2007.

中国の経済発展と資源配分 1860-2004

2010 年 2 月 19 日　初　版

［検印廃止］

著　者　袁堂軍

発行所　財団法人　東京大学出版会

代表者　長谷川寿一

113-8654 東京都文京区本郷 7-3-1 東大構内
http://www.utp.or.jp/
電話 03-3811-8814　Fax 03-3812-6958
振替 00160-6-59964

印刷所　株式会社三秀舎
製本所　矢嶋製本株式会社

Ⓒ 2010 Yuan Tangjun
ISBN 978-4-13-046100-9 Printed in Japan

Ⓡ〈日本複写権センター委託出版物〉
本書の全部または一部を無断で複写複製（コピー）することは，著作権法上での例外を除き，禁じられています．本書からの複写を希望される場合は，日本複写権センター（03-3401-2382）にご連絡ください．

服部民夫 著	東アジア経済の発展と日本 組立型工業化と貿易関係	5400円
何 立新 著	中国の公的年金制度改革 体制移行期の制度的・実証的分析	6800円
田島俊雄 編	構造調整下の中国農村経済	8000円
歩 平 編集代表 高原明生 監訳	中日関係史 1978-2008	28000円
趙 宏偉 著	中国の重層集権体制と経済発展	5600円
久保・土田 高田・井上 著	現代中国の歴史 両岸三地100年のあゆみ	2800円
岡本隆司 川島 真 編	中国近代外交の胎動	4000円

シリーズ20世紀中国史 〈全4巻〉

飯島渉・久保亨・村田雄二郎 編

1	中華世界と近代	3800円
2	近代性の構造	3800円
3	グローバル化と中国	3800円
4	現代中国と歴史学	3800円

ここに表示された価格は本体価格です．御購入の際には消費税が加算されますのでご了承下さい．